グローバル化と文化の境界

多様性をマネジメントする
ヨーロッパの挑戦

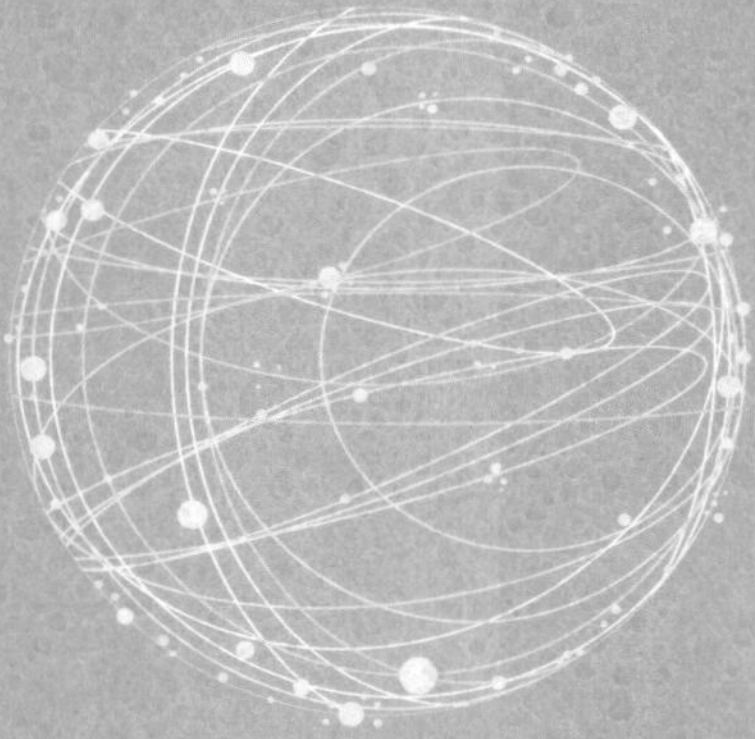

竹中克行 編著
Katsuyuki Takenaka

昭和堂

はしがき

竹中克行

土地や人間集団には、共有する価値の体系やそれを表現する作法、つまり広い意味での文化がある。文化は、多くの要素の絡まり合いがつくる体系、一つの複雑系である。しかし、ある文化の存在を顕在化させ、人々の意識に焼きつける役割を果たしているのは、複雑系そのものの内実もさることながら、それを輪郭づけ、異なる体系との違いを示す「境界」であることが多い。

冒頭で「土地や人間集団」と述べたことには、この「境界」を意識化し、議論の遡上に乗せようとする意図がある。土地を地表上の空間的範域としてとらえるなら、また、人間集団を個体としての人間の集合体とみるならば、本来そこに境界はない。しかし、生活の基盤をなす土地や人間集団は、しばしば国家、民族、言語などによって塗り分けられることで、意識的な存在となる。そうした一種の「色分け」のための概念は、人々の所属・帰属意識と結ばれることによって、強力な境界生成装置として機能するだろう。

ならば、グローバル化が進む今日、文化の境界に何が起きているのか。ボーダレス化とも言い表されるこの変化の時代にあって、文化は、あらゆる種類の固い殻に押し込められることを拒否しているようにみえる。たとえば、世界の少なからぬ言語は、標準化された規範の確立によって、他言語の不用意な侵入を阻む独立した体系としての権威を帯びるにいたった。しかし、そうした言語の一つである英語は、グローバル化した世界における共通語の地位に上り詰めると同時に、土地や人間集団との同一性という意味では、その輪郭を不明瞭にしつつある。英語のネイティヴ話者はもはや世界中に散らばり、複数言語のネイティヴを主張する人も少なくない。

他方、世界中から移民を受け入れたイギリスやアメリカ合衆国の大都会では、さまざまな言語のネイティヴが同じ空間を使って生活している。はたして今でも、英語はアングロサクソン人やアングロサクソン諸国の文化を象るものといえるのか。あるいは、話者集団よりも、英語という言語そのものに独立した文化のダイナミズムをみるべきなのか。はたまた、枠づけられた文化であることをやめ、いかなる価値体系からも独立した意思疎通の道具として機能することにこそ、英語の主たる価値があるのか。

もちろん答えは一つではない。だからこそ、既成の境界を超え、その内と外で鬩ぎ合いを繰り返す文化に対して、洞察のまなざしを向けてみたい。これが「グローバル化と文化の境界」と題する本書のねらいであると、ひとまず言うことができるだろう。では、揺れ動く文化の境界について論じるために、あえてヨーロッパに注目するのはなぜか。その理由を説明するには、ヨーロッパに向けたわれわれの視線のうちに交錯する、懐疑と期待の両面にふれなければならない。

大航海時代以来のヨーロッパは、地図上に引かれた明瞭な境界線で国家をイメージしてきた。かつて水平線の彼方で終わっていた世界認識は、天空から見下ろす世界図に取って代わられた。点どうしを結ぶ封建的な関係で支配されていた社会は、国境線の内側に権力を張りめぐらす領域国家の枠組に再編されてゆく。文化に対しても境界線を引く発想が生まれ、それはやがて、人々の世界認識のうちにしっかりと埋め込まれた。ヨーロッパの強大な領域国家による植民地獲得競争と世界分割の冒険は、世界の文化地図を塗り替えようとする剥き出しの野望の表れでもあったのだ。文化の境界がかつてなく明瞭に意識された近代。それが相当程度、ヨーロッパによる無謀ともいえる世界再編がもたらした結果だったことは確かである。

しかし、二〇世紀も半ばを過ぎ、近代の世界地図に綻びが出はじめたとき、ヨーロッパが無関心を装ったのかといえば、けっしてそうではない。領域国家の内部で、また国家の枠組みを超えたところで、変化は確実に進行していった。近代国家建設の過程で存在を軽視されたナショナル・マイノリティが、毅然と権利要求を掲げるようになる。かつてヨーロッパ文化の移植を受けた非ヨーロッパは、移民の身体を通じて、ヨーロッパ社会の内部から自らの存在を主張しはじめた。また、そうした変化を目の当たりにしたマジョリティの側も、社会における自らの立ち位置を相対化して考えるようになった。ならば、文化の境界に揺らぎが生じるのを前に、未来の世界を構想するためのヒントを再びヨーロッパに見出すことも可能ではないか。グローバルな網の目のなかでたえず変化する文化に身をおきつつ、その境界で生起するさまざまな問題をマネジメントする知恵について、現代ヨーロッパの挑戦を参照しながら考えること。それが本書の基本的な目的である。

本書は、序章・終章と一二の章から成り立っている。「世界図にみる文化の境界――ヨーロッパ人がつくった地図と地球儀を再考する」と題する序章（竹中）は、地理学・歴史学・政治学・社会学の文献を援用しながら、本書全体を貫く問題意識について、近世以降のヨーロッパが生み出した世界認識を導線として論じる。これを受けた本論は、問題領域を六つのブロックに整理し、各ブロックを専門分野やフィールドの異なる二人の論者が担当する形式をとっている。

最初のブロックにあたる「国民国家の限界への挑戦」では、既存国家の枠組みを乗り越える試みについて、ユーロ危機下のEUにおける統合深化の可能性（中屋）とドイツ・ベルギーにみる連邦制変容のダイナミズム（若林）という、二つの異なる空間スケールに即して検討する。つづく「鬩ぎ合う文化、積層する文化」は、都市ネットワークがつくる地中海（竹中）と国民をめぐる規範の交錯するバルト海（小森）に焦点を当てて、文化の接触と相互作用について考察を深めるものである。確立されたかにみえる国民国家において、外国人移民が提起する多文化共生の課題を考察するのが、「移民を通してみる世界」を構成する二つの章である。ここでは、スペイン（糸魚川）と日本（髙阪）が研究対象とされる。

すでに述べたように、世界の文化地図は、近代ヨーロッパによる世界進出によって大きく塗り替えられた。「ヨーロッパとの関係を紡ぐ」では、かつてヨーロッパ諸国の植民地とされたラテンアメリカ（谷口）とアフリカ（亀井）に視座を定めて、ヨーロッパと非ヨーロッパの関係の過去・現在・未来を展望する。他方、文化の境界が揺れ動くとき、そこにはしばしば深刻な紛争が惹起する。「テリトリーの境からの叫び」は、南からの移民の墓場と化す地中海（北川）とコミュニティ間の関係再構築を進める北アイルランド（福岡）という、二つの現場に光を当てて紛争解決の可能性を探るものである。そして、「多様性を強みに変える」と題する最後のブロックでは、市民社会の鍛錬をめざすフランスの近隣民主主義（中田）と社会の複合性に基盤をおくカタルーニャの自決権要求運動（奥野）をふまえて、文化の多様性をマネジメントする方法を模索する。

以上のように、ヨーロッパの支配を受けた地域や日本の視点を取り込むことで、ヨーロッパを研究対象とすることの積極的意義を浮き彫りにしようと試みるところに、本書の大きな特徴の一つがある。「多文化共生の将来――日本とヨーロッパの経験から」と題する終章（宮島）は、ヨーロッパ社会研究の蓄積をふまえて、日本における多文化共生の未来を展望する。

われわれは、あらゆる空間スケールでモビリティが恒常化し、多方向型のソーシャルメディアが爆発的に拡大するのを日々見ている。はたして、世界中で進む変化の向こうに姿を現すのは、新たな境界を纏った文化なのか、あるいは、未知の別の凝集力に支えられた文化なのか。それを見極めようとする読者にとって、本書が有益な一助となることを望んでいる。

目次

国民国家の限界への挑戦

第1章 EUが描くヨーロッパ像
――政治経済の枠組みの視点から――

第2章

閲ぎ合う文化、積層する文化

第3章

第4章

第8章

テリトリーの境からの叫び

終章

序章

世界図にみる文化の境界
――ヨーロッパ人がつくった地図と地球儀を再考する――

竹中克行

1　ジグソーパズルの世界

小学生になる頃だったと思う。親が買い与えてくれた数少ない遊び道具のなかに、日本地図と世界地図のパズルがあった。日本を都道府県別、世界を国別に切り分けた一種のジグソーパズルである。今にして思えば、自分にとっての世界認識の原型、世界の「原風景」は、そうした遊びを通じて覚えた国の大きさや輪郭だった気がする。まず、アメリカ合衆国や当時のソ連のような大きなピースを嵌め込む。一番やりがいがあるのは、大きさの差だけでは簡単に識別できず、個性的な外形に自然と目が向くヨーロッパの国々。そして、なかなか完成できず難儀したのが、直線の多いピースがひしめくアフリカだった。

なんとも無邪気な遊びを通じて自分の意識に刻み込まれたのは、数多くの国で構成され――当時、一三五カ国と教えられた――、隅々までカラーで塗り分けられた世界の姿かたちではなかったか。そのなかで、周辺よりも淡い彩色で北極の巨人のように仁王立ちしているグリーンランドは、いったい「どこの国」なのだろうと不思議に思った記憶がある。

やがて、勉強を通じて得た知識によって、主権国家の集合体として世界を理解する思考様式が、近世以降のヨーロッパを中心に形成され、ヨーロッパの外へと輸出されたものであることを悟った。つまり、塗分け地図の世界は一つの歴史的な存在にすぎず、古代ローマ帝国やその威光を追う神聖ローマ帝国など、普遍世界を追求する政体が先行事実としてあったのだと。主権国家体制に対抗する組織化の論理は、現在でも、バチカンの教皇庁を頂点とするカトリック世界、アッラーの教えに従うイスラーム世界、あるいは、五大陸を跨にかける華人ネットワークなどにみることができる。

にもかかわらず、国境線で区分けされた世界地図のイメージのなかに自分の居場所を確かめようとする人間の意識構造は、なかなか変化する気配をみせない。そうしたイメージは、地表面上に展開するとげとげしい視覚的現実と結ばれてきた。東西冷戦時代の鉄のカーテンは、東西ベルリンの境界にあって、銃口が向けられた無人地帯の両側をガードする壁によって象徴されていた。周知のとおり、この壁が崩れ去った後、東西ドイツは統一へ向かう怒涛のようなプロセスを完遂し、残された壁の断片がベルリンの新しいモニュメントになった。あるいは、スペインがモロッコ海岸に領有する飛び地領のメリリャ。スペインへの外国からの移民が激増した二〇〇〇年頃から、有刺鉄線を絡めた高い柵が設けられ、国境の不可侵性を誇示している。絶望的な格差をともなう南北世界の境界が、面積わずか一二・三平方キロメートルの都市の周囲に凝縮されているのだ。

物理的に可視化されていない国境であっても、乗り越えがたいハードルと化すことがある。たとえば、歴史的に多様な文化が向き合う稠密な関係性の海原をなしてきた地中海。その上を走る目に見えない国境は、ときにヨーロッパとアフリカを隔てる巨大な壁のように振舞う。地中海を南から北へ小さなボートで渡る無謀な冒険に失敗して命を落とす人びとが、そうした壁の存在を象徴する。そして、生活のなかで視認する機会のない国境によって構造化された世界のリアリティを視覚に写し取り、参照枠組みとする役割を果たしているのが、われわれの意識構造に埋め込まれた地図ではないか。地図が表象する全体世界は、個人が経験する個別世界に先立つ自明の理とされ、それを意識の深部に刻み込む人間の日常・非日常の営為によって、たえず再生産されている。社会学者の若林幹夫は、このことを「地図の想像力」の視点から鋭く分析してみせた(1)。

地図を描き、それを通じて世界をみるという営みは、人間がけっして見晴らすことのできない世界の全域的なあり方を可視化する一つの方法、世界の空間的なあり方に関してそれを可視化し、了解し、その中に自己と他者とを位置づけようとする営みなのである。〔参考文献①：五三頁〕

社会はつねに、その成員の社会的協同連関の空間的に水平的な広がりと、それらの連関を意味づける垂直的な深さとをもっている。地図的空間像は、そのような社会の全域的な形態や垂直的な構造を、共有し伝達することが可能な図像として可視化するのである。〔同八八頁〕

この説明が抽象的にすぎるのであれば、身近な組織を世界に見立てるとよい。いささか卑近な例であるが、施策領域ごとに細分化された行政組織は、サービスを受ける市民からの批判にもかかわらず、縦割りの弊害からなかなか抜け出すことができないといわれる。組織の内部で活動する主体が、たとえ個人として批判精神をもっていたとしても、縦割り組織間の縄張り争いと資源獲得競争の罠に囚われ、組織が有する慣性の構造の再生産に気づかぬうちに加担しているからである。加担という表現が過激であれば、意識的・無意識的な参加といってもよい。同様のことが、法律、教育、年金といったさまざまな制度を通じて、市民に構成員としての意識を植えつける国家についても、また、そうした国家が主権平等の原則に則り、危うい均衡のうえに並立状態を保っている現代世界についても当てはまるだろう。

2　再発見される球体世界

それでは、塗分け地図としての世界像は、いつ、どのような過程を経て確立されたのか。逆説的に聞こえるかもしれないが、地表面を夥しい数の国境線で区分けしてとらえる世界認識は、ヨーロッパ人による探検・植民を通じて世界に関する地理的知識が飛躍的に拡大した大航海時代以降に定着したものである。

もちろん、中世人の地理的認識の方が広く開放的だったと言いたいのではない。むしろ、交通手段が未発達なうえ、農民が封建制の頸木によって土地に縛りつけられていた時代には、海岸からわずか五〇キロメートルの村で生まれた人が、一生海を見ずに他界することも珍しくなかっただろう。ここで強調しているのは、中世にあって、全体空間としての世界は、パズルのように決まった数のピースの集合体をなすのではなく、なんらかの求心力をもつ中心の周りに明確な輪郭線を伴うことなく広がる、漠たる空間だったということである。

アメリカ合衆国の政治学者、ベネディクト・アンダーソンは、そうした中心性によって編制される普遍世界には、宗教共同体と王国の大きく二種類があったことを論じている。

イスラムの伝統においては、ごく最近までコーランは文字どおり翻訳不可能であり〔そしてそれ故、翻訳されなかった〕、それは、アッラーの真実が代替不可能な唯一の真実の記号、アラビア文語によってのみ、手にいれることのできるものだったからであった。ここには、世界と言語が分離し、したがって、すべての言語が世界に対して等距離の〔そしてそれ故、互換可能な〕記号であるとの観念は存在しない。〔参考文献②：三一頁〕

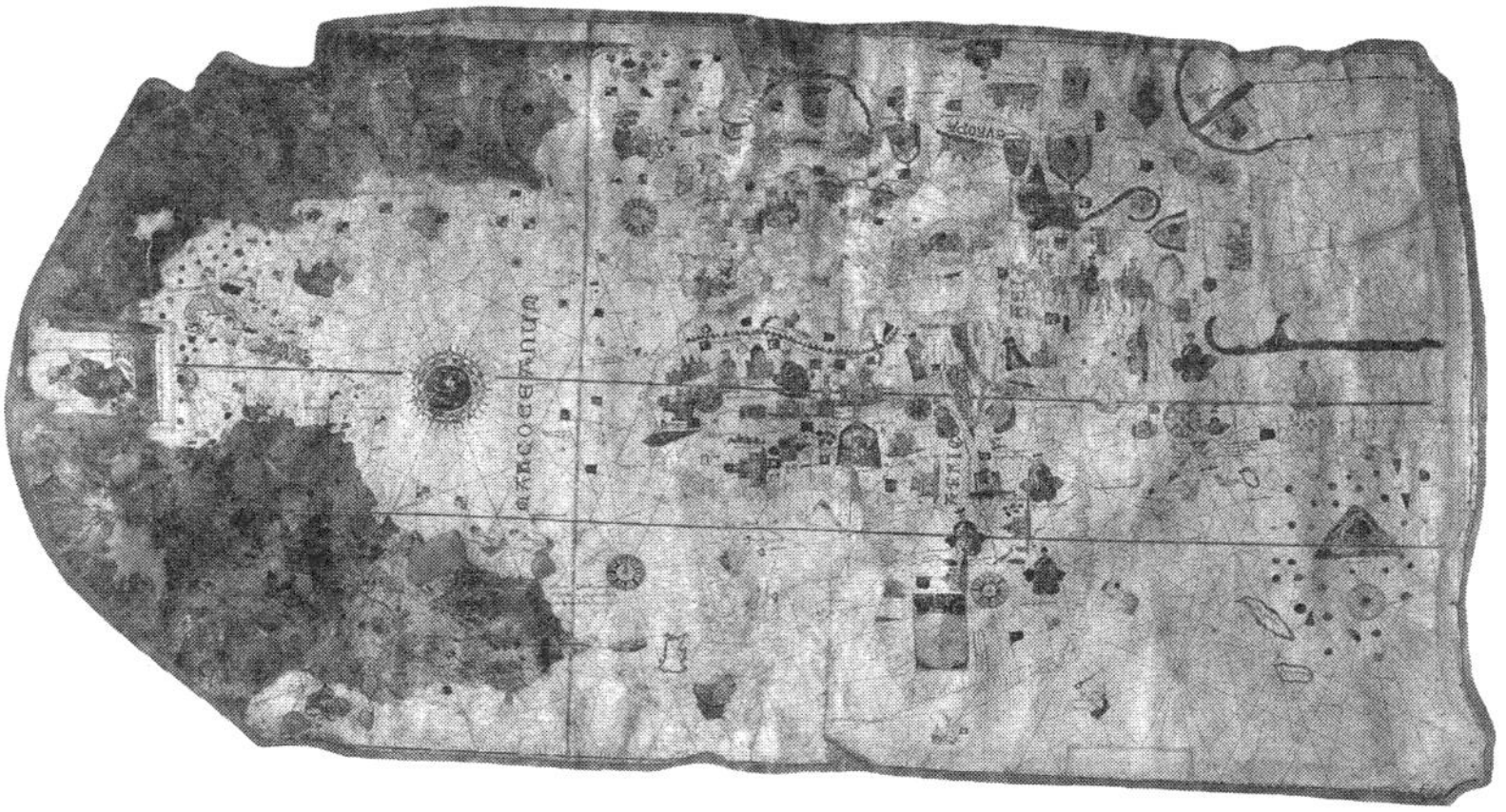

図1　フアン・デ・ラ・コサの世界図
（マドリード海洋博物館所蔵）

王権はすべてを高き中心のまわりに組織する。王権の正統性は神に由来し、住民に由来するのではない。住民は、とどのつまり臣民であって、市民ではない。（……）前近代の帝国、王国は、きわめて多種多様な、そしてときには領域的に隣接すらしていない住民を、かくもたやすく長期にわたって支配することが可能となったのだった。〔同三七頁〕

中世的世界から抜け出して大航海時代を開いたのが、ポルトガルのエンリケ航海王子が推進したアフリカ西海岸の探検、あるいはスペインのカトリック両王と契約したクリストファー・コロンブスによるアメリカ「発見」のように、国家的性格を帯びた事業だったことはよく知られている。筆者がマドリードの海洋博物館で出会ったフアン・デ・ラ・コサ作の世界図（図1）は、そうした時代の変化を雄弁に物語っていた。

羊皮紙二枚を縫い合わせたこの大判地図は、一五〇〇年にスペイン南西のカディス近くで製作されたもので、ヨーロッパ人がアメリカ大陸を表現した現存地図としては最古のものとされる。近代を先取りする統一的な世界図を描いたのかと思いきや、大西洋の中ほどに南北方向の線が引かれ、その両側で地図表現の形式・精度が大きく異なっている。一四九四年のトルデシリャス条約によってスペインとポルトガルがおのおの獲得した、教皇子午線の西側と東側を表現しているからだ。トルデシリャス条約の正当性が教皇アレクサンデル六世の権威によって担保されたことは、中世的な普遍世界の延長線上で領土支配をめぐる裁定が行われたことを印象づける。ヨーロッパやアフリカの海岸線は、古代ギリシャの天文学者プトレマイオスの地図を思い起こさせる正確さであるが、濃彩色を纏ったアメリカ大陸はぎこちない輪郭で象られている。おそらくそこには、コロンブスの探検に同行してデ・ラ・コサが得た地理的知識の限界があったのだろう。

しばしば忘れられがちなことであるが、地球球体説は、コペルニクスの地動説とともに生まれたのではなく、古典古代の学術のなかにすでに存在した知識である。とくに、アレクサンドリアで活躍した天文学者・地理学者のプトレマイオスは、アリストテレス以来の球体測定法にもとづいて、地中海からインド洋を中心とする経緯度系の世界図を製作した。この世界図は、中世ヨーロッパでは忘却され、大航海時代まで乗り越えられることがなかった。方位線が張り巡らされたデ・ラ・コサの世界図は、羅針盤を頼りに海原に挑む中世の航海者たちの必携道具、ポルトラーノ海図の特徴を示しており、そこに経緯度の考え方はみられない。

プトレマイオスの地理学は、イスラム世界を経由して、一五世紀のルネサンスによって再発見される。そして、探検・征服を通じてヨーロッパ人が蓄積した地理的知識は、一八世紀にいたって、正確な経度測定を可能とするクロノメーターの力を得ることで、想像上の球体の上に定置されていった。一六世紀初頭、ポルトガル人マゼランの率いる艦隊によって成し遂げられた世界周航は、いつ終わるとも知れぬ旅への不安と飢餓との戦いであり、マゼラン自身もフィリピンで命を落としている。対照的に、一八世紀後半のイギリスの海軍士官クックが行った三回に及ぶ航海は、地球上で現在地を確認しながら帆を進める「安心な」旅であり――もちろん「安全」だったわけではないが――、それゆえに、測量と海図作成に多大な業績を上げることができた。

かくして、有限の単一空間として世界を描く地図が誕生し、そうした地図を道具としてイメージされた世界は、一つの関係性の空間となるための条件を獲得した。聖地エルサレムを中心として、中世ヨーロッパ人は、海と大河で隔てられたヨーロッパ、アジア、アフリカの三大陸を配置するTO図を数多く残した。イングランドのヘリフォード大聖堂に伝来する「ヘリフォード図」は、TO図と同様の構図のなかに多くの山脈・河川や都市・教会を描き込んでいる。聖書の世界観を表現するこれらの地図が天体観測と測量にもとづく世界図に移行する時代の変わり目を画したのが、デ・ラ・コサに代表される大航海時代のポルトラーノだったのである。

3　国家の陣取り合戦

水平線の彼方で終わる平面的な空間としてイメージされていた中世的な世界は、近世・近代のヨーロッパ人によって、緯経度で明確に定義される球体へと転じた。つまり、不定形ゆえに限界を意識する必要のなかった世界が、明確な有限性をもつ空間に転じたということである。時の経過とともに、この世界という限りある資源地は、陣取りゲーム板のごとき様相を呈するにいたる。一つになったはずの世界は、軍を進めて旗を立て、自国の文化を移植する剥き出しの野望がぶつかり合う舞台になった。この過程で、点どうしを結ぶ封建的な関係で律されていたヨーロッパの国家は、国境線の内側に権力を張り巡らせる領域国家の枠組みに再編されてゆく。

政治地理学者ピーター・J・テイラーは、近世以降のヨーロッパにおける領域国家の形成について、簡潔にして明快な記述を行っている。

しかし、封建制下の中世のヨーロッパは権力と権威の階層的なシステムであり、領域的なものではなかった。領域と主権とがともにもたらされるようになって、近代の国家間システムの基礎が与えられるようになった。これは一四九四年以後の世紀に出現し、一六四八年のウェストファリア条約によって決定的なものとなった。（……）個々の国家はその固有の領域に主権を有することが認められた。したがって、一国に対する内政干渉が最初の国際法の違反となった。〔参考文献③下：一九〇頁〕

一四九四年のトルデシリャス条約によって、スペインとポルトガルが世界の分割支配を予約したことは、先に述べたとおりである。これに対して、一六四八年のウェストファリア条約は、宗教戦争に端を発する三〇年戦争に終止符を打つと同時に、建前上は対等な主権を有する国家がつくるヨーロッパの国際秩序を樹立した。しかし、この対等という形容詞はおろか主権そのものでさえ、外部世界たる非ヨーロッパに適用されることはなかった。人類誕生の地というべきアフリカに武器を持って乗り込んだヨーロッパ人は、ラテンアメリカの植民地経営のために黒人奴隷を「大量輸出」したのち、アフリカ大陸がもつ資源的価値に気づいて、これを分割支配の対象とした。近世以降に初めて一貫した全体像を露わにした世界史は、ヨーロッパの内と外の境界を生産する歴史でもあった。

ヨーロッパと非ヨーロッパの非対称な関係は、同時代の世界図が行った地理的表象のなかにも、明瞭な痕跡をとどめている。卓抜した地図学者ゲルハルドゥス・メルカトルの同時代人で、世界地図の編纂・出版に大きな貢献を残したアブラハム・オルテリウスは、一五七〇年刊行の『世界の舞台』の表題頁を五大陸を象徴する女性像で構成した。最上部に君臨するのが女王ヨーロッパ、左と右に王女アジアと黒人女性アフリカ、そして下部左にアメリカの寓意たる裸体の女性、右には、マゼラン海峡の南に想定されていたマゲラニカが描かれている。(2) 世界の中心たるヨーロッパが非ヨーロッパを見下ろす意識構造の単純明快な表現であることは、もはや多言を要さないであろう。こうしたアトラスを道具としてヨーロッパ人の地理的認識のうちにかつてなく明瞭な像を結ぶにいたったアフリカは、今日、われわれが見慣れた塗分け地図のうえで、植民地支配の遺制というべき数多くの境界線で切り刻まれた姿を晒している。

プトレマイオスの再発見が可能とした世界の単一空間化は、ヨーロッパにおける主権国家の確立と同時的に進行した。その過程で、非ヨーロッパ支配の野望に油を注ぎつづけたのは、ヨーロッパ人が手にした測量術や地図学を総動員する世界図、つまり、統一された経緯度系によって位置を与えられ、有限の資源として定量化された世界の表象だった。イマニュエル・ウォーラーステインの世界システム論(3)が、中心・半周辺・周辺の分業体制として世界をとらえたことはよく知られている。しかし同時に、普遍帝国を自認した中世の巨大な政治権力から小さな主権国家に分裂した政治地図への移行が、資本主義にドライヴされた近代世界システムの成立を可能ならしめる、重要な条件だったという主張にも注目すべきである。

4　国民を表象する地図

単一空間となった世界で陣取り合戦を始めたウェストファリア条約以後のヨーロッパでは、主権を有する国家が人民《ピープル》と領土《テリトリー》を携え、それらの排他的な統治を追求しはじめる。周知のように、主権・人民・領土は、ドイツの法学者ゲオルク・イェリネックが唱えた国家の基本要素である。他方、同時代の国家形成を論じるために、言語・文化や神話化された歴史を共通の基盤とするまとまりに注目することもできる。そうした共属意識が支える人間集団は、主権を行使する国家に結えつけられた人民に対して、国民《ネイション》という別の概念で理解されてきた。もっとも、日本語の国民は、国籍をもつ市民の意味で理解されやすいので、文脈によっては民族の語が充てられる。

人民と国民という発想を異にする二つの概念の対比から浮かび上がるのは、両者の対応関係の成否、つまり、個々の国家が従える人民に凝集力に富む国民としての性格が備わっているのかという疑問である。これは、近代が創造した国民国家が孕む虚構性の問題として議論され、すでに手垢がしっかりついたテーマである。しかし、国家と国民の関係性をとらえる人間の視線に、領土という国家のもう一つの基本要素がまとわりついていることは、必ずしも明確に意識されていない。

都市やギルドとの微妙な力関係のうえに王権が存立していた中世的な社団国家では、民衆が個々の社団のメンバーになっても、国王の権威に直接服することはほとんどなかった。したがって、国王の臣民を数え上げて国の人口を云々することは、現実性をもちえない。国家の構成員の範囲を確定するには、蛸足のごとき権力関係の空間をなす社団国家から、主権の射程範囲が地理的に定義された領域国家への転換が必要だったのである。そして、領域国家においてこそ、人びとは、領土を自らの地理的想像力に埋め込むことで、国家への帰属をはっきりと確認できるようになった。かくして、国民国家フランスの成立は、フランスという領域国家に住む人びとがフランス語やフランス文化、そして神話化されたフランスの歴史を共有するフランス国民となることと同一視されてゆく。地図上で表象される世界のイメージは、魔力のごとく人間の意識の底に居座るようになったのだ。

ここで、次のような疑問が提起されるかもしれない。すなわち、フランス革命によって完成した領域国家としてのフランスは、六角形の自然的境界によって輪郭づけられたがゆえに、単一不可分の共和国の枠組みに収まらない多様な少数言語・文化を内包する結果になった。これに対して、同じ言葉を話し、文化を共有する人びとを束ねる民族的境界が重視されたドイツでは、国民国家の成否は、何よりも、主権国家に対する民族としての国民の忠誠の問題であったと。

領土に先立つリアリティとして民族を強調する言説は、ドイツのみならず、東欧・ロシアにも広く見出される。ポーランド出身の歴史家クシシトフ・ポミアンは、チェコの国家形成について次のように述べている。

〈水平統合〉は、チェック民族の領域内での強力なドイツの存在、ドイツ語、ドイツ支配に対して、チェック語の権利のための闘争と、ふたつの共同体の分裂になろうとも教育制度と文化制度を分離させようとする戦いをつうじて行われた。〈垂直統合〉の主要な道具は、民族国家の欠如をおぎなうものとしての、結党と結社、教育・文化機関、報道機関であった。〔参考文献④：二七一―二七二頁。原文括弧内割愛〕

しかし、近代国家が国土と国民の管理を始めたその時点から、国家の領域的基盤がもつ意味は大きく変質する。それは、もはや国境という一本の線で繋ぎ止められるのではなく、教育、福祉、納税、兵役等々、国家と個人が結ぶ権利・義務関係の網の目で日々可視化されている。領土は、国家による資源の権威主義的配分が行われるアリーナでもあるということだ。だからこそ、領土に先行するアイデンティティを掲げる民族が、自らの意思で資源配分を行うことのできる生存空間、つまり領土を確保しようと、闘争を繰り返すという逆説が生じる。このことは、社会主義体制崩壊後の東欧・ロシアで、チェコとスロバキア、あるいはバルト三国のように、独立を達成・回復する国が次々と現れ、にもかかわらず分裂の火種がくすぶりつづけていることに明瞭に表れている。クーデターによって成立したウクライナ新政権が、ロシア系住民による独立宣言が行われたクリミアに対してライフラインの切断によって応戦しようとしたことは、記憶に新しい。

測量と人口センサスという道具を手に入れた近代国家のもとで、国民と領土は分かちがたく結ばれてきた。そうした近代的な起源をもつ世界認識の構造は、国家のみならずリージョナルレベルの空間編制にも明瞭に認めることができる。たとえば、現代ベルギーの連邦制では、地域《リージョン》と言語共同体という二つの原理を併用し、前者は社会基盤・環境・産業、後者は言語・文化・教育というように、おのおの権限領域を明確に区別している。しかし、逆説的なことに、本来属人的であるはずの言語共同体さえも、フラマン語地域、ワロン語（フランス語）地域、ドイツ語地域、そしてフラマン語・ワロン語併用地域のブリュッセルというように、地図上で截然と塗り分けられているのである。

つまり、地図は国家のみならず、国民を表象するメディアと化したのである。われわれが近代から受け継いだ世界認識の大きな特徴の一つはそこにある。子どもたちは、教室の壁に掛けられた地図を見て、自分が生まれた国の形状を覚える。そして、国土を象る特徴的な輪郭は、ときとして国民のイコンとしての一体性を主張する。言語政策や経済危機下の財政問題をめぐる国との対立を契機に噴出した、最近のカタルーニャの独立運動をみてみよう。これを突っ撥ねる中央政権の保守主義者とその大衆的基盤を、憲法秩序の擁護といった法制度上の理屈のみで解釈することはできない。「五体満足」なスペインの国土が国民を表象するイコンとして認識されるとき、そして、ミシェル・フーコーがいう「生権力（bio-pouvoir）[4]」が国力の源泉としての国民に働きかけるとき、それらに挑戦する謀反の動きは、しばしば生理的反応ともいうべき誹謗の的になるのである。

5　地球儀が可能にする世界認識

世界地図の上で国民を境界づけ、そのマネジメントを領域国家が引き受ける考え方は、グローバル化が進む現代にあって根本的な転換を迫られている。しかし、グローバルからローカルまで、マルチレベルで同時進行する変化を的確にとらえるための知識と技量を、はたしてわれわれは持ち合わせているだろうか。世界を一望する近代的な地図、他を圧倒する軍事技術、そして国民国家という概念装置を生産・輸出してきたヨーロッパは、幸いというべきか、そうした近代の発明に対して数多くの疑問を投げかけ、文化の多様性をマネジメントする新しい方法を模索しはじめている。そうした試みのいくつかに光を当てるのが、本書の大きなねらいである。

欧州統合は、近世以来の主権国家体制がアナーキー競争の失敗に陥ったあげく、二度におよぶ大戦を避けることができなかったことの反省にたって、ヨーロッパを一つの政治システムとして安定化させる試みだといわれる。数十種類におよんだ通貨の存在が象徴する市場の細分化を克服し、経済システムとしての効率性と競争力を強化することも大きな目標である。しかし、市場を統合することはできても、その上で踊るアクターの動きを制御する政治が足並みを揃えるのは、はるかにハードルの高い課題である。共通通貨ユーロの導入にさいしては、南欧・東欧の一部諸国が乗り遅れまいと必死に振る舞う一方、イギリスなどは、通貨統合を勇み足として傍観する立場をとった。加盟国間でユーロに対して正反対の態度が現れる背景には、地政学的空間としてのヨーロッパに対する温度差とともに、パフォーマンスを異にする各国経済の実態がある。

他方、国家の内部にあって深刻な紛争を惹起してきた民族間の関係を、政治的な合意によって再構築する試みも行われている。一九九八年にベルファスト合意を結んだ北アイルランドがその例である。和平合意は、プロテスタントとカトリックの間のパワーバランスを調整すると同時に、紛争が社会空間に残した深い傷を多文化主義の語りで克服することを目標とする。しかし、二つのコミュニティによる権力分有を進める一種の政治技術が、宗教によってフレーム化された人間集団の境界をかえって絶対化・固定化させる可能性も看過できない。社会のなかの多様性を対立の火種としないためには、文化の相違に対する承認だけでは不十分であり、多様性を強みに変えるための市民社会の成熟が必要である。

単一空間になった世界を主権国家に切り分ける人間にとって、近代に完成した世界図は地理的想像力を培養する役割を担った。ならば、グローバル化時代における文化の境界をマネジメントするには、いかなる空間認識がふさわしいのだろうか。その糸口として、筆者は、経緯度系による世界図と並ぶ近世ヨーロッパ人のもう一つの創作物というべき、地球儀による世界認識が重要な意味をもつと考えている。

平面地図ではどうしても図の中心と周辺が生じるのに対して、地球儀は、地球の公転面を水平に置き、磁北のある北半球を上にするという点を除けば――それ自体、宇宙論的視座にたてば、けっして自明の理ではないが――、万人に対して平等な表現にみえる。回転させなければ、けっして全体像を得ることができないからである。近世のオランダでは、世界進出を企図する国家に対して、地球儀が知識戦略の道具を提供した。しかし、同じ地球儀という地理的表象が、外国から押し付けられた自民族中心主義を振り払う意味をもちえたことにも注目したい。朝鮮半島で初めて地球儀を製作したとされる朴珪寿《パクキュス》について、地理学者の千田稔は、原田環の政治思想史研究を参照しながら次のように述べる。

中国を中心に位置づけた地図は中華思想の表現としてその意味を読みとることを強いる。「今日中国がいずこにありや。あっちに廻せばアメリカが中国となり、こっちに廻せば朝鮮が中国となる。今日いずこに定まれる中国ありや」と珪寿が門弟を啓発した言葉からも、華夷思想が朝鮮半島からはがされていくプロセスの一端をうかがうことができる。〔参考文献⑤：五八―五九頁〕

現代世界は、グローバル化とともに多極化あるいは無極化の様相を呈しているといわれる。中国やロシアのように、以前から強い影響力を有していた大国に加えて、ブラジル、インド、南アフリカなどが、現代の新興国として国際政治経済の舞台で存在感を高めている。そうした多極・無極のグローバル化時代の世界をとらえる道具としては、グローブ（球体）の地球儀がふさわしい、とひとまずいえそうである。

しかし、地球儀と平面地図の違いは、中心・周辺といった構図上の問題にとどまらない。冒頭で引用した若林幹夫が指摘するように、平面地図を描く視点は、上空の一点に固定されているのではなく、地表面上の至るところに遍在する架空の視点である。この誰のものでもない視点を受け入れることで、われわれは、個人の経験世界に先立って存在する全体世界に対する認識を共有してきた。

対する地球儀は、現実世界の縮小表現という意味では平面地図と同じであるが、視点は固定されているのでも、上空に遍在するのでもない。鳥になって空を飛ぶように、見る者が自由に視点を設定できるのが地球儀を特徴づける本質である。地球儀を見る者の視点は、地表からの距離こそ大きく異なれど、飛行機に乗って地球の姿に感動する人のそれと共通している。つまり、地球儀を眺めることは、肌身の地球を離れた位置から見下ろす行為の擬似体験なのである。そうした観点からいえば、国境線のように、地図を通じて意識化される人工物を取り除いたいわゆる環境地球儀こそが、地球儀の妙味を最も的確に表しているのかもしれない。

文字よりも古い歴史をもつといわれる（平面の）地図[5]に対して、地球儀の製作が広がりをみせはじめるのは近世ヨーロッパにおいてである。球体に全世界を描く地理的表象は、古代に遡る天体観測術と大航海時代以降に蓄積された地理的知識が合わさることで可能になったからである。そうした地球儀は今日、情報技術の発達によって、デスクトップや携帯端末のうえで三次元表示できるようになった。

グーグルアースの例にみるように、情報技術が生み出したバーチャル地球儀は、ストリートビューから地球の全体像までスケールを変えながら地上の局地的な見えを天空からみた画像へとシームレスに繋ぐという、従来の地球儀にない大きな特徴を有する。何千・何万キロメートルもの距離を越えてローカル空間の間を跳躍する感覚は、日常性が充満する都市空間のなかで、地球の反対側から来た移民たちの姿を目の当たりにする経験に通じる。

とはいえ、グローバル化のもとで頻繁に生起する異質な生活世界どうしの接合を、異なる文化の相互作用を通じた新しい文化の創造へと橋渡しすることは、けっして容易でない。そうした刺激に満ちた、困難な過程を支えるのは、地上に立つ人が日々経験している空間、つまり、行き会った人びとの関係性が積もりつづけるローカルな空間の力ではないかと筆者は考える。そして、それを単一空間たる世界のなかで構想する地理的想像力の重要性を改めて強調することで、本書への誘いの言葉としたい。

注

（1）本稿を執筆するにあたって、参考文献①〜⑤にあげた著作、とくに若林幹夫の所論から多くの示唆を得た。
（2）久武哲也・長谷川孝治編『改定増補　地図と文化』地人書房、一九九三年、四七頁。
（3）イマニュエル・ウォーラーステイン（川北稔訳）『近代世界システム――農業資本主義と「ヨーロッパ世界経済」の成立』岩波書店、一九八一年。
（4）中山元『フーコー　生権力と統治性』河出書房新社、二〇一〇年。
（5）織田武雄『地図の歴史――世界篇』講談社、一九七四年。

参考文献

①若林幹夫『増補　地図の想像力』河出書房新社、二〇〇九年。
②ベネディクト・アンダーソン（白石隆・白石さや訳）『想像の共同体――ナショナリズムの起源と流行』リブロポート、一九八七年。
③ピーター・J・テイラー（高木彰彦訳）『世界システムの政治地理――世界経済、国民国家、地方』大明堂、一九九一―一九九二年。
④クシシトフ・ポミアン（松村剛訳）『増補　ヨーロッパとは何か――分裂と統合の一五〇〇年』平凡社、二〇〇二年。
⑤千田稔『地球儀の社会史――愛しくも、物憂げな球体』ナカニシヤ出版、二〇〇五年。

国民国家の限界への挑戦

EUが描くヨーロッパ像
――政治経済の枠組みの視点から――

中屋宏隆

1 ヨーロッパ経済の現状

二〇一〇年にギリシャの財政危機が本格化して以降、ヨーロッパ経済の足取りは重い。欧州連合(European Union：以下EUと略)の経済成長率を見ると、二〇一〇年の二・一パーセント成長から、二〇一二年にはいよいよ〇・四パーセントのマイナス成長に突入し、先行きの不透明感は今も継続している。その主たる要因は、紛れも無く共通通貨ユーロの信認の問題である。ユーロの不安定さが、ユーロ経済圏への投資の低下を招き、ひいてはヨーロッパ全体の経済パフォーマンスの低迷も引き起こしている。二〇一三年に入ると、欧州中央銀行(European Central Bank：以下ECBと略)による積極的な金融緩和姿勢が一定の評価を得て、これまでの不安定さは落ち着きつつあるが、それでも今後順調にヨーロッパ経済が回復するという予想を立てている経済学者や市場参加者は少ない。今後のヨーロッパ経済はどこに向かっていくのであろうか。その先にEUはどういったヨーロッパ像を描いているのであろうか。

そもそもヨーロッパ経済とは、どういう領域を指すのであろうか。現在のヨーロッパ経済は、主に三つの経

表１　近年のGDP成長率の推移（対前年比）

（単位：%）

年	世界全体	アメリカ合衆国	新興国・発展途上国	EU	日本
2005	4.6	3.1	7.3	2.3	1.3
2006	5.3	2.7	8.2	3.6	1.7
2007	5.4	1.9	8.7	3.4	2.2
2008	2.8	-0.3	6.1	0.6	-1.0
2009	-0.6	-3.1	2.7	-4.2	-5.5
2010	5.1	2.4	7.4	2.1	4.7
2011	3.8	1.8	6.2	1.6	-0.6

出典）ドイツ政府経済諮問委員会 Web サイト上の統計データより作成。

済圏に分類される。第一の経済圏が、ＥＵ経済圏である。これは一九五二年に設立された欧州石炭鉄鋼共同体（European Coal and Steel Community：以下ＥＣＳＣと略）を起源にする経済圏で、ドイツ[1]とフランスを中心とする六カ国がその対象領域となった。これが現在では、二八カ国を有する巨大経済圏を形成している。第二の経済圏が、欧州自由貿易連合（European Free Trade Association：以下ＥＦＴＡと略）経済圏である。ＥＦＴＡは一九六〇年に英国が中心となり結成されたが、その後英国が離脱し、加盟国が減少していった。現在はスイス、リヒテンシュタイン、ノルウェー、アイスランドの四カ国によるＥＦＴＡ経済圏が形成されている。そして、最後の第三の経済圏がこれ以外のヨーロッパ諸国の経済圏である。いまだにＥＵにもＥＦＴＡにも属さない東欧諸国やバルカン諸国、そして都市国家などが存在している。それらの国家は、共同体には属さず自国の経済圏を形成している。二〇一三年七月にバルカン諸国であるクロアチアが、ＥＵに新規加盟したが、今後もこの第三の経済圏からＥＵ経済圏に移行していく国は出てくるであろう。二〇一三年末から国際問題化したウクライナもこの第三の経済圏に属しているが、ウクライナの動向次第では、ヨーロッパ経済圏の様相も大きな変化を見せる可能性がある。

　この三つの経済圏の中で、ヨーロッパ経済にとって最も重要なのが

表2　近年の失業率の推移

（単位：%）

年	ドイツ	イタリア	スペイン	アメリカ合衆国	日本
2005	11.3	7.7	9.2	5.1	4.4
2006	10.3	6.8	8.5	4.6	4.1
2007	8.7	6.1	8.3	4.6	3.9
2008	7.5	6.7	11.3	5.8	4.0
2009	7.8	7.8	18.0	9.3	5.1
2010	7.1	8.4	20.1	9.6	5.1
2011	5.9	8.4	21.7	8.9	4.6

出典）ドイツ政府経済諮問委員会 Web サイト上の統計データより作成。

EU経済圏であり、その中でもより統合段階が進んでいるのがユーロを導入しているユーロ経済圏である。ちなみに、EUに加盟していないが、ユーロを通貨として導入しているのが、サンマリノ、モナコ、アンドラ、バチカン、モンテネグロ、コソボの六カ国である。これらは先ほどの第三の経済圏に属しているが、金融政策に関しては事実上ECBに依存していると言える。このEU経済圏の二〇一〇年の国内総生産（Gross Domestic Product：以下GDPと略）を見ると、一二・三兆ユーロを誇り、アメリカの一一兆ユーロを上回っている。ユーロ経済圏に限定したGDPでも、九・二兆ユーロを誇り、中国の四・四兆ユーロや日本の四・一兆ユーロの二倍以上の規模であることがわかる。EU経済圏は人口も五億人を超え、世界最大の経済圏を形成している。(2) しかしながら、前頁の表1に見るように、近年の経済成長は新興国に比べると見劣りするのは否めず、ユーロ危機の抜本的解決と高い失業率（表2）の改善など、今後克服すべき課題は大きい。

とりわけ、スペインなどの失業率の高さは、突出しており、これが二五歳未満の若年失業率になると、五〇パーセントを超える状況も生まれている。若年失業率は、単純に個人の職業機会の喪失の問題だけではない。若年層が職業経験を積むべき重要な時期に失業状態に置かれることで、社会にとっても将来的に労働力全体の質の低下を招くなどの問題に発展しかねないのである。これらの諸国の若年層が、教育期間を終えた後に労働力市場へと円滑に参入することができる制度構築が急務である。

2　ユーロ危機の発生

次に、昨今のユーロ危機は、なぜ生じたのであろうか。これは、二〇〇八年のリーマン・ショックを契機に南欧諸国の借入れが困難になっていく過程で本格化した。それ以前の南欧諸国は、国債の発行によって得られる資金を元に国家財政を安定的に循環させていた。その資金の出所になったのが、独仏英の大手金融機関である。これらの大手金融機関は、一九九九年のユーロ導入によって投資しやすくなった南欧諸国の国債を、資金の運用先として拡大させていたのである。二〇〇八年以降の世界的な景気後退の中で、金融機関が資金の引き上げを開始すると、南欧諸国は国債の発行による資金繰りに困難を抱え始めた。さらに、その過程の中で明るみになったのが、ギリシャの国家財政の粉飾であった。二〇〇九年に発覚したこの問題をきっかけに、ギリシャ国債が市場で売り圧力に晒され、価格を落としていくことになった。いわゆるギリシャ危機の発生である。この危機が始まる前は、ユーロ経済圏に属する国が発行する国債の価格は非常に安定しており、金利水準も基準となるドイツ国債の金利水準に収斂する傾向にあった。それが、各国の財政状況が明らかになってくると、金融機関は南欧諸国の国債への投資を不安視するようになり、安定した国債であるドイツ国債との利回りの乖離が生じ始めたのである(3)。

通常、通貨の発行主体と国債の発行主体は同じであるが、ユーロ経済圏ではこれが異なる。つまり、通貨はECBが発行するが、国債の発行は各国に委ねられたままである。その他の財政政策の権限も各国の財務省が持ち続けている。ユーロ危機が新聞報道で取り上げられていた際に頻繁に指摘されていた「金融政策は統合されたが、財政政策はバラバラ」というわゆる金融集権・財政分権は、このことを指しているのである。市場は、ギリシャ危機が進展する中で、このユーロの問題点に気づき、国債という平時においては極めて安定的な資産が一方的に売却されるという危機が生じたのである。市場に出回っている国債が売り圧力に晒されると、当然新規発行の国債は買い手が付きにくいため、金利水準を高くせざるをえず、政府の利払いの負担が拡大する。その結果、将来的な財源確保のための新規国債発行が困難になる。各国政府は、国債価格の安定がどれだけ重要かについて、このユーロ危機をきっかけに再認識したのである。

その後、事態はギリシャだけに留まらず、アイルランド、ポルトガル、イタリア、スペインに飛び火していった。国債の利回りの危険水域と言われる七パーセントを超える事態も頻発するようになり、ＥＵは危機の収束に追われることになったのである。こうした事態が断続的に続いたのが、二〇一一年から二〇一二年にかけてであった。この間に、ユーロ共同債の発行やＥＵ財務省の創設など、抜本的な改革案が提案されたりもしたが、いまだ議論の段階に留まっており、ユーロ危機の根本的解決に至っていないのが現状である。ただし、二〇一一年にＥＣＢ総裁に就任したドラギ（Mario Draghi）が、二〇一二年に「ユーロ存続のために必要なあらゆる措置」を講じると表明したことは市場を安定させる効果を生み、その後のヨーロッパ経済全体の安定を下支えしている。加えて二〇一二年一〇月に欧州安定メカニズム（European Stability Mechanism：以下ＥＳＭと略）が設立されたことも重要である。これはすでに設立されていた欧州金融安定化基金（European Financial Stability Facility：以下ＥＦＳＦと略）を引き継ぐ恒久的な機関である。ＥＳＭの融資枠はＥＦＳＦと合算して、約九〇兆円にも及び、この基金をもとに、財政危機に陥っている国に対して金融支援を行い、ヨーロッパの金融市場の安定を保つことを機関の目的としている。今後のユーロ経済圏の財政危機の再発防止に大きな役割を担うことが期待されている。

表３　バラッサの統合五段階論

段階	内容
①自由貿易地域	域内関税の撤廃
②関税同盟	域内関税の撤廃に加えて対外共通関税を設定
③共同市場	生産要素（人・財・サービス・資本）の自由移動
④経済同盟	経済政策の協調
⑤完全な経済統合	金融・財政政策の統合／超国家機関の創設

出典）森井裕一編『ヨーロッパの政治経済・入門』有斐閣ブックス、2012年、221頁を参考に作成。

3　バラッサの統合五段階論

前節で示したように、ユーロ経済圏の不透明感は今なお継続中であるが、こうした共通通貨を生み出したヨーロッパ統合は、第二次世界大戦後に開始した。初期段階では、ＥＣＳＣによる経済分野からの統合が開始し、それが今日では欧州理事会の常任議長を務める大統領ポストを輩出するにまで至っている。そうした統合の進展はさまざまな視角から理論化されてきたが、その中でも代表的なのが一九六〇年代に経済学者のバラッサ（Bela Balassa）の提唱した表3に挙げる統合五段階論（以下、「バラッサ論」と略）である。この理論によれば、経済統合過程は、①自由貿易地域を皮切りに、共同体は②関税同盟に進み、その後③共同市場を形成し、④経済同盟を結成するという。最後に⑤完全な経済統合という形で、共同体に設置された超国家機関のもとに金融財政政策などの経済政策は一本化されるとした。

このバラッサ論は、とりわけ経済統合局面に特化した統合理論として有名であり、他の政治学的なアプローチからの統合理論とは、一線を画している。[4] ただし、バラッサは、経済統合が進展する過程の大筋を提示したに過ぎず、戦後のヨーロッパ統合の進展と突き合わせてみると、必ずしもバラッサ論が現実を的確に描写しているとは言えない。

たとえば、①自由貿易地域であるが、これは第二節で指摘したEFTAの結成において採用されたのであり、今日のEUに連なるヨーロッパ経済共同体（European Economic Community：以下EECと略）において採用されたのは、関税同盟であった。域内の関税を撤廃する自由貿易地域ではなく、当初から域外への共通関税をも設定する関税同盟で出発したことは、初期ヨーロッパ統合の進展にとって重要な意義を有したのである。なぜなら、それによってより緊密な統合に向けての議論がなされたのであり、共通関税収入による共同体の独自財源の確保にも繋がったのである。また、③共同市場においても、生産要素の自由移動が実現するというが、労働力の移動は、制度としては可能になったとしても、実際のEU経済圏における労働力の移動は低調という現実がある。そして、⑤完全な経済統合に伴う超国家機関の創設であるが、これもヨーロッパ統合の現実とは異なる。たとえば、ヨーロッパ統合の起点となったECSCでは高等機関という超国家機関が創設され、石炭と鉄鋼の経済分野における行政執行権は、この高等機関に譲渡されていた。この高等機関が超国家機関として、従来ならば国家が有していた主権を行使することが可能になったのである。近年の例で挙げるとするならば、ECBの設立が挙げられる。超国家機関としてのECBは各国から金融主権を譲渡され、ユーロ経済圏における金融政策を一元化している。金融政策が財政政策などよりも先に統合をしているのが、現状のユーロ経済圏である。戦後ヨーロッパ統合は、この超国家主義的な手法が初発点から核になっていたのである。その意味で、戦後ヨーロッパ統合の進展過程には、常にこの超国家主義的な視点が存在しているのであり、バラッサ論のように、すべての経済統合が完成した上で超国家機関が登場するというのは、現実的ではないと言える。

以上のように、バラッサ論は、現実のヨーロッパ統合の進展と整合的でない部分も多い。この点については、『EU経済統合』を著したペルクマンス（Jacques Pelkmans）によっても指摘されている。ペルクマンスによれば、バラッサ論は積極的統合と消極的統合の視点が欠如している点が問題であるとされている。(5) この積極的統合か消極的統合というのは、結局のところ、上述した超国家主義的な統合か否かという問題であり、そうした視点に立って、バラッサ論と超国家主義をいかに関連づけるかについて再検討する必要がある。また、ヨーロッパ統合の最終形態をこのバラッサ論で考えるならば、それぞれの経済圏が統合されて、巨大で均質な経済圏の誕生が予想されていると取れなくもない。しかしながら、現状のヨーロッパ統合は、内部の多様性を単純に均質化させることで統合に向かっているわけではない。国民国家の多様性を保持しつつ、従来の国民国家システムを乗り越える試みが行われているのである。その方向性を等閑視してはならない。

4　社会的市場経済のEU

では、EU自身はいったいどのようなヨーロッパ像を描いているのであろうか。以下では、それについての考察を加えていきたい。その手がかりとなるのが、二〇〇九年に発効したEUの基本条約であるリスボン条約である。この基本条約の中に、注目されるべき文言が加わった。それが、社会的市場経済である。この文言は、リスボン条約の共通規定の第I編第三条に登場する。そこでは、「完全雇用と社会進歩を目指す高度の競争力を有する社会的市場経済」と謳われており、特に雇用と競争力の問題が意識されていることがうかがえる。ユーロ危機以降のEU経済における雇用の悪化は顕著であるが、その改善こそが社会的な安定を生み出すと考えられているからに他ならない。雇用問題の克服とその先の競争力のある社会的な進歩が、この社会的市場経済の目指すところである。(6)

そもそも、社会的市場経済という概念は、ドイツの経済学者であるミュラー＝アルマック（Alfred Müller-

Armack）が一九四七年に刊行した論文で登場したものである。これが、後にドイツの経済大臣エアハルト（Ludwig Erhard）によって、政府の経済政策の柱に据えられ、ドイツが復興と成長を成し遂げるなかで、ドイツに限らず広くヨーロッパでも定着していくことになった。ミュラー＝アルマックによれば、社会的市場経済とは、「一つの秩序政策的な理念として定義することができる。その目的とは、競争経済という基盤の上に、自由なイニシアティブと、市場経済の遂行を通じて保障される社会的進歩とを結びつけることにある」と定義づけられている。ミュラー＝アルマックは、こうした市場経済を基盤とした経済に、一定の政府の市場介入を容認している。この介入は第一に、市場経済が健全に機能するような競争秩序の法的・制度的枠組みを確立・維持することである。たとえば、独占禁止法の制定による、市場における健全な競争状況の維持といったことである。第二の介入は、ケインズ的な裁量的経済政策であり、一定程度の景気刺激策が是認されているのである。しかし、社会的市場経済は単純な混合経済体制というわけではなく、あくまで自由な経済活動をもとにした市場経済を基盤に据えており、その上で社会の公正と安全が目指されるのである。(7)

戦後ヨーロッパ統合は、フランスが政治的に主導する一方で、ドイツが経済的に主導する役回りを演じてきた。たとえば、フランスの主導性はＥＣＳＣ創設を謳った計画案にフランスの外務大臣シューマン（Robert Schuman）の名前が冠せられていることに象徴的に表れている。その一方で、戦後ヨーロッパが幾度となく通貨の問題に直面した際に、常にその安定性を誇ったのはドイツの旧通貨マルクであった。これは、ドイツのヨーロッパにおける経済的主導性を端的に表しているであろう。戦後ヨーロッパ統合の歴史は、フランスとドイツが車の両輪のような役割を担うことで進展してきた。その進展の中で、社会的市場経済という戦後長らくドイツで採用されてきた経済理念が、ＥＵの基本条約に謳われたことは、ドイツのＥＵでの経済的な存在感をいっそう高めるものであった。実際、二〇〇九年にリスボン条約が発効し、そうした中でギリシャ危機が拡大し、その後のユーロ危機へと進展していったわけであるが、それらの危機の最中にあっても、ドイツ経済は安定的に推移し、EU経済の中心であることを内外に見せつけることになった。

しかしながら、ドイツ経済のEU経済における存在感が突出することは、必ずしも良いことばかりとは言えない。ドイツ経済の突出は、すなわちEU域内経済の不均衡の拡大であり、社会的市場経済で目指された公正や安全とは適合しないからである。この問題は、ドイツが統一後、東西の経済格差の解決に苦しんだ過去と重なる部分があると言えよう。東西ドイツ統一以降、東部ドイツ地域の経済は、社会主義体制からの転換がうまくいかず低迷した。それが東部と西部の経済格差となって現れ、社会問題化した。統一から二〇年以上経った現在でも、この問題は克服途上と言われているが、EUはこうしたドイツ国内の格差問題が、ユーロ危機を契機にヨーロッパ大で存在する問題であると再認識させられるに至ったと言えよう。ドイツは、東部ドイツ地域に二〇年以上にわたって巨額の財政支援を行ってきたが、今後はそれをヨーロッパ全体に対して行うための制度構築が必要となってくる。こうした制度構築には、ドイツが東西経済格差是正のための経験を活かすことが可能である。この制度構築は、財源確保の問題とも関連して、財政統合議論にも波及する問題であり、EU全体でのコンセンサス形成は極めて難しいと言える。それゆえ、時間を掛けた議論と粘り強く解決方法を模索する姿勢が重要となってくる。

5　描かれるヨーロッパ像

以上、バラッサ論や社会的市場経済の視角から、今後のヨーロッパ統合のあり方を分析してきたが、現実のヨーロッパ統合の中心に位置する立場の人物たちは、どのように今後のヨーロッパ像を描いているのであろうか。こうした要人たちは、大きくは統合推進派と現状維持派に分けることが可能であるが、以下では、今日の危機にあってもヨーロッパ統合をよりいっそう推し進めることを主張している人物の主張を取り上げたい。まずは、かつてEUの外交・安全保障担当上級代表を務めたソラナ（Javier Solana）である。彼は、ユーロ存続のためには、国ごとに非対称な危機が起こった際の対応ができる機構が必要だと唱え、ユーロ経済圏全体を統括する、単一の財務省の創設を主張している。この財務省案は、ユーロ危機の最中に新聞報道で取り上げられたEU財務省に相当するもので、現状の財政政策の統合が進んでいない状況を打開しようとするものである。財政政策の主権は各国の政策を実現する上での根幹部分を成しているため、この分野の超国家主義の実現はかなりの時間と議論が必要であるが、ユーロの長期的安定実現を目指すのであれば、避けては通れない議論となるであろう。

次に、ソラナと同様の主張を唱えているのが、ECB前総裁のトリシェ（Jean-Claude Trichet）である。彼のEU財務省案は「全EUの金融部門に対する通常の監督と規制、それぞれの執行者としての責任も負うことになるはずだ。そして、EU財務省は、経済と金融に関係する国際機関において、ユーロ圏全体を代表する機関となるであろう」と述べられている。この主張は、ソラナに比べると、EU財務省に金融政策の権限までをも担わせる案となっている。トリシェのECB総裁としての実務経験が、金融部門の監督規制問題の解決を強く意識させたことがうかがえる。さらに、トリシェの主張はこれを進める形で展開されている。彼曰く、今後EUでは「EU諸国が国家主権のさまざまな構成要素を共有しあうようになるとともに、欧州理事会はEUの上院へと進化し、現在の欧州議会がEUの下院となるという未来も、想像できよう。それと似た変化として、欧州委員会がEUの行政府となり、そして欧州司法裁判所がEU全体の司法府となることもありうる」という。彼のこの発言は、現在のEUの機関が、各国家の三権分立を構成する行政権と立法権と司法権を共同体レベルで共有することを想定しているのである。これが現実のものとなるかどうかは今の時点では判断しがたいが、EUの要職を歴任した人

物たちが、こうしたヨーロッパの将来像を描いていることは注目に値する。(8)

歴史を振り返ると、ヨーロッパ統合は必ずしも順調にその歩みを進めてきたわけではないことがわかる。(9)ドゴールによる空席危機や一九七〇年代の経済危機、一九九〇年代の通貨危機など、度重なる危機に直面してきた。しかし、その度に、ヨーロッパは議論を重ね、ヨーロッパ統合を進めることを危機からの脱却のきっかけにして今日まで歩みを進めてきた。昨今のユーロ危機は、戦後ヨーロッパ統合が始まって以来、最大級のものと言えるだろう。この危機をそのまま放置すれば、経済状況の低迷に留まらず、共同体の瓦解といった事態も想定される。やはりこの危機を乗り越えるためには、ソラナやトリシェが主張するような、よりいっそう統合を進めていく形で危機の克服が図られるべきではないだろうか。そこにこそ、グローバル化が進展する世界にあって、ＥＵを中心としたヨーロッパが、今後も存在感を保持し続けられる可能性を見出すことができるのである。

注

(1) 以下、正確には西ドイツと記述すべき箇所もあるが、すべてドイツで統一した。
(2) 森井裕一編『ヨーロッパの政治経済・入門』有斐閣ブックス、二〇一二年、二一六―二一七頁。
(3) ギリシャ危機からユーロ危機への進展過程の詳細については、中屋宏隆「ユーロ危機の現状とドイツの役割」『愛知県立大学外国語学部紀要』第四六号、二〇一四年、一五〇―一五四頁を参照。
(4) 他のヨーロッパ統合理論については、アンツェ・ヴィーナー／トマス・ディーズ編（東野篤子訳）『ヨーロッパ統合の理論』勁草書房、二〇一〇年が詳しい。
(5) Ｊ・ペルクマンス（田中素香訳）『ＥＵ経済統合――深化と拡大の総合分析』文眞堂、二〇〇四年、一〇―一五頁。
(6) 小林勝訳『リスボン条約』御茶の水書房、二〇〇九年、一〇頁。
(7) 黒川洋行「リスボン条約における社会的市場経済の適用――ＥＵの経済秩序に関するオルド自由主義からの考察」『日本ＥＵ学会年報』第三二号、二〇一二年、一〇二―一〇五頁。

（8）ソラナやトリシェの発言は、ジョージ・ソロスほか（徳川家広訳）『混乱の本質』土曜社、二〇一二年を参照した。なお、一部用語を改めた箇所がある。

（9）中屋宏隆「戦後ヨーロッパ統合の進展　貫かれる超国家主義と危機の克服」久保広正・吉井昌彦編『ＥＵ統合の深化とユーロ危機・拡大』勁草書房、二〇一三年、五―二〇頁。

参考文献――

①みずほ総合研究所編『ソブリン・クライシス――欧州発金融危機を読む』日本経済新聞社、二〇一〇年。
②柄谷行人『世界史の構造』岩波書店、二〇一〇年。
③白井さゆり『ユーロ・リスク』日本経済新聞社、二〇一一年。
④黒川洋行『ドイツ社会的市場経済の理論と政策――オルド自由主義の系譜』関東学院大学出版会、二〇一二年。
⑤遠藤乾編『ヨーロッパ統合史（増補版）』名古屋大学出版会、二〇一四年。

第2章

連邦制の動態と政治・文化の境界
――ドイツとベルギーの比較において――

若林　広

1　主権国家・国民（民族）国家の形成と連邦制

現代世界は、毎年一〇億人以上の人びとがビジネスや観光、また移民や難民として国境を越え、同様に大量の原材料や工業製品が国境を越える人類史上未曽有の大規模移動の時代を迎えている。この背景には、二〇世紀後半から進む巨大船舶・巨大旅客機の発達という、輸送手段の大変革が大きな要因としてある。

このようなグローバル化の時代において既存の政治単位（境界）である「国家」はその機能を徐々に減じつつある。ヨーロッパにおいて、近代主権国家といわれるものは一七世紀の三〇年戦争を収めたウエストファリア条約（一六四八年）にその起源がある。それ以前にも国家は存在していたが、カトリック教国であるそれらの国々を支配する国王や皇帝の政治的権威の上には、ローマ教皇という宗教上の権威が厳然と存在していた。宗教改革後現れたプロテスタント教国が北ヨーロッパを中心に拡がる中、繰り広げられた三〇年戦争はカトリック教国対プロテスタント教国の戦争といった構図も有していた。そして、戦争後もプロテスタント諸国が存続することにより、プロテスタント教国のみならずカトリック教国でも政治的権威が宗教的権威の上に来る主権国家が成立する。しかし当時の国家は多くの場合、版図内に複数の民族集団を抱えており、国家制度の近代化による強力な行政機構の成立・一元的な教育制度の整備により首都の文化・言語等が国土の津々浦々にまで拡がり、フランスをはじめとする多くの国々が一つの民族＝一つの国家の国民（民族）国家（nation-state）に変容するのは一九世紀のことである。

一方、ヨーロッパの内外には、領土の広大性や地勢的複雑性、強い地方の独自性、強大な地方政治組織の存在等により、中央集権的な国家体制へ直ちに進めない国々も存在した。アメリカ合衆国、スイス、オーストラリア、ドイツといったこのような国々では、国家建設において国家連合、連邦制といった地方の自律性を認める政治体制がとられるようになる。また国民国家の形成に成功したと思われた国々の一部でも、実は国内の少数民族集団は決して消滅しておらず、二〇世紀後半、国民国家モデルに対する異議申し立て（いわゆる民族集団の噴出 ethnic resurgence）が表出するようになる。このような異議申し立ての受け皿として用意されたのが国家の地方分権化、連邦制への移行である。一九七〇年代以降、ベルギー、スペイン、フランス等で地方分権化、さらには連邦制化の動きが加速化される。このように現在、分権制・連邦制をとる国家には、（i）中央集権化の途上にある国々（求心的分権制）と（ii）中央集権から地方分権化に向かう国々（遠心的分権制）の二種類があると考えられる。

連邦制の理論家の一人であるWilliam Rikerは二〇世紀を「連邦主義の世紀」と表現したが、二〇世紀の特に後半はまた、日本を含む先進諸国で福祉国家体制が確立した時期でもあった。福祉国家における政府の大きな財政負担は一九七〇年代以降、これらの国々が財政逼迫に直面する一因となり、二〇世紀末までには各国で財政の健全化が叫ばれるようになる。連邦制をとる国々でも、地方分権化の重要な一側面ともいえる財政分権化の論議が盛んになる。東西統一後のドイツでは、東ドイツ支援の手段として、それまでも論議の的となっていた連邦の政策に州が拒否権を持ち、また州の行政に連邦政府財源が深く関与するという「共同決定のわな（Joint Decision

Trap)」是正の動きが再燃する。また一九九〇年代まで順調に連邦化を進めてきたベルギーでも、二一世紀に入り財政分権化の動きが始まり、そこでは特に社会保険年金制度の分権化に焦点が当たるようになる。

本稿は、このように、財政分権化の流れの中で、求心的な連邦制国家ドイツと遠心的な連邦国家ベルギーにおける憲法改正も含めた国家再編論議を比較検討するのを目的とする。次節ではドイツ、ベルギーの連邦制の求心性・遠心性を歴史的展開の中で明らかにする。さらに第三節では最近のドイツの憲法改正論議を、また第四節ではベルギーの国家再編論議を検討し、最後に両者を対比することによりその差異を明らかにする。

2 新旧連邦国家ドイツ・ベルギーの求心性と遠心性

現在のドイツ領土の主要な部分はかつて神聖ローマ帝国の版図であったが、同帝国は元来、けっして中央集権的な帝国ではなかった。一六世紀以降、主権国家概念が広まる中で、帝国は半主権領邦国家の連合体であり続ける。しかしナポレオン戦争はドイツ領邦国家に完全な主権を与え、ウィーン会議もそれを追認する。その結果一九世紀のドイツは主権を持った領邦国家から成り立つ国家連合の形態をとるようになる。一八四九年、米国・スイスをモデルとした連邦の形成を目指す憲法の制定が試みられたが失敗し、ドイツの統一は、一九世紀後半のビスマルクの登場を待たなければならない。

一八七一年のドイツ帝国は、プロイセンが先導する形で成立し、帝国の政治、軍隊の中枢はプロイセンのエリートにより占められていた。帝国は、非民主的であり、専制的であったが、他方、中央政府の行政機構は必ずしも大規模なものではなかった。中央議会下院（衆議院：Reichstag）は、刑法、民法等の立法権を保持していたが、実際の行政は、帝国を構成する各領邦の行政機構にゆだねられていた。外交や軍事等、帝国として統一的な施策が必要な分野については、領邦国家の政府の代表が集まる第二院（参議院：Bundesrat）で方針の調整が行われた。帝国はこのように引き続き分権的性格を強く保持していた。

ドイツ帝国崩壊後のワイマール共和国では、帝政時代の野党であった社会民主党とカトリック中央党が政権を担うようになる。ワイマール憲法は、必ずしも中央集権化を目指していたわけではなく、国内政策の実施は依然として邦（州）に任されており、また経済・農業等の政策立案は連邦政府と州が共同で策定していた。しかし戦後の経済的疲弊・復興の機運の中で国民への効率的な福祉提供の要請は中央集権化の大きな動因となる。その結果、ワイマール共和国は一九二〇年代末には通常の中央集権国家に近いものになっていた。(1)

第二次世界大戦後のドイツ国家の再生は、まず州の再生から始まった。一九四八年の米国、英国、フランスの占領当局と当該占領地域の各州首相の会議の後、州首相による憲法起草作業が始まった。占領地域の東西分裂により、西側地域における旧プロイセンの影響力は弱まり、代わりに主導的立場に就いたのが、カトリックが多数派を占める南のバイエルン州と、北西部のノルトライン・ヴェストファーレン州であった。さらに、米国占領当局の意向も加わった形で、ドイツ連邦共和国（西ドイツ）の政治構造が次第に明らかとなる。一九四九年に制定されたドイツ憲法（西ドイツのみの一時的な憲法の意味で「基本法」と呼ばれる）では、表面的には、連邦の排他的権限を明文化し、その他の権限については補完性の原則のもと、すべて州に委ねるという米国流の連邦と州の立法・行政権限を明確に分けた連邦構造がとられた。しかし実際には、州は連邦法の補足的法制の制定や実際の施策を行い、また州政府はその代表を連邦参議院（Bundesrat）に送り込み、かつそこでの決定は連邦議会（衆議院）（Bundestag）の採決に対して一定の拒否権行使の可能性を残すというハイブリッドな構造がとられていた。参議院は、連邦議会と同等の立法権はないが、州に関係する政策については拒否権となる承認権を持ち、かつ州関連の政策とは雇用、教育、治安、運輸、福祉等幅広い政策を指し、この意味で参議院は実際には広範な分野で拒否権を持っていたといえる。(2) このように本来地域色の強いドイツでは、歴史の展開において常に中央集権を求める力が働いていたということができる。

一方、ベルギー王国は一九世紀中葉の一八三〇年に、オランダ連合王国から南部のカトリック地域が分離する形で成立した。ベルギーは当時、北部のフランデレン（オランダ）語地域、南部のフランス語地域といった二つの主要言語集団を内包しつつも、フランス語中心の中央集権的な政治体制がとられていた。それが可能となった理由の第一には、それまでのプロテスタント・オランダの支配への反発があった。第二には、当時のフランデレン地域は、人口的には多数派であっても、南のフランス語ワロン地域に比べ工業力や経済力で劣勢であり、さらに文化・言語的にも、フランデレン語はフランス語に比べ世界に通じる普遍的な言語・文化とは言い難い点を挙げることができる。また第三に、フランデレン人でも、フランス語やフランス文化を受容すれば国家運営に差別なく参加できるといった要因も、多民族国家ベルギーがフランス語中心の中央集権的体制をとることができた大きな要因といえよう。このように一九世紀中葉には、ベルギーはヨーロッパの典型的な中央集権的国民国家を形成していたが、公的な場での公用語がすべてフランス語であることに対するフランデレン地域の不満も徐々に高まるようになる。行政や司法、軍隊等の現場において数々の不都合が明らかとなることにより、一九世紀後半より、いわゆるフランデレン運動と呼ばれるフランデレン語の公用語化を目指す運動が展開される。フランス語に加えたフランデレン語の公用語化という一地域二言語主義の運動は、一八九八年の言語平等法の制定により一応の目標を達成するが、南の工業化に伴う北から南への労働者の社会的移動はその後二〇世紀に入っても続くようになる。その時点でフランデレン運動は一地域一言語運動へと変容する。一九六四年には言語地域法が制定され、フランデレン語、フランス語、ドイツ語（第一次世界大戦後、ドイツ国境地域のベルギーへの編入により成立）、ブリュッセル二言語の各地域の境界が厳密に画定される。

フランデレン語の公用語化を進めたのは、一九世紀からのカトリック党、自由党、および一九世紀末に出現した労働者（社会）党の三大全国政党であったが、フランデレン語の公的使用により、フランデレンでは二〇世紀前半より地域政党が出現するようになる。これらの地域政党は第二次世界大戦中のナチスへの協力疑惑により戦後一時衰退するが、一九六〇年代中葉のフランデレンとワロン地域の経済的立場の逆転を受ける形で新たに勢いを増すようになる。一方、ワロンでも、フランデレンに対抗する地域政党が台頭するようになる。これらの政党の台頭は三大全国政党への支持の減少を招くこととなり、全国政党の退潮への対抗策が（ⅰ）政党自体の地域化と（ⅱ）国家の分権化の二つであった。一九七〇年代初頭より、ベルギーでは本格的な国家再編が開始される。

国家再編は、一九七〇年代初頭、一八八〇年代初頭、一九八八―九年、一九九三年の四度にわたる憲法改正により段階的に進行する。一九七一年には、「言語地域」をより明確化する（ⅰ）「地域」（フランデレン、ワロン、ブリュッセル）、（ⅱ）「文化共同体（一九八〇年代に「共同体」と改称）」（フランデレン語、フランス語、ドイツ語）の二組の地方レベルの政体が定義され、（文化）共同体には人に関連する権限（教育、医療、放送等）が付与される。この時点で地域はまだ分権化の受け皿として成立していなかったが、一九八三年の憲法改正により、ブリュッセル地域以外のフランデレン、ワロンの二地域が成立し、両地域には土地に関連する権限（地域開発、産業振興、環境等）の委譲が始まる。さらに一九八八―八九年の憲法改正により、中央の統制が大きく残りつつも、ブリュッセル地域にも中央からの権限の委譲が開始される。一九九三年には、ブリュッセル地域議会が中央の統制をはずれ、地域が国政（特に上院）との関係を共同体を介して維持する構造が成立して、ベルギーは真の連邦国家の形態を整えるようになる。

3　連邦制の変容（一）――東西ドイツ統一に伴う財政調整と連邦改正の試み

現代の連邦制国家において、最大の地域間財政移転制度を取り入れているのがドイツである。高い地域間の財政移転は、安定的な連邦制の維持に貢献する反面、地域・地方自体が産業や資本を誘引するインセンティブを失う結果となる。戦後ドイツにおける急速な経済成長は、伝統的な州間所得の格差是正より、旧来の鉄鋼・化学重工業地域と南部・南西部の電子工業等の新たな工業地域間の所得格差是正をより急務なものとして、州間財政移転平準化制度の導入を促進し、結果として戦後の中央集権化に寄与した。

一九四九年憲法の制定当初は、連邦・州間の補完性の原則が重視され、財政措置の中央集権化の傾向は必ずしも顕著なものではなかった。税制面で言うと、一九四九年憲法は、付加価値税、関税は連邦税、所得税、法人税は州税との基準を明確に示していた。しかし戦後復興において富裕州と貧困州との格差が顕著となり、憲法上一九五二年と定められていた財政措置の見直しが一九五五年に行われた結果、所得税と法人税は事実上、州と連邦に分配されるようになり、連邦を通じた後進地域州への財政移転は、垂直的なもの（連邦が税源を拡げ、それを後進州への財源移転の税源とする）に基本的に重心を移すようになる。(3)

一九五〇年代から六〇年代にかけてドイツは急速な経済成長を遂げ、連邦政府で舵取りをしていたキリスト教民主同盟（CDU）は次第に州政府にも浸透し、CDU／CSU（キリスト教社会同盟：バイエルンでのCDUの兄弟政党）は連邦・州両レベルでの優越により、ドイツ政治の中央集権化がさらに進むようになる。

そこでの一大契機が、一九六九年、CDU／CSUが社会民主党（SPD）との大連立を組んだとき行われた憲法の改正である。同改正では、ドイツ国民の「生活水準の均一性（Einheitlichkeit der Lebensverhältnisse）」が前面に打ち出され、それまで州が行っていた地域政策、大学校建設、農業構造政策等の実際の施策を連邦が州と共同で行うことも可能となった。税制面では、連邦と州の共同税収制が公式化され、所得税と法人税は両者で折半され、さらに付加価値税については州はその三七パーセントを受けとるが、その七五パーセントは人口ベースで算定され、残りの二五パーセントは所得平衡ベースで算定されるものとなった。

一九七〇年代の世界経済の激動は、ドイツ経済にも重要な影響を及ぼす。鉄鋼業等の重化学工業は衰退し、電子工業等の新たな産業が台頭する。結果、ニーダーザクセン、ザールラント、ブレーメン等では経済は停滞し、他方、ヘッセン、バイエルン、バーデンヴュルテンベルク等で新たな成長の極が出現する。連邦政府は、このような州間格差拡大に対する対策に、大きな財源をつぎ込む必要性に迫られた。連邦政府のこのような施策に対して富裕州の不満は強まるばかりであった。

州間の財政移転を現状のままとするか、またはより分権的なものとするかの議論の最中に生じたのが、一九九〇年の東西ドイツの統一であった。東西ドイツの格差はもちろん、西ドイツの富裕州と貧困州の格差とは比べられないほどの規模であり、既存の州間財政移転で対処できるものではなかった。東西ドイツ統一後の全ドイツの一人当たりの所得は統一前の西ドイツの八五パーセントにまで下落する。

統一に当たり、ドイツ政府は、当初の四年半にわたる緊急措置として一一五〇億ドイツマルクに上る「ドイツ統一基金」を設立した。連邦と州はその後四年間にわたり、過渡期後の東部州への財政移転方策についての議論を重ね、一九九五年一月に一定の合意が成立する。交渉で当初連邦政府は、当時の大蔵大臣の名をとったヴァイゲル（Waigel）案と呼ばれる、移転財源を西部の富裕州と連邦が直接負担するプランを提示したが、州政府の強硬な拒否にあう。州（特に富裕州）は、バイエルン州が中心となり州側としての新たな独自案を提示する。その内容は、東西ドイツ統一のために新たな州レベルの所得移転策は設けず、付加価値税の州の取り分を現行の三七パーセントから規則上許される最大の四五パーセントに引き上げ、その差をすべて東部州につぎ込むというものであった。つまりは付加価値税のこれまでの連邦取り分を財源に当て、州財源には手をつけないという東部州の統合を急ぐ連邦政府には受け入れがたい提案であったが、このバイエルン案に全州が賛意を示したことにより、連邦政府としても同案を受け入れざるを得なかった。

ドイツでは一九九四年に新たな憲法改正が行われ、そこではドイツ国民の「生活水準の均一性」との文言が「生活水準の等価性（equivalence of living conditions）」に入れ替わった。これは前述東部州に対する所得移転策を連邦レベルの財源に絞ったために、今後急激には東部州の所得改善が進行しないことに対応する変更と考えられる。

二〇〇三年夏、連邦参議院の主要政党の党首会談において連邦制の改組に関する合意がなされ、「連邦秩序の近代化に関する両院委員会（ＫＯＭＢＯ）」と命名された委員会が発足する。この時期にこのような委員会が発足した背景には、当時連邦および州レベルの議会選挙が二〇〇四年末まで予定されておらず、連邦改正論議が政局と切り離して検討できるということがあった。しかし東部州と旧西側の小規模州は、（ⅰ）州領域の再編、（ⅱ）二〇一九年まで続く現存の財政移転制度、（ⅲ）州の課税立法権の三点を委員会の議論から除外させることに成功し、委員会では結局、州の立法権の拡大を代償とした連邦参議院の拒否権の縮小と共同財政措置の見直しに集中した議論が展開した。西部富裕州は本来州領域の再編や財政移転制度の改定の問題に手をつけたかったが、連邦に対する州の結束を重んじ貧困州に譲歩した。結果的に、貧困州が、連邦の権限縮小を恐れる連邦政府と結託することにより、前述の除外が設けられたが、他方富裕州が、交渉における譲歩を拒否したことにより、この連邦改正交渉は結局二〇〇四年一二月、失敗に終わる。(4)

二〇〇五年五月のノルトライン・ヴェストファーレン州議会選挙の敗北を受けて、シュレーダー政権は連邦総選挙を同年九月に前倒しで行うことを決断する。結果は不人気のＳＰＤが期待以上に健闘し（得票率三四・二パーセント）、一方ＣＤＵ／ＣＳＵの得票数は予想を大きく下回る（同三五・二パーセント）ものであった。ＣＤＵ／ＣＳＵは従来からの連立相手の自民党（ＦＤＰ）と組んでも過半数に達せず、ＳＰＤも、左翼党（ＬＩＮＫＥ）の躍進を受け、従来からの連立パートナーの緑の党との連立で過半数を得ることができなかった。その結果成立したのが、一九六〇年代末以来のＣＤＵ／ＣＳＵ・ＳＰＤの大連立であった。戦後二度目のこの中道二大政党の連立により、二〇〇四年末に消え去った連邦改正の可能性が再浮上する。二〇〇五年一一月に交わされた連立合意文書ではＫＯＭＢＯ同様に改正の検討に州境問題と財政移転問題は含めないとされていたが、財政問題は後に扱う可能性が残されていた。二〇〇五年一二月には連邦与党と主要四州が主導する二つの作業部会が設立され、改正内容の検討が始まる。二〇〇六年三月には両作業部会が改正案に合意し、州首相会議が同案の連邦議会への提出を了承する。二〇〇六年六月三〇日連邦議会は四二八票対一六二票で同案を可決し、一週間後には連邦参議院も後述のようにＦＤＰの協力を得る形で、六二票対七票で同案を可決する。同連邦改正案には、大きく（ⅰ）連邦参議院の拒否権発動要件の縮小、対する（ⅱ）州・連邦単独権限の拡大、さらには（ⅲ）連邦・州共同事業の縮小案が盛り込まれ、一九六九年改正以来のドイツの「協調的連邦制（cooperative federalism）」にある程度競争的要素（competitive federalism）が盛り込まれたと言うことができる。[5]

連邦参議院において、連邦二大与党が州政府で与党の地位にある州票は四四票でしかなく、連邦改正案が全六九票の三分の二を獲得するにはＦＤＰが政権参加する州の同意が必須であった（表参照）。ＦＤＰはこの機を捉えメルケル首相に財政問題に関する新たな連邦改正を要請し、二〇〇七年三月、ＫＯＭＢＯ・Ⅱともいうべき財政に関する新たな委員会が設立される。同委員会の検討課題としては、（ⅰ）連邦・州間財政関係、（ⅱ）州間水平的財政移転、（ⅲ）公的債務上限の設定の三点が挙げられていたが、（ⅱ）については、東西ドイツ州間財政移転制度に対する憲法裁判所裁定（一九九九年）を受けた、より競争的な新たな連帯制度（Solidarity Pact II）が二〇〇五年に発足し、二〇一九年まで続くことにより、今回の課題から外れた。また（ⅰ）は、（ⅲ）の債務上限を連邦のみとするか、州財政にも適用するかに大きく影響されることにより、結局債務上限設定のレベル、適用範囲が同委員会の論議の主要点となった。二〇〇九年三月同委員会が解散するまでに州選挙においてＦＤＰが政権参加する州は増加し、逆に連邦与党が政権を握る州は減少する（表参照）。この結果、連邦政府の構造的財政赤字をＧＤＰ比〇・三五パーセント以内とし、かつＥＵの公的債務義務を連邦が六五パーセント、州が三五

表　大連立期の連邦参議院勢力にみる与野党関係の推移（2005年11月～2009年8月）

	連邦政府与党と一致する州政府の投票数				連邦政府与党と一致しない州政府の投票数					連邦与党	連邦野党
州政府与党	SPD	SPD + CDU/CSU	CDU/CSU + SPD	CDU/CSU	SPD + LINKE	SPD + FDP	SPD + 緑の党	CDU/CSU + 緑の党	CDU/CSU + FDP	(CDU/CSU + SPD) 合計	合計
05年11月～06年5月	0	7	8	21	7	4	0	0	22	36	33
06年5月～06年11月	4	7	12	21	7	0	0	0	18	44	25
06年11月～07年6月	4	10	12	21	4	0	0	0	18	47	22
07年6月～08年5月	4	7	12	21	4	0	3	0	18	44	25
08年5月～08年10月	4	7	12	18	4	0	3	3	18	41	28
08年10月～09年1月	4	7	12	12	4	0	3	3	24	35	34
09年1月～09年7月	4	7	12	7	4	0	3	3	29	30	39
09年7月～09年8月	4	7	8	11	4	0	3	3	29	30	39

連邦参議院は各州政府から参加する議員で構成され、おおむね州人口に比例する議席数が各州に割り当てられている。投票は州ごとに一括して行われ、各州の有する議席数がそのまま投票数となる。州議会選挙の結果を受けて州の政権交代が起こると、当該州から連邦参議院に参加する議員も入れ替わるため、連邦参議院における与野党の勢力分布も変化する。政党名の略号は以下のとおり。

CDU：キリスト教民主同盟；CSU：キリスト教社会同盟；SPD：社会民主党；FDP：自由民主党；LINKE：左翼党

（出典）Heinz, Dominic (2012): "Varieties of Joint Decision Making: The Second Federal Reform". *German Politics*, vol. 21, no. 1, March. pp. 131, 137をもとに作成。

パーセント以内で負うとするＦＤＰが標榜する自由主義的な色合いの濃い厳格な基準が設定された。[6] ＦＤＰは二〇〇九年九月の総選挙で議席を伸ばし、ＳＰＤに代わり、ＣＤＵ／ＣＳＵとの連立政権に参加するようになる。

4　連邦制の変容（二）――ベルギーの社会保険制度の連邦化論議

一九九三年のベルギーにおける連邦国家の成立はフランス系住民にとっては一連の憲法改正の終着点と考えられたが、フランデレン系住民にとっては、それは国家再編の単なる一里塚に過ぎなかった。フランデレン系住民が国家のさらなる再編が必要と考えた理由には、南北の経済力の逆転による北の財政負担、特に社会保障負担の軽減があると考えられる。

一九七〇年代からの一連の連邦化の動きの中で、社会保障政策も、この連邦化の対象となり、失業対策、低家賃住宅の供給、就業訓練等は土地に帰する地域の権限となり、医療や社会福祉の実際は人に帰する共同体の権限となった。また連邦政府は、医療・社会福祉政策の策定や社会保険・年金制度の制度設計に責任を持つこととなる。このように、一連の憲法改正の結果としてベルギーの社会保障政策は、連邦・地域・共同体の三つのレベルに権限を分断されるようになる。しかし一九八八年の憲法改正では、社会保険制度自体は連邦政府の排他的分野と明記され、一九九三年の憲法改正でも社会保険制度の改定は一切触れられていなかった。しかし一九九〇年代中葉、新たな要求がフランデレン側から起こってくる。保守系キリスト教民主党主導のフランデレン政府は、一九九六年二月、「国家再編の新たな段階に対する論議のための覚書」を明らかにし、地域間の連帯は支持しつつも、フランデレン・フランス語両地域の文化的特性に合わせた社会政策の変更をめざす国家の再編は引き続き必要であると主張する。同年九月、フランデレン政府に近い五人の法律家により「フランデレンのための憲法試案」が公表される。ベルギーではなく、フランデレンの憲法とよばれる同憲法試案では、第一四条で、フランデレン住民は、財政、医療、法的支援をフランデレン政府より受けるとして、社会保険制度の連邦化が示唆されていた。このような要求は、フランデレン議会においてその後三年にわたり検討され、同議会は一九九九年三月、これらの要求の一部を五つの決議として採択する。同決議では、社会政策については医療保険と、家族手当の連邦化が主張され、そこには連邦、地域、共同体に分断化された社会政策権限の一元化、社会保障費の抑制、そして文化的差異を考慮した社会政策の実施等の要因が挙げられていたが、根本には、ワロン地域の経済的停滞の結果としての社会政策財源の北から南への一方的な財政移転への不満が挙げられる。他方、フランス語圏では、過去の南から北への財政移転の流れや国家的連帯の必要性が強調され、これらフランデレン議会決議への反発が深まるようになる。

フランデレン地域での要求・決議を受けて、連邦レベルでも新たな国家再編論議が検討されるようになる。しかし一九九九年の総選挙の結果、戦後一貫して政権を担っていたキリスト教人民党に代わり、初めて全国第一党となり中央の政権を担ったのが自由党である。ワロンに基盤を置く社会党、フランデレンに基盤を置くキリスト教党に対して、中小商工業者を支持層とする自由党の基盤はブリュッセルにあり、よって自由党にとってフランデレンの社会保障制度をめぐる分離主義はある意味では自党の弱体化を意味していた。よって一九九九年から二〇〇三年までの一連の政府合意、続く憲法改正には、選挙法改正や、農業・貿易政策の連邦化等、一連の政府・政党間合意が含まれていたが、しかしそこには社会保険制度の改革・連邦化の文言はなかった。二〇〇七年の総選挙において、それまでの自由党政権に代わり、フランデレン保守のキリスト教民主（人民）党（CD&V）が再び第一党となる。しかしCD&Vはこの選挙においてフランデレン地域の独立を強力に推進する地域政党「新フランデレン同盟（N-VA）」と選挙協力をしていたことにより、連立政権合意において、より連邦化推進の政策綱領を盛り込もうとし、フランス語圏政党の反発を受けるようになる。連立の試みは困難を極め、実際に連立合意が成立するのは総選挙後実に一九四日後のことであった。強硬派のイヴ・ルテルムに代わり、ファン・ロンパイが政権を担うことにより、その後の政治は一時期安定するが、ファン・ロンパイがEU大統領に転出し、ルテルムが再び首相となると、ベルギー政治は再び対立の時期を迎える。二〇一〇年、ベルギーでは前倒しで再び総選挙が行われた。結果はCD&Vとの選挙協力を解消したN‐VAが全国第一党に躍進する。第二党はワロン地域の票を固めたワロン社会党であった。両者は政治綱領上、ほぼ対角線上に位置する政党といえ、当初の連立構想は困難を極め、そのすべては失敗に帰する。結局第二党社会党党首のディ・ルポを首班とする政権合意が成立するのは、選挙後実に五四一日後のことであった。しかも、(ⅰ)上院の改革、(ⅱ)ブリュッセル首都圏と周辺部(BHV)選挙区の分割、(ⅲ)雇用政策権限の地域への、家族政策権限の共同体への移譲といった穏健な政策合意を通すために、政権にはN‐VAを排除して主要三大政党がすべて地域を横断する形で参加するようになる。ベルギーではこのような政治的混迷の中で、総選挙後の政権の空白期が次第に長引く傾向が今後も続くと考えられる。

エルクとアンダーソン(Erk and Anderson)は、連邦制は、複数の民族集団を抱える国家において多様性を尊重しつつも国家としての統一性を維持する政体として考えられたものの、連邦構成体に多くの自律性を与えることにより、自主財源や政治的指導者等の政治的資源が、中央から連邦構成体に移動する結果、さらなる分権的傾向が増大するという矛盾を内包していると主張する。(7) ベルギーはその典型といってよいであろう。

5　比較と評価――結びにかえて

ドイツでは二〇〇三年から二〇〇四年にわたるKOMBOにおける連邦改組の動きは失敗したが、その後、二〇〇五年のＣＤＵ／ＣＳＵとＳＰＤの二大政党の大連立を契機に、再び連邦制改組の論議が動き出し、連邦・州間関係に一定の変更を加えることに成功した。成功の要因として（ⅰ）連邦・州の権限の再編成と財源問題を分離させたこと、（ⅱ）当初の大連立を動因としつつも、連邦参議院での承認のために柔軟にＦＤＰの協力も求めたこと、（ⅲ）財源問題では財政調整の見直しにおいて、直接の解決をはからず、欧州連合におけるユーロ危機に付随する債務制限問題として妥協を図った点等を挙げることができる。このような論議の間も連邦政府は通常の形で機能していた。

一方ベルギーでは二〇〇七年、二〇一〇年の総選挙後、国家再編の到達点を巡る議論が連立政権樹立を模索する形で展開し、新たな政権の連立の合意ができるまで、それぞれ実に一九四日、五四一日の日数を必要とした。その結果、一部の憲法改正には成功したものの、これからも総選挙の度に、各党の獲得議席数を踏まえた連立構想・政策の提示が繰り返され、ベルギー政治は今後もさらに混迷を深めるものと考えられる。求心的連邦国家ドイツでは大連立が国家再編の原動力となり、遠心的連邦国家ベルギーでは、国家再編が政党間・地域間対立の根源となっている。そこにはさらにドイツでは債務の削減という共通の目標が見いだされているのに対して、ベルギーでは財源移転問題が常に対立の前面に出ている点が挙げられる。またベルギーでは対立が二つの地域に二極化し、かつ政党も同様に地域に根ざして二極化しているのに対して、ドイツでは利害の対立が人口規模や経済的格差等で複雑に組み合わさることにより希釈され、かつ全国政党が州政治もしっかり把握している点が政治の安定に大きく貢献していると考えられる。

ドイツ、ベルギー連邦制の所与の条件は今後すぐには変化するものとは考えられない。となるとこれまで単に方向性の違いとして捉えられていた連邦制の求心性・遠心性は、今後その到達点についての議論も必要になるものと考えられる。

（付記）本稿は拙稿「現代ヨーロッパの連邦主義の諸相」『東海大学教養学部紀要』第四〇輯、二〇一〇年をもとに、最近の展開を踏まえて大きく書き直したものである。

注

（1）Manow, Philip（2005）：“Germany: cooperative federalism and the overgrazing of the fiscal commons”. in Obinger, Herbert; Leibfried, Stephan and Castles, Francis（eds.）: *Federalism and the Welfare State*. Cambridge: Cambridge University Press, pp. 32-33.

（2）他の政策については、衆議院は三分の二以上の採決で参議院の決定を覆すことができた。

（3）McKay, David（2001）: *Designing Europe*. Oxford: Oxford University Press, pp. 93-94.

（4）Scharpf, Fritz（2005）: “No Exit from the Joint Decision Trap? Can German Federalism Reform Itself?”. *MPIfG Working Paper*, 05/8, pp. 5, 13.

（5）Gunlicks, Arthur（2007）: “German Federalism Reform: Part One”. *German Law Journal*, vol. 8, no. 1, pp. 112-116.

（6）Heinz, Dominic（2010）: “Federal Reform II in Germany”. *Perspectives on Federalism*, vol. 2 issue 2; Renzsch, Wolfgang（2010）: “Federal Reform under the Grand Coalition”. *German Politics*, vol. 18, nos 3-4, pp. 383-385.

（7）Erk, Jan and Anderson, Lawrence（2009）: “The Paradox of Federalism: Does Self-Rule Accommodate or Exacerbate Ethnic Divisions?”. *Regional and Federal Studies*, vol. 19 no. 2.

参考文献

①河崎健・編著『二十一世紀のドイツ』上智大学出版、二〇一一年。
②松尾秀哉『ベルギー分裂危機——その政治的起源』明石書店、二〇一〇年。
③ハンス・カール・ルップ『現代ドイツ政治史』彩流社、二〇〇二年。
④若林広「ベルギーの社会的・政治的分断の歴史的展開」『海外事情』二〇一三年四月号、一—一五頁。

鬩ぎ合う文化、積層する文化

第3章

地中海サルデーニャに積層する時間
——開かれたロカリティがおりなす都市的世界——

竹中克行

1　地図が映し出す世界観

地図は、制作した者の世界観を反映している〔参考文献①〕。このことを理解するために、バビロンを中心に据えた同心円で世界を表現する古代の粘土板地図、あるいは日本を独鈷《とっこ》の形に描いた中世の行基図まで遡る必要はない。地表面を国境線で区画する世界図のように、一見平凡にみえる地図表現にも、近代に確立された領域国家を単位とする世界という、一つの認識様式が映し出されているからである。

たとえば、国際連合による地域区分は、ヨーロッパを四地域に分け、東・西ヨーロッパのほかに、多くの半島・島嶼からなる北・南ヨーロッパのフリンジを区別している（図1）。この枠組みに従うと、本章の主題たる地中海のサルデーニャ島は、ヨーロッパの辺境というべき南欧破砕帯の一角を占めるにすぎない。その一方で、サルデーニャの北、一二キロメートルに位置するコルシカ島は、同じ地中海の隣島でありながら、西ヨーロッパに塗り分けられている。これは、ナポレオン生誕の直前、一七六九年五月のポンテ・ヌオーヴォの戦いをもって、コルシカがジェノヴァの手を離れ、確立されつつあった近代国家フランスに編入されたことの明快な表現である。

他方、インターネット上で操作できるGIS（地理情報システム）、グーグルアースを使って天空から見下ろすと、どんなヨーロッパが見えるだろうか。肌身の地球というべき地表面の画像からは、緑のヨーロッパと広大なサハラ砂漠に挟まれた皺くちゃの地中海の姿が浮かび上がるはずである。アルプス・ヒマラヤ造山帯の西端をなす地中海では、アフリカ・プレートがユーラシア・プレートの下に潜り込むことで、アルプスに代表される褶曲山脈をつくり出した。プレート衝突のまさに前線上に位置するカリプソ地溝は、ペロポネソス半島南西海岸からわずか六〇キロメートルの距離にして五二七〇メートルの深度を有し、半島部の最高峰たるタイゲトス山との標高差は七六七七メートルにおよぶ。

衛星画像がとらえる肌身の地球の上でサルデーニャを観察してみよう。地中海は、イタリアの長靴の先にぶら下がるシチリア島とチュニジアに挟まれたくびれによって、東西に大きく分かれている。複雑な海岸線と多数の島々の存在は、遠方に陸地のシルエットを見ながら、海図と羅針盤を頼りに地中海を渡った中近世の航海者たちにとって、大きな助けとなっただろう〔参考文献④〕。そうしたなかで、大陸からひときわ離れた水平線の向こうに姿を現すサルデーニャは、航海者たちに畏敬の念を呼び起こすと同時に、地中海に覇を唱えようと企図する大陸諸国にとっては、重要な戦略的拠点としての意味をもった。

アラゴン王ペラ四世の息子が友好の印としてフランス王に贈った「カタルーニャ図」は、西地中海の中心にあって、

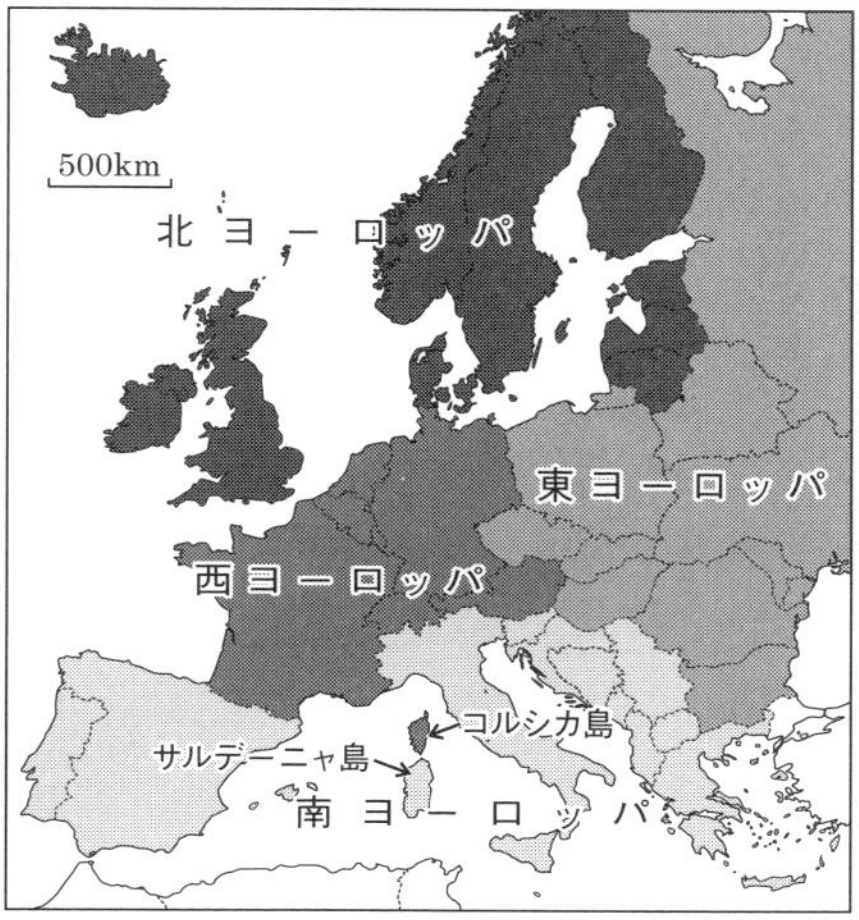

図１　国際連合によるヨーロッパの地域区分
国際連合統計部 Web サイトのデータをもとに作成。

図２　アブラアム・クレスカス「カタルーニャ図」（一部、1375 年頃）
フランス国立図書館（Bibliothèque Nationale de France）所蔵。

海を取り巻く諸勢力の野心に翻弄されたサルデーニャの位置をよく表している（図２）。マリョルカのユダヤ人、アブラアム・クレスカスが一三七五年（推定）に製作したこの地図は、ポルトラノ海図としての性格ゆえに、海岸や島嶼の様子を地名入りで詳細に描写している。対照的に、陸上に見えるのは、まだ形成途上だった領域国家の境界ではなく、幾筋もの山脈と河川、川沿いに発達した都市、アフリカの砂漠、そしてそれらを住処とする諸民族の特徴である。

一四世紀といえば、イベリア半島北東部のカタルーニャを中心とするアラゴン連合王国の絶頂期である。一時はアテネ周辺までおよんだアラゴンの版図にあって、サルデーニャはまさに要衝ともいえる位置にあった。

2　波長の異なる時間

大陸とそれが囲む海、山と流れ出る河川がつくる生態環境、そうした環境をわがものとした民族集団、近代が生み出した領域国家どうしの覇権をめぐる対立。一枚の地図だけでは表現しきれない諸相の絡まり合いこそが、われわれの前に広がる地域のリアリティを構成するといってよいだろう。

こうした重層性を統合的に描き出した作品に、フェルナン・ブローデルの名著『地中海』(原著初版一九四九年)がある〔参考文献③〕。スペイン王フェリーペ二世が支配した一六世紀と向き合うブローデルにとって、地中海とそれを取り巻く大陸がつくる生態環境は、人間活動にとっての舞台装置であるだけでなく、歴史を深層で規定する「長波」の意味をもっていた。それは、国家の形成・再編や人口社会動態といった「中波」、そして個人が経験する出来事からなる「短波」と相互に交渉することで、歴史をダイナミックにかたちづくる。

もちろん、地中海の生態環境に歴史の長波をみるブローデルの主張が成立するためには、地中海に通底するなんらかの統一性が必要である。たとえば、晴天続きでからっと乾いた地中海の夏。ケッペンの気候区分でいう地中海性気候の大きな特徴である。季節を通じた流量変化が激しい、つまり河川工学でいう河況係数の大きい荒川も、地中海の大きな特徴である。海岸には、秋口などに発生する集中豪雨で運ばれた土砂が分厚く堆積した湿地帯が広がり、天然の良港は少ない。新期造山帯を構成するアルプスやピレネーでは、褶曲山脈のごつごつした山肌が特徴的だ。地中海を旅すれば、気候・水文・地形条件のおりなす生態環境が、農耕・牧畜の営みや都市の姿かたちを強く規定していることに気づくだろう〔参考文献②〕。

他方、地中海の統一性は、ブローデルが「海原(plaine liquide)」とよんだように、歴史上、人間に活発な交流の場を提供した地中海それ自体の存在によるものでもある。幅わずか一四キロメートルのジブラルタル海峡によってかろうじて大西洋と繋がる地中海では、内海に特有の波静かな水面が、交易・軍事遠征・植民を挑む人間たちによって徹底的に利用されてきた。海上交通の舞台としての地中海の性格は、鉄道を中心に効率的な陸上交通が普及した近代以降、大きく様変わりする。しかし、長い歴史的時間に照らせば、言語や宗教を異にする諸文化が接触・対峙を繰り返す濃密な関係性の空間が、地中海のうえに展開してきたといえる。

ブローデルは、生態環境に体現される長波を出発点として、中期的な変動や短期的な出来事を掛け合わせることで、一六世紀という時代の特質に迫った。そうした異なる時間スケールへの注目は、歴史学のみならず、現在に足場を定める空間の学たる地理学にとっても、示唆に富んだ着想ではないかと筆者は考える。以下では、土地と人間が培ってきた関係性を風景のなかにみる地理学の視点から、サルデーニャ、とりわけその首邑カリアリに焦点を当てて、風景に表出する時間の積層を読み解いてみたい。

3 サルデーニャに積もる時間

イタリア共和国憲法のもとで一九四八年に設置されたサルデーニャ州は、全国二〇州のなかで、シチリアやトレンティーノ＝アルト・アディジェなどとともに特別自治州の地位を有する。カリアリは、サルデーニャ州の州都にして、サルデーニャを構成する八県の一つ、カリアリ県の県都でもある。

行政地図の中に都市を位置づける、いかにも無難なカリアリ紹介である。しかし、これが近代国民国家イタリア、なかでもイタリア共和国が成立した第二次世界大戦後という時間の層のみに注目した言辞であることは、地表面に展開する諸関係の結節点としてカリアリをとらえる次の説明と比較すれば明らかである（説明文はいずれも筆者による）。

面積二・四万平方キロメートルのサルデーニャは、地中海島嶼としてシチリアに次いで二番目に大きい。西地中海の中ほどに位置するこの島は、中近世には勢力拡大を目論むピサやアラゴンの標的となった。島南部の湿地帯に突き出た丘にピサ人によって築かれた要塞が、中心都市カリアリの原型をつくった。

ここで重要なのは、いずれの説明が真かを議論することではなく、風景に埋め込まれた複数の時間をとらえる視点をもつことである。筆者の理解では、サルデーニャ（図３）に蓄積する時間の層は大きく四つある。最も古い層は、メンヒルやドルメンの遺跡を島内各地に残した巨石文明の先史時代である。なかでも、紀元前二〇〇〇年頃に勃興し、フェニキア人とローマ人に征服されるまで千年以上も存続したヌラーゲ文明は、円錐状の石造構造物が凝集する遺跡を島内各地に残した。

二番目の層は、サルデーニャを構成する地域が輪郭を露わにした中世盛期の一〇―一一世紀である。八世紀にムスリムの攻撃に晒されたサルデーニャでは、ビザンツ帝国支配下の地方組織を土台として、カリアリ、アルボレアなど、四つの独立国が成立する。それらは、「審判による統治」を意味するジュディカートの名でよばれた。

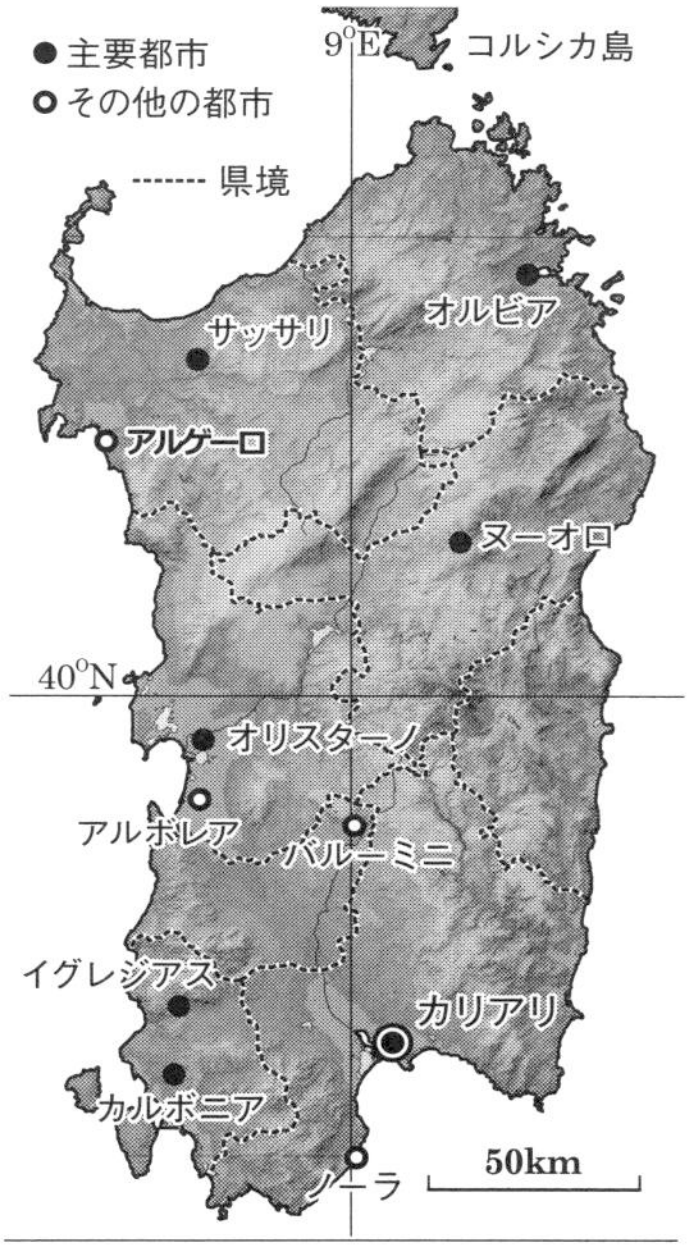

図３　サルデーニャ島の概況

三番目の層は、サルデーニャがイタリアやスペインによる支配を受けた中世後期から近世にかけてである。一三世紀、ジェノヴァ人に続いてピサ人に征服されたカリアリは、早くも世紀末になるとアラゴンの手に移り、堅牢な要塞都市に改造される。カタルーニャ、バレンシア、マリョルカなどを束ねる同君連合国家アラゴンの中心は、西地中海の重要港湾都市バルセロナにあった。バルセロナはカタルーニャの都であり、サルデーニャに入植したのも、主にカタルーニャ人である。しかし、一六世紀になると、アラゴンとイベリア半島内陸のカスティーリャの王朝が統一され、両者の君主を兼ねるスペイン国王が即位する。このため、アラゴンがサルデーニャを統治した四百年間は、現在では、スペイン人による支配として語られることが多い。

そして、サルデーニャに積もる最後の一層をなすのが、古代ローマの威光をよすがにリソルジメントを進め、一八六一年に統一を達成した近代領域国家としてのイタリアである。第二次世界大戦でムッソリーニ体制を清算したイタリアは、一九四六年の国民投票を経て共和国として再出発することになる。

以上にみた四つの層は、たんなる歴史の時代区分にとどまらず、サルデーニャに生きる人びとの意識のうちに互いに絡まり合いながら積もっている。

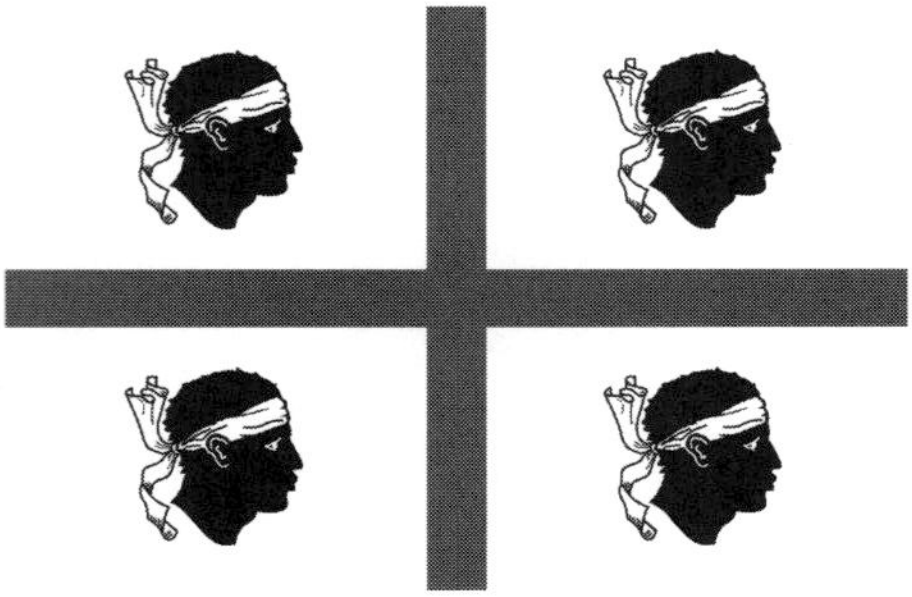

図４　サルデーニャ州旗

たとえば、一九五二年に制定されたサルデーニャ州旗には、頭部に帯を巻いた四人の横顔が登場する（図４）。この図柄は、サルデーニャが誇るべき独立の時代に主役を務めた、四つのジュディカートを表象するものと紹介されるのが常である。しかし、よく見ると、描かれているのは四人のモーロ人である。実は、現在スペインを構成する一七自治州の一つ、アラゴン自治州の旗でも、紋章の一部にほぼ同じ図柄が組み込まれている。それもそのはず、「四人のモーロ人」は、キリスト教徒たるカタルーニャ人がモーロ人を打ち負かした一一世紀の戦いで、戦勝記念として考案されたものなのである。とすれば、アラゴンの版図に組み込まれたサルデーニャにこの図柄が伝わり、時代を経て、中世盛期のサルデーニャの栄光を示す象徴へと変遷したことになる。サルデーニャ州旗を定めたサルデーニャ州議会での議論でも、紋章学的な起源の妥当性が議論に上ったが、結局、民衆に根づいた

表　基本語彙の言語間比較

	サルド語	スペイン語	カタルーニャ語	イタリア語
窓	bentana	ventana	finestra	finestra
チーズ	casu	queso	formatge	formaggio
探す	buscare	buscar	cercar	cercare

伝承のもつ意味が重視された。

別の例をあげよう。言語面からみたサルデーニャは、土着の基層言語に位置づけられるサルド語（サルデーニャ語）、中近世の支配者が移植したカタルーニャ語とスペイン語（カスティーリャ語）、統一イタリアの公用語たるイタリア語の大きく三層からなる。とくに、大規模な入植運動とともに広まったカタルーニャ語が残した影響は大きい。リソルジメントの後、イタリア語が教育やメディアの言葉として不動の地位に就くまでは、島内の広い範囲でカタルーニャ語が日常語として使われていたほどである(1)。

ところが、ここで逆説が生じる。土着語たるサルド語の話者には、イタリアに対する独立心のなせるわざか、イタリア語でも、イタリア語と著しい共通性をもつカタルーニャ語でもなく、中近世のスペイン語からサルデーニャ語が受けた影響を強調する傾向がある。たしかに、サルド語≒スペイン語、カタルーニャ語≒イタリア語の関係を印象づける単語をあげることは難しくない（表）。他方、ピサやピエモンテなどの大陸諸勢力に翻弄されてきたサルデーニャでは、「本土」との平等を確立したイタリア統一に熱い思いを抱く人も少なくない。縦横に張り巡らされたネットワークを通じて諸文化が対峙する地中海にあっては、アイデンティティ形成の過程で、こうしたコンテキストの縺《もつ》れ合いがしばしば生じるのである。

4　風景のなかに生きる時間

さて、サルデーニャに積層する時間は、われわれが生きる現在の風景のうちにどのように

図5 「緑の日傘」広場

表出しているのだろうか。中心都市カリアリに焦点を当てて考えてみよう。[2]

カリアリの平均年間降水量は四二六ミリ、うち六―八月の雨量はわずか二一ミリである。夏には、雨にたたられる心配なしに屋外活動が楽しめるし、灼熱の太陽のもとでも、乾いた空気のおかげで日陰に入れば涼しい。そうした生態環境が青空の下で集会を開き、市を立てて生活物資を交換する地中海の生活文化の基盤にある。活動のメイン舞台は、隙間なくたつ建物のファサードで囲まれた広場である。祭りの日になると、仮装行列のパレードや騎馬隊が繰り出す。

ところが、カリアリの街中を見回しても、この種の心地よい囲繞《いにょう》感が支配する舞台装置のような広場は、ほとんど目に入ってこない。[3] 北イタリアが自負するような、中世に遡る自治都市の伝統という時間の層がこの町には欠けているからである。実際、街中を丁寧に見て歩くと、広場を名乗っていても、実はカタルーニャ人が築いた囲郭の砲台が撤去されたあとの隙間空間にすぎないとか、第二次世界大戦下の爆撃で破壊された建物の跡地だということがよくある。沿岸に広がる湿地の上に突き出た丘を要塞化した前近代のカリアリでは、都市の中庭とよべる広場が成立する余地はなかったのである。

一八六〇年代になってカリアリに遅い近代が訪れると、要塞都市の解体とともにイタリア流の知識を吸収した都市計画が始まる。マスタープランを描いたのは、カリアリ出身でトリーノで学んだ建築家、ガエターノ・チーマだった。鎧を脱いだ都市に、パースペクティヴを重視した街路や広場が開かれ、新古典主義の意匠を纏った公共建築が登場した。しかし、広場文化の形成という観点から筆者が興味深いと感じるのは、物理的形態そのものよりも市民による広場の使いこなしである。

一つの興味深い例が「緑の日傘」広場である（図5）。日傘を提供しているのは、近代都市計画が開いた広場に植栽として持ち込まれ、市街地各所に広まったガジュマルの並木である。気根の垂れ落ちるこの熱帯性樹木が導入された経緯は不明であるが、木陰空間の心地よさは格別である。発達した樹冠がぎらっと輝く地中海の陽を遮り、カリアリにいつも吹く風は幹の間をすがすがしく抜けてゆく。家族が夕方のひと時を過ごし、週末の市で特産品や骨董品を並べるには理想的な空間だ。

図６　サン・レミー砦屋上の「固い広場」

一九世紀に急激な工業化を経験したヨーロッパ都市で木々の生い茂る公園といえば、煤煙からの解放を訴える衛生思想と結びつけて論じるのが通例である。息苦しさを増す街中で生活していた人びとは、都市の肺というべき呼吸するための空間を求めた。皮肉な見方をすれば、カリアリに点在するガジュマルの広場は、遅れて到来した近代の流行が固形化し、現代に居座りつづけた結果にもみえる。しかし、近代という時間を現代の都市空間に翻訳する流儀にも、さまざまな可能性があってよいはずだ。昼前に中高年、夕方に子ども連れが集まり、週末にになるとイベント会場に早変わりする「緑の日傘」広場は、カリアリ市民のサロンともいうべき一つの広場文化のかたちではないか。

他方、木々が覆う癒しの空間も、市民がアピールする場とするには向かない。北イタリアと違って中世から受け継いだ中心広場をもたないカリアリは、意外な場所に市民のハレ舞台を見出した。一九世紀末、中近世の複数の砦を土台として建設されたサン・レミー砦の屋上広場だ（図6）。新しい砦は当初、歴史的な権力の中心たるカステッロの丘にアプローチする玄関口となる予定だったが、完成時には、カリアリの行政機能はすでに港近くに移っていた。結局、砦屋上の白い石材を敷き詰めた「固い広場」は、町を一望できる公共のテラスとして市民の利用に供されることになる。建物屋上とはいえ、丘上から歩いてくると自然に屋上に降り立つ空間構成であり、街路表示のうえでも、統一イタリア第二代国王の名をとって、ウンベルト一世広場と命名されている。

中近世のカリアリでは、植民者たるカタルーニャ人が要塞化した丘からの眺望を独占した。支配する者とされる者の関係は、カタルーニャ人が下町に住むサルデーニャ人を見下ろし、見上げられるという視覚行為を通じて、人びとの意識に刻み込まれていたにちがいない。やがて、高い場所に上ることが特権でなくなると、丘からの叛乱者の不穏な動きを見張ったかつての支配者の視線は、手に取るように近くに見える街並みに感動し、自分の町との一体感を確認する市民の眼差しに置き換わっていった。中近世に特有の視覚行為の意味を転換し、眺望の民主化を支えたのが、近代の世紀変わり目に建てられたサン・レミー砦だったことは偶然ではない。

二〇一一年春に祝われたイタリア統一・一五〇年記念行事。屋上の「固い広場」では、町衆に囲まれた楽隊の演奏が夜空に響き渡った。

5　風景を生きる人びと

風景は、人びとによって知覚される物質的環境であると同時に、生きられ、共有される土地と人の関係性の証人でもある。だから、都市空間を舞台として執り行われる集合的行為は、風景が育つための触媒として決定的な意味をもつ。西地中海の四季を彩るカトリシズムの祝祭をみてみよう〔参考文献⑤〕。祭りはそれ自体、生きた町の風景にとって重要な視覚的構成要素である。しかし、都市に積もる時間が祭りに興じる人間の想像力に働きかけ、潜在意識に取り込まれるとき、町の風景は、それを生きる人びとの営為とともに年輪を重ねてゆくだろう。

カトリック世界特有の街頭パフォーマンスで代表格をなすのは、イエス・キリストがエルサレムに入城し、磔刑に処され、復活するまでの一週間を再現する聖週間の行列である。地区の信徒会のメンバーたちは、キリスト像やマリア像を載せた行列を組織し、そこに自ら仮装して参加することで、教区教会に押し込められた信仰の世界を色彩や匂いに満ちた街中へ引き出す。行列は、信徒会が本拠をおく教区教会を起点として、教区と丘上の大聖堂の間を往復し、隣どうしの教区を結ぶ。伝説化された東地中海を舞台に展開する聖書の物語を生の都市空間に超訳する、いささか強引ともいえる仕掛けだ。それはまた、抽象化された聖書の時間をアクチュアルな時間に写し取り、異なる時間の同時経験を可能にする究極のデバイスでもある。

図７　聖週間での信徒会の街頭コーラス

聖書の物語はさておき、歴史上の時間の積み重なりを実感させるという意味では、サンティッシモ・クロシフィッソ信徒会の街頭コーラスが圧巻である（図7）。聖週間のクライマックスをなすキリスト受難の聖金曜日に繰り出す行列の一つである。一九五四年に結成されたコーラス隊は、原則的に男声のみの五つの声部で構成される。歌い手は、ヴィッラノーヴァ地区のオラトリオ[4]で活動する地区の有志約一〇〇人である。

そもそも、キリスト受難の一週間を信徒会の行列で再現するのは、ス

図８　ボナリア聖堂前の難破船とマリア像

ペインに特徴的な聖週間のあり方である。これがカリアリをはじめ、南イタリアに伝わり定着したのは、中近世のアラゴン支配期だった。サンティッシモ・クロシフィッソ信徒会の行列も、儀式的側面をみるとスペインで馴染みの祭りにそっくりである。ところが、聖歌隊のコーラスの方は、イタリア的な宗教歌の流れに属するという。そして、作者不詳の歌詞を受け継いできたのは、ヴィッラノーヴァ地区というローカルな空間に身をおく人たちである。彼らの歌が路面や建物に反響するのを聴くと、歌と街が結ぶ「音の景観」に凝縮された地中海世界に吸い込まれるような感慨を覚える。

他方、地中海に渡された文化の絆を視覚に強く訴えるのは、カリアリの都心東方、海に面した小高い丘の上にたつ教会を拠点とするボナリアの祭りである。その起源は、一四世紀初めにカリアリに上陸したカタルーニャ人が築いた小さな聖堂に遡る。

伝説は一三七〇年に聖堂前の海で起きた奇跡を伝える。カリアリ到着を目前に控えて遭難したカタルーニャの船では、沈没を逃れようと必死の乗組員たちが積荷を次々と海に投げ捨てた。ところが、聖母マリア像の入った木箱が着水した瞬間に船は救われる。そして、ボナリア聖堂前に漂着した木箱を修道士たちが開けると、中から、左手でイエスを抱き抱え、右手で火の灯った蝋燭を支えるマリア像が現れたという。以来、ボナリアの聖母は、船乗りはもとより、サルデーニャ中で篤い信仰を寄せられるようになった（図8）。

カタルーニャとの歴史的な繋がりを可視化するのは、サルデーニャの最高守護聖人たるボナリアの聖母に捧げられた祭りである。毎年七月一日になると、中世カタルーニャ・ゴシック様式の聖堂の主祭壇奥に佇むマリア像が、修道士・信者とともに船に乗せられてカリアリ湾を一周する。最高守護聖人百周年にあたる二〇〇九年には、マリア像とともにカリアリからバルセロナに渡る海の巡礼が行われた。

地中海のように民族と文化が複雑に対峙する空間にあって、国民国家という画一的な鋳型から抜け落ちてしまうカタルーニャとの絆は、カリアリの土地に根づいたマリア信仰を通じて保たれている。聖なるものには、時を超えて土地の縁を運ぶ力があるというべきか。サルデーニャに積層する時間は、数千年におよぶ歴史を軽々と飛び越えるかのように互いに結びつき、現代に生きる人びとの経験を通じて風景へと結晶しているのである。

6　都市ネットワークがつくるグローバル世界

最後に、冒頭の地図を見返しながら、近現代のヨーロッパが生み出した世界像との対比で、さまざまな時間が相互交渉しながら積層する地中海世界を改めて位置づけてみよう。

明確な境界線をもって定義される近代領域国家の考え方は、今日、国家という枠組みにとどまらず、その上位・下位の両側に拡張されることで、一種の階層的な入れ子構造の世界をかたちづくっている（次頁図9上）。EUは、国境線で仕切られた国民国家の限界を克服する試みとされるが、それ自体、硬質の入れ子構造の外側の殻を構成するにすぎない面もある。同様に、現在のカタルーニャ自治州のようなリージョナルレベルの単位は、国家の内側で別の殻をつくる。中間レベルが加わると、入れ子構造はさらに複雑さを増す。カリアリ市、カリアリ県、サルデーニャ州、イタリア国家、EU。少なくとも五つのレベルが存在する現在のヨーロッパにあっては、都市が勝手気儘な外交活動を行おうと試みるや、上位団体たる州や国から窘《たしな》めを受けることになる。

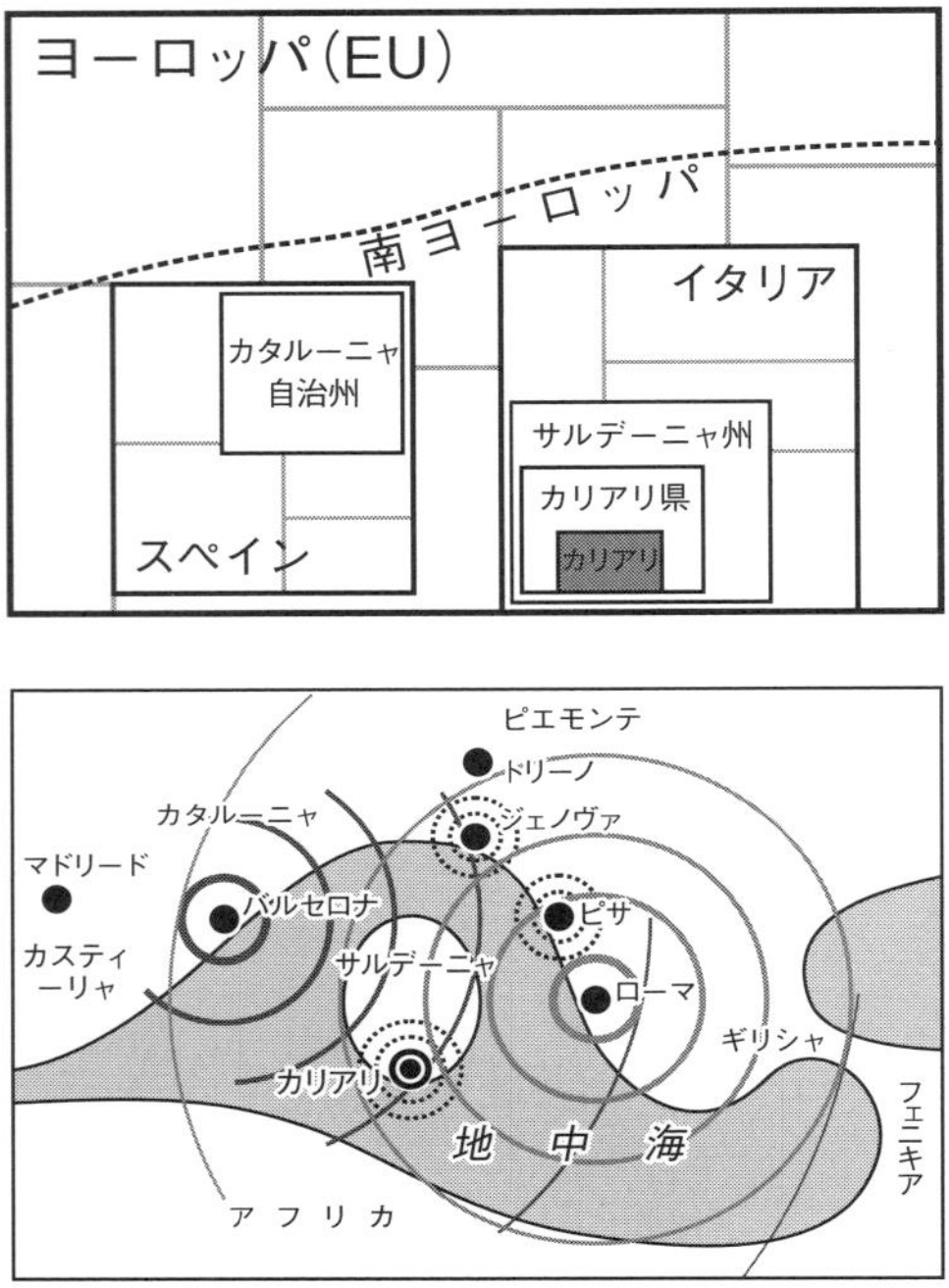

図９　入れ子構造のヨーロッパ（上）と都市の結節構造がつくる地中海世界（下）

これに対して、複数の時間の絡まり合いから姿を現す世界とは、どのようなものか。あくまで本稿で検討した地中海のコンテキストに即して筆者の理解を約言するならば、生態環境のうえに成立した都市ネットワークがつくる開かれた世界、となろうか。古代の地中海を支配したローマに代わって、中近世には海洋国家の中心たるジェノヴァやピサが西地中海に覇を唱える。バルセロナは、アラゴン連合王国の中心都市として、地中海全体を股にかける勢力拡張を企図した。カリアリの風景には、それらすべてが残した遺産をはっきりと見て取ることができる（図9下）。

近現代の産物たる入れ子構造のヨーロッパにあって、地中海世界は、南ヨーロッパの延長線上でアルプスの「向こう」に漠然とイメージされる地政学的空間にすぎない（図9上）。これに対して、都市を発信地として多様な文化が交差する地中海は、明確な輪郭こそもたないが、「海原」を共有する統一的な存在でありうる（図9下）。いずれの視点にたつかによって、同じ都市でも、果たしうる役割や可能性はまったく別のものとなる。

世界を境界線で切り分けたモダニティの時代は、国民国家に代表されるように、資源を集約・分配するための効率的システムを発明した。われわれの世界認識を直線上に整序される歴史的な時間に固定したのも、モダニティが残した遺産の一部である。そして、そうした時間の連続体のうえで、現代はもっとも進歩した、豊かな時代として了解される一方、不合理や神秘に包まれた前近代に対する憧憬を生み出した。

はたして、モダニティの世界認識が有する圧倒的な影響力のもとで、都市ネットワークがつくる地中海世界とは、古きよき過去への現代人のまなざしがつくり出した幻想にすぎないのか。そうしたありうべき解釈に対して、筆者が強調したのは、交流の結節点をなす都市の風景に積もりつづける時間の存在である。押し寄せるさまざまな文化から吸収することで、都市は、人間と土地の関係性をたえず刷新しようとする。開かれたロカリティがおりなす都市的世界の進化は、あらゆる逆境にもかかわらず止まることはない。厳格な境界線が幾重にも張り巡らされた現代という時間においてもである。

鬩ぎ合いと積層を通じて性格を露わにするグローバル世界。そのありようを理解するうえで、都市のネットワークで結ばれた地中海がわれわれに貴重な手掛りを与えてくれることを指摘して、本章の締め括りとしたい。

注

（1）サルデーニャの言語状況については、J・アルマンゲ・イ・エレロ（竹中克行・笹野益生訳）「消滅の危機にある言語の再生に向けて――アルゲロのカタルーニャ語」『愛知県立大学外国語学部紀要（地域研究・国際編）』第四〇号、一三一―一四五頁、二〇〇八年を参照のこと。

（2）以下、カリアリの写真は、いずれも筆者が二〇一一年三―四月に撮影したものである。

（3）カリアリの広場については、竹中克行「イタリア・カリアリの都市空間にみる広場文化の創出」『共生の文化研究』六、一七九―一九八頁、二〇一二年で総合的分析を行った。

（4）イタリアでいうオラトリオは、礼拝室の意味ではなく、カトリシズムの友愛に基礎をおきつつ、文化・スポーツ活動を通じて児童の発達を促し、住民の交流を深めるために教区教会が併設している施設である。

参考文献

①竹中克行・大城直樹・梶田真・山村亜希編『人文地理学』ミネルヴァ書房、二〇〇九年。
②竹中克行・山辺規子・周藤芳幸編『朝倉世界地理講座――大地と人間の物語　7地中海ヨーロッパ』朝倉書店、二〇一〇年。
③フェルナン・ブローデル（浜名優美訳）『地中海（Ⅰ〜Ⅴ）』藤原書店、二〇〇四年。
④藤岡謙二郎編『世界地誌ゼミナールⅣ　ヨーロッパ』大明堂、一九七三年。
⑤陣内秀信・柳瀬有志『地中海の聖なる島サルデーニャ』山川出版社、二〇〇四年。

第4章

規範の交錯するバルト海
――エストニアとラトヴィアの「国民」――

小森宏美

1　グローバル化と境界線

われわれを取り巻く世界は、実は無数の境界線によって分けられている。その中には、ある程度明確に定められた行政ないし地理的区分や、自然環境による区分もある一方、文化や宗教のように、場合によっては線を引く主体によって異なる区分もある。グローバル化はこの境界線の消滅を意味するものではないどころか、むしろ強化することもあることをわれわれは実感として知っている。だが、そもそもグローバル化自体が多義的な現象としてある中で、境界線をめぐる政治の力学との関係はわかりにくくなっている。ましてや、それがわれわれの日常生活とどう関わってくるのかということになると、容易に答えを出すことはできない。

いま一度繰り返せば、境界線の位置はそれを設定する主体によって異なるものになりうる。他方で、境界線が人びとの認識や実感からずれていることも少なくない。明確な境界線によって区切られているはずの国の場合にも、実は同様のことが言える。一つの国の中にも多数の境界線が存在していることは隠すべくもなく、そうした境界線をめぐる人びとの実践を、境界線をめぐる政治と言いかえることも可能である。(1) 国民と国家の結びつきは、もはやそれほど自明のものではありえず、固定的でもない。グローバル化時代の文化の境界の実相を捉える方法として、本章では、「国民」の境界線をめぐる人びとの実践に目を向けたい。

人びとの実践に目を向けるのは、それを通じて人びとをとりまく世界を描き出すためである。誤解を防ぐために付言すれば、ここでは、世界＝グローブではなく、世界をローカルからグローバルレベルまで層状に構成されているものとして想定している。人びとの実践は、この層状の世界の中のどのレベルの、いかなる規範や要請に応えているかという観点から分析しうる。そしてその実践から世界を逆照射できると考える。

以下では順に、地域としての「バルト」、その地域の歴史と積層する文化、そしてそこに住む人びとのそれぞれについて見ていくことにする。

2 「バルト」の意味

本章で取り上げるエストニアとラトヴィアは、バルト海東岸に位置するいわゆる小国である（図1）。この二国にリトアニアを加えて、日本では「バルト三国」と呼ばれることが多い。バルト海沿岸の三つの国であるから、この呼び方に間違いはないが、そもそも第一次世界大戦とロシア革命を契機として独立国家となった三国が歴史的経験を共有するようになったのは、実はそれほど古いことではない。正確を期すならば、二〇世紀の初めまでは、「バルト」は現在のエストニアおよびラトヴィアの領域のみに適用され、リトアニアはその中には含まれていなかった。これが両大戦間期になると、「バルト」にリトアニアだけでなく、フィンランドも含まれる場合が出てくる。現在のように三国で定着したのは、両大戦間期後半のことである。

さて、そうした背景も踏まえた上で、改めて「バルト」概念を定義するなら、リトアニア人地理学者のカジス・

パクシュタスの「バルトスカンディア国家連合」構想に言及する必要がある。パクシュタスの提唱する「バルトスカンディア」は、バルト三国に北欧四カ国を加えた七カ国によって構成されるべきものであった。概念自体はパクシュタスの構想に先立って存在していたが、彼の構想には政治目的があった。すなわち、悪化する一途の国際情勢のもとで、スカンディナヴィア諸国との結びつきの中にバルト三国の独立をドイツならびにソ連から守る道を探ったのである。言うまでもなく、この目的は達成されなかったのであるが、ここに、「バルト」の含意がある。

図１　バルト三国と周囲の国々

それは、ドイツとソ連／ロシアに挟まれた地域であるだけでなく、その両者が互いへの対抗から支配権を及ぼすことを求める地域でもある。換言すれば、「バルト」という地域は、政治的・軍事的・経済的対抗関係が顕在化する空間であると同時に、そうであるからこそ、そうした大国の勢力圏から自立した地域として自らを描き出そうとする構想が生まれる空間でもある。いずれにしてもここで言う地域とは、「自然と」そこにあるのではなく、何らかの意図のもとに構築されるものである〔参考文献④〕。

一九四〇年にソ連に併合されたバルト三国は、五〇年間の時を経て、一九九一年に独立を回復した。冷戦の終焉後、一九九〇年代に脚光を浴びたバルト海地域協力も、その意味では政治的思惑の産物であった。むろん、バルト三国の平和的な民主化と市場経済への移行を多層的に実現していく過程で果たした機能については正当に評価すべきである。とはいえ、バルト三国の側に立つならば、自らを他の旧ソ連構成共和国と区別するための枠組みであり、北欧諸国の側に立つならば、冷戦期に「中立政策」によって担保されていた国際社会における影響力を、東西対立がひとまずなくなった世界の中で改めて確保するための手段であったことも見逃すことはできない〔参考文献⑤〕。

このように「バルト」という概念によって引かれる境界線は歴史の中で変転を遂げてきたが、それはとりもなおさず、この概念の持つ意味の大きさを物語っている。しかしそれは、この地域に住むふつうの人びとにとっても同じぐらい重要な意味を持つ概念だったのであろうか。

3　積層・混在する文化

エストニアとラトヴィアが国家としての独立を宣言したのは、一九一八年のことである。しかもそれはすぐには諸大国の承認を得られず、宣言後も独立をめぐる戦いは続いた。この両国の独立を最初に法的に承認したのは、ソヴィエト・ロシアであった。本章ではその経緯について詳述することは控える。むしろここで重要なのは、エストニアとラトヴィアの国家としての存在は二〇世紀初め以前にはさかのぼれないという歴史的事実である。では、それ以前、この地域はどのような歴史・文化状況にあったのであろうか。

現在のエストニアとラトヴィアは、ともに国家としては自らをヨーロッパに位置づけると同時に、ロシアの他者性を強調する態度をとっている。一八世紀初頭から二〇世紀初頭に独立するまでロシア帝国の一部であったこの地域が、ヨーロッパ性を主張しうるのは、一二世紀からこの領域で支配者として君臨してきたドイツ人の存在によるところが大きい。十字軍運動の中で行われた入植以来、ドイツ人はこの地の主であった。この地域のドイツ人は、歴史書などで「バルト・ドイツ人」と称されることが多い。ロシア帝国下でこの地域がバルト諸県の名のもとに他とは異なる地位に置かれていたのであるから理由はあるのだが、本人たちが歴史を通じて「バルト・ドイツ人」という意識をもっていたわけではないようである。

こうした歴史的背景から、この地域ではドイツ人・文化の影響が色濃く見られるものの、一六、一七世紀のスウェーデン時代も小さからぬ影響を残した。一六三二年、現在のタルト市にアカデミア＝グスタヴィアナを創設したのはスウェーデン国王グスタフ二世アドルフであった。必ずしも連続性が主張できるわけではないものの、現在の大学正史ではこの年がタルト大学の開学の年とされている。

宗教については、一二世紀以降キリスト教への改宗が進み、宗教改革でルター派を受け入れた。現在もエストニア人とラトヴィア人の多くがルター派である。とはいえ、中世から近世にかけてポーランドの一部であったラトヴィア東部にはカトリック教徒も少なくない。また、この二国に居住するロシア人の大半は正教徒である。正教徒の中には、一七世紀にロシアから逃れてきた古儀式派の子孫もいる（図2）。エストニア人とラトヴィア人の中に正教徒がいないわけでもない。宗教的混在は、他の東欧地域同様、いたるところで見られるのである。

　宗教同様、言語に関しても混在が顕著である。独立国家となるまでは、一九世紀末以降の短い期間を除き、ドイツ語が支配的であった。この地域の多言語性を何よりも示しているのは、地名の変遷であろう。先にあげたタルト市はエストニア語名で、ドイツ語ではドルパト、ロシア語ではユリエフないしデルプトの名で呼ばれる。エストニア語もラトヴィア語も、ロシア語やドイツ語とは系統の異なる言語であり、この言語がアイデンティティの核となっている。とはいえ、自らの民族性を自覚するようになったのは一九世紀になってからのことであり、それまでは、「土地の者／農民」といった自己認識しか持ち合わせていなかった。

図２　ラトヴィアのダウガウピルスにある古儀式派の教会（筆者撮影）

　ドイツ人・文化との結びつきの強かった両国であるが、そのドイツ人の大半は、ヒトラーの呼びかけに応じて第二次世界大戦勃発直前から短期間で出国する。そのため、現在、この二国のドイツ人人口はそれほど多くはない。その代りに多いのがロシア語系住民である[2]。具体的な数字については次節で見ることとして、その理由について先に述べるならば、第二次世界大戦後の大量流入が指摘できる。戦後復興や労働力不足を補うために移住してきた者、仕事や相対的に高い生活水準を求めて移住してきた者、あるいは結婚などの個人的理由で移住してきた者など移住の理由は多様である。だが、エストニア人やラトヴィア人からみれば、大量のロシア語話者の流入は、ソ連邦中央政府の政策の一環であり、それは、現地民族のロシア化を目的としたものであると考えられた。

一九九一年の独立回復後に問題となったのは、このロシア語系住民の存在である。ロシアに対する安全保障上の脅威認識だけでなく、アイデンティティとして自らをヨーロッパに、ヨーロッパの他者としてロシアを位置づけていながら、内部にその他者性を抱えることの矛盾がここにはある。このロシア語系住民の大半は現地語能力を有していなかったため、国民国家再建に向け言語・文化的統合を目指す中でも問題になった。エストニアならびにラトヴィアは、他の旧ソ連構成共和国とは異なり、ソ連時代の移住者に独立を回復した国家の国籍を自動的には付与しなかったことから大量の無国籍者が発生し（エストニアで約五〇万人、ラトヴィアで約七〇万人）、国際社会の耳目をひく問題に発展した〔参考文献②〕。

4　交錯する規範と人びとの選択

独立回復から二〇数年の間に、ロシア語系住民の問題は一部解決したものの、新たな問題に様変わりした部分もある。それらについてはすでに別稿で論じていることも多いため、ここではそれを繰り返すことはせず、民族、国籍、言語を基準として引かれる境界線という視点からエストニアとラトヴィアを比較してみたい。

前節までで論じたとおり、エストニアとラトヴィアは共通の歴史的経験を有している。むろん、それは違いがないということを意味するわけではない。たとえば、エストニアでは首都のタリン市と国の北東部を除いてロシア語系住民の集住は見られないのに対し、ラトヴィアでは、大半の都市でロシア語系住民が多数派を占めている。また、おそらくそうした人口状況を主たる理由として、エストニアでは無国籍および外国籍のロシア語系住民に認められている地方選挙での投票権がラトヴィアでは認められていない。こうした構造上の違いがあることを踏まえた上で、ここでは両国の間に現時点で生じてきている差異を人びとの実践からとらえなおしてみたい。

表1と表2は、直近の国勢調査の回答をもとに、エストニアとラトヴィアそれぞれの民族別、国籍別、言語別の人口数を示したものである。

両国の共通点としては次の三点が指摘できる。

①人口のかなりの割合を占める外国籍者（主としてロシア国籍）ならびに「無国籍者」が存在すること（ロシア国籍は、エストニアが約六・九五パーセント、ラトヴィアが約一・六五パーセント。ちなみに日本の外国人登録者の割合を比較のために示せば、一・六三パーセント。「無国籍者」はそれぞれ約六・五パーセントと約一四・二五パーセント）。

②ロシア人以外にもウクライナ人やベラルーシ人などのソ連時代の移民が存在するが、その大半は母語ないし家庭語としてロシア語を使用していること。

③民族、母語（家庭語）、国籍の関係性にずれがあること。

一方、相違点としては、エストニアではロシア国籍者と無国籍者の割合が拮抗しているのに対し、ラトヴィアではロシア国籍者は相対的に少なく、無国籍者が多いことが指摘できる。

だが、こうして数字から読み取れること以外にも、この二国の間には違いがある。違いの一つは、エストニアでは「無国籍者」を「国籍未定者」として分類するのに対し、ラトヴィアでは同じカテゴリーの人びとに「非・市民」を適用していることである。「非・市民」はラトヴィア語の nepilsoni、英語では non-citizen であり、ラトヴィア独自の概念である。いま一つの違いは、使用言語に関し、エストニアでは「母語」、ラトヴィアでは「家庭語」という用語が使用されていることである。

ラトヴィアで使用されている「非・市民」は、ソ連時代の移住者（およびその子孫）に限定して使用されるカテゴリーである。すなわち、日本の例で考えれば、特別永住者がこれにあたる。居住権は原則として保障され、社会的ならびに市民的権利に関してはラトヴィア国籍保有者と変わるところはないが、政治的権利は認められていない。これに対し、エストニアの「国籍未定者」もソ連時代の移住者に適用されるカテゴリーであるものの、無条件に居住権が保障されているわけではなく、通常の外国人同様に、労働許可および居住許可の取得が義務づけられている。一方、先述のように、エストニアでは、外国人である場合でも恒常的居住者には地方議会選挙での投票権が認められている。ちなみに、これらのカテゴリーとは区別して、両国が無国籍者として定義する人びとの数も統計に計上されている（エストニアでは二七一人、ラトヴィアでは二七〇人。なお、正確には、エストニアでは「国籍不明者」として区別されている）。

国連難民高等弁務官事務所（UNHCR）の統計（二〇一二年）によれば[3]、エストニアとラトヴィアの無国籍者数はそれぞれ九万四二三八人と二八万七五九人であり、すぐ前で示した数

表１　エストニアの人口構成

（単位：人）

分類基準	民族	母語	国籍
エストニア	889,770	886,859	1,101,761
ロシア	321,198	383,062	89,913
ウクライナ	22,302	8,012	—
ベラルーシ	12,419	1,663	—
未定／不明	20,416	—	84,494

（資料）2011年国勢調査結果にもとづく2011年12月31日現在のデータ。

表２　ラトヴィアの人口構成

（単位：人）

分類基準	民族	家庭語	国籍
ラトヴィア	1,285,136	1,164,894	1,728,213
ロシア	557,119	698,757	34,091
ベラルーシ	68,202	637	1,758
ウクライナ	45,798	1,664	2,618
ポーランド	44,772	1,774	242
リトアニア	24,479	2,164	2,999
非市民	—	—	295,122

（資料）2011年国勢調査結果にもとづく2011年3月1日現在のデータ。

との間の開きは顕著である。これは、UNHCRでは「無国籍者」を「いかなる国によっても国民と認められていない者、法律上および事実上の両方の無国籍者を含む」と定義しているためである。こうした定義に照らせば「非・市民」や「国籍未定者」という分類は意味をなさない。

近代の産物である国籍についての考え方には変遷がある。二〇世紀後半には重国籍禁止から複数国籍の容認ならびに無国籍者の削減への変化が起こった。単純化すれば、一つも持っていないよりは持っていた方が良く、できれば居住国の国籍がある方が良いから、かつては好ましくないとされた二つ以上の国籍保有を認める考え方が優勢になったのである。すなわち、現在のヨーロッパは国籍を人権として重視する空間であると言える。複数国籍の容認により国家はある意味で相対化されたが、他方で、国籍は国家の存在とそれによる承認と不即不離の関係にあることから考えれば、国家の意義は減じたというよりはむしろ変容していると見ることができる。

エストニアとラトヴィアも、こうした世界の中で、EU統合に向けた交渉過程で現実を見据えた対応を迫られ、無国籍者数の削減を求められたために、法律上の変更が行われた。その結果、一九九〇年代初頭の膨大な数の無国籍者の存在を考えれば、確かにその数は劇的に減少した。一方、公的文書でなんと名づけられようとも、実態として、依然としてかなりの数の「無国籍者」が存在することも事実である。それは、個人に目を向ければ、国籍取得の損得勘定は単純ではなく、そのため、事実上の無国籍のままでいることを選ぶ（余儀なくされている人もいまだ少なくないが）か、または外国籍を選択する者が少なくないからである。

言語の観点に関しては、ラトヴィアの統計で使われている「家庭語」に着目しよう。国勢調査について一般に言えることであるが、物事の複数の側面を同時に捉えるには不向きである一方、ある質問やカテゴリーが被調査者すべてにとって同じ意味をもっているわけではない。なぜ、ラトヴィアで「母語」ではなく「家庭語」について問うかと言えば、一つの理由として、比較的、異民族間婚家庭が多いことが挙げられる。「母語」を問われて、必ずしも日常語を回答するとは限らない。他にも理由はあるが、ラトヴィアのベラルーシ人、ウクライナ人、ポーランド人の中でロシア語化の割合が高いことも考えられる。こうした用語上の違いはあるものの、それでもエストニア人とラトヴィア人で比較してみるならば、前者では民族と母語のおおよその一致が見られるのに対し、後者では、民族的ラトヴィア人の中にも、おそらくロシア語を家庭語としている者がいることがわかる。

ここでいま一度、エストニアおよびラトヴィアで、一般には「無国籍者」に相当する人びとのために異なるカテゴリーが作り出された理由について考えてみよう。その背景には、この両国の歴史的経験ならびに現在の世界における自らの位置づけに関する認識がある。その歴史的経験とは、国際関係の荒波の中で不本意にもソ連に併合され、かつ自らの意に反して大量の他言語話者の流入があり、言語・文化的な存亡の危機を覚えたことを指している。しかしながら、ヨーロッパの一員を自任する両国では、この特殊事情のみに基づいて政策を決定するわけにはいかない。現在世界についての認識もまた意味を持つのである。現在のヨーロッパにおいては、無国籍者の存在は、人権と民主主義の両方の観点から望ましいものではない。それゆえ、EU加盟交渉過程で、無国籍者問題がとりわけ焦点化したのである。「国籍未定者」や「非・市民」というカテゴリーは、こうした特定地域の特殊事情とある空間および時代に通用する価値観の交差点で生まれたものである。

一方、政府の意図ともヨーロッパ的価値観とも必ずしも一致しないのが、人びとの国籍選択である。本節で見たように、エストニアとラトヴィアではロシア語系住民の国籍選択傾向に違いがある。その理由として、国ごとの政策や社会構造の違いに加えて、個人および家庭の事情や環境を見逃すことはできない。ある政策が歴史、空間、時代の交差点で決まるとするなら、個人や家庭といった個別レベルでの選択や決定も、歴史、空間、時代の交差点でなされるということができる。唯一正しい選択や決定があるわけではないことは、いずれのレベルについても同じである。

国籍と言語は国民国家の重要な構成要素である。これらに関する現時点での政策は、エストニア、ラトヴィアに限らず、いずれの国家にとっても、一方でグローバル化を念頭に置いたものであり、他方で、国民国家の維持を目的としたものになっている。また、個人の選択は政策的・制度的制約を受けると同時に、政策や制度の変化に影響を及ぼす要素であることも指摘できる。次節で見るように、二〇一三年に行われたラトヴィアの国籍法改正には、まさにこの相互作用が見られる。

5 グローバル化と歴史へのこだわり

ラトヴィア国会は二〇一三年五月、国籍法の改正案を採択した（同年一〇月一日発効）。その主眼は二重国籍の容認にあった。それまで、ラトヴィアの国籍法では例外的な場合を除き二重国籍は認められていなかったが、人口の国外流出により人口減少が止まらない中で（図3）、これを認めるよう法改正が行われたのである。ところで、この国籍法改正で、それまでの国籍法にはなかった概念が登場した。それが「基本構成国民（constituent nation）」である。ではこの「基本構成国民」とは何なのだろうか。

国籍法の条文に constituent nation（Latvian）と括弧で示されていることからもわかるように、「基本構成国民」とはラトヴィア人のことである。このラトヴィア人とは、民族的帰属によって規定された人びとであり、ラトヴィア国籍保有者のことではないことをまず確認しておく必要がある。その上で、国籍法のラトヴィア語版を見てみると、この constituent nation とは valstsnācija であることがわかる。ラトヴィア語で valsts は「国」であり、nācija は「国民」である。これは明らかに国籍保有者という意味での国民の間に序列が作りだされたことを意味するのではないだろうか。

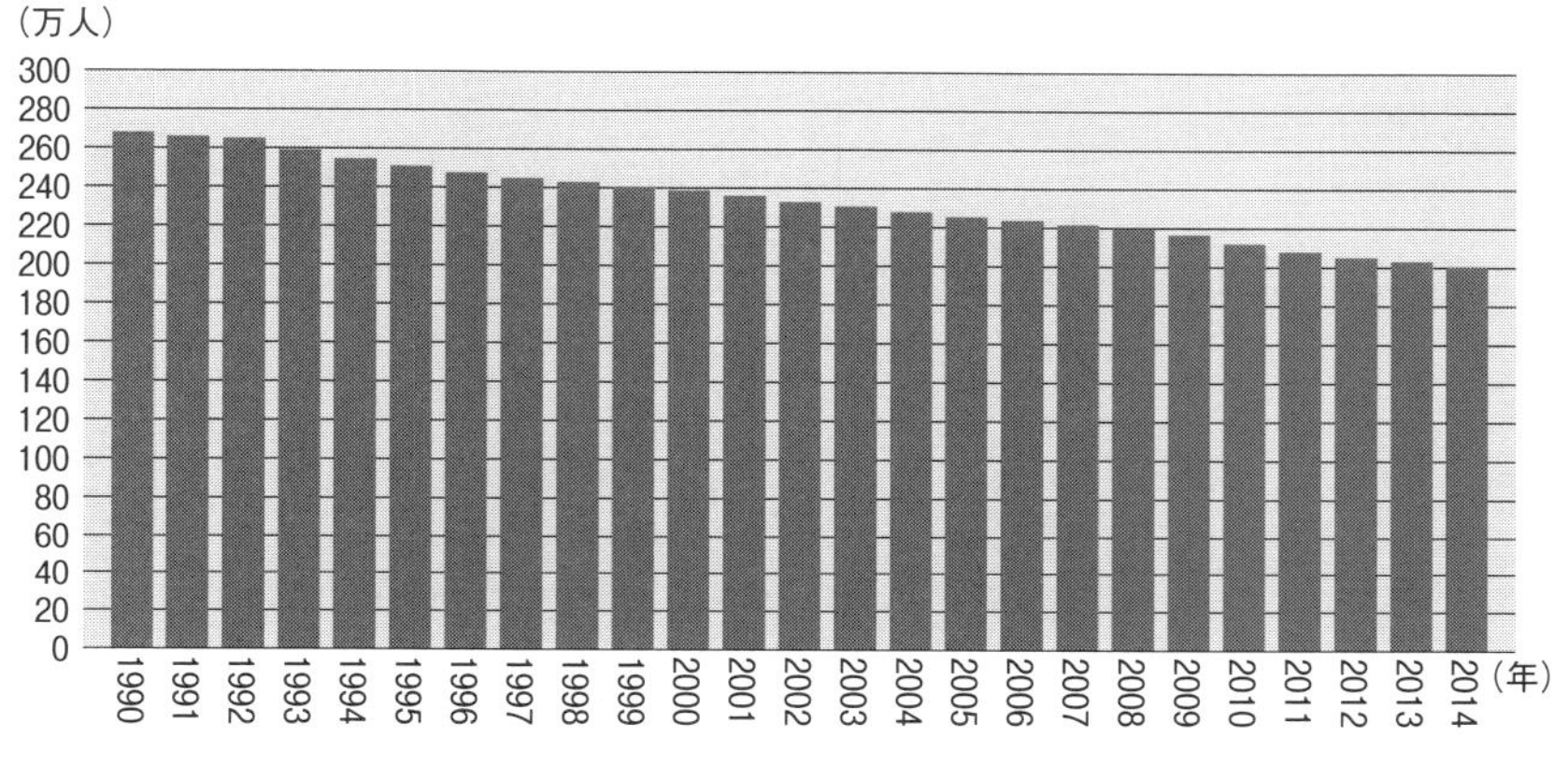

図３　ラトヴィアの恒常的居住者数の推移

（資料）ラトヴィア中央統計局データベースによる。

先述のとおり、この国籍法改正の主眼は二重国籍の容認にあった。しかしながら、誰にでも二重国籍が認められるわけではない。二重国籍を認められるのは、ＥＵ、ＥＦＴＡ、ＮＡＴＯ加盟諸国、ブラジル、オーストラリア、ニュージーランドならびに二重国籍に関する協定を締結した国の国籍を取得した生来のラトヴィア国籍保有者である（同様に、ＥＵ加盟国等の国民がラトヴィア国籍を取得した場合に以前の国籍を保持することも可能）[4]。ただし、国籍法第九条第四項によれば、国籍取得手続きを経て後天的にラトヴィア国籍を取得した者には二重国籍は認められない。ところが、例外として、「基本構成国民」であるラトヴィア人と先住民であるリーヴ人には二重国籍を認めることが明記されている[5]。

こうした点から明らかであるのは、この国籍法が、ラトヴィアの地政学的立場と同時に、民族的ラトヴィア人の歴史認識をもきわめて色濃く反映したものとなっていることである。独立回復後に採択されたラトヴィアの国籍法はそもそも歴史認識に基づく性格を有していたが、今次の改正でもそれが維持されたのである。二重国籍容認は、ＥＵ加盟後に増大した人びとの出国が、二〇〇八年の経済危機後に加速化する中で起こったことであった。それでも、そこでなされた選択には過去へのこだわりが潜んでいる。こうしたこだわりは、社会主義時代が徐々に遠い昔のことになりつつあるにもかかわらず、グローバル化の波に人びとが晒される中で強まっているのである。(6)

注

(1) 境界線をめぐる政治については、杉田敦『境界線の政治学』岩波書店、二〇〇五年を参照。

(2) 本章では、民族的なロシア人に限定せず、日常的にロシア語を使用するロシア人、ウクライナ人、ベラルーシ人などに「ロシア語系住民」の語を適用する。なお、近年、エストニアの公的文書などでは「ロシア語系住民」に代わり「非エストニア人」が使用されることが多い。また、自己認識としての「ロシア語系住民」については、当事者の中にも賛否両論ある。

(3) http://www.unhcr.org/52a7213b9.html 参照。

(4) ただし、婚姻ないし養子縁組により他国の国籍を取得した場合は、以上の国以外でも二重国籍が認められる。

(5) 条件として、①一八八一年以降、一九四〇年六月一七日まで存在したラトヴィアの領域に本人ないしその祖先が恒常的に居住していたこと、②ラトヴィア語の十分な運用能力、③これらを証明する文書の提出ないし、提出できない場合には理由書の提出、がある。

(6) ここに、政治情勢の直接的な影響も作用するであろうことは言うまでもない。とりわけ、ロシアの動向は過去の記憶を呼び覚ます。対ロシア問題では、エストニアとラトヴィアのロシア語系住民の中に多数派とは異なる立場を(公にではなくとも)とる者が少なくないことから、社会の中の亀裂が先鋭化する契機となりうる。

参考文献

①カセカンプ、アンドレス(小森宏美、重松尚訳)『バルト三国の歴史――エストニア・ラトヴィア・リトアニア　石器時代から現代まで』明石書店、二〇一四年。

②小森宏美『エストニアの政治と歴史認識』三元社、二〇〇九年。

③小森宏美編『エストニアを知るための59章』明石書店、二〇一二年。
④志摩園子・菅原淳子『バルトとバルカンの地域認識の変容』北海道大学スラブ研究センター、二〇〇六年。
⑤百瀬宏・大島美穂・志摩園子『環バルト海——地域協力のゆくえ』岩波新書、一九九五年。

移民を通してみる世界

第5章

文化の仲介者たち

——スペインにおける公共サービスの実践と課題——

糸魚川美樹

1　スペインにおける外国籍住民の急増

スペイン統計局が発表しているデータによれば、スペインにおける外国人登録者数は五五四万六二三八人である（二〇一三年一月一日現在）。前年比三・八パーセントの減少ではあるが、それでも人口約四七一三万人のうちの一一・八パーセントほどが外国籍住民ということになる。一九九八年に総人口の約一・六パーセント（六三万七千人程度）を占めていた外国籍人口はその後急増し、二〇〇一年に約三・三パーセント（約一三七万人）、二〇〇九年には一二パーセント（五六五万人）を超えた（表1）。二〇〇一年から二〇〇九年の八年間に四〇〇万人以上の外国籍居住者が増加したことになる。二〇一〇年のデータによればスペインの外国籍登録者数はＥＵ二七カ国中ではドイツに次いで二位、総人口に占める割合でみると五位である。割合を見た場合、移民大国として知られているドイツやフランスよりも高い。日本においても一九八〇年代後半から外国籍住民の急増がいわれているが、人口中の割合をみた場合、二〇〇八年末に過去最高の一・七四パーセントに達したものの、二〇一二年末では一・六パーセントにまで減少しており、これは一五年ほど前のスペインの水準とほぼ同じである。

外国籍住民の多くは、明確な在留期間を想定せず、スペインで新しい生活を組み立てようと試みる、いわゆる入移民（以下、移民とする）であり、留学や駐在などを理由とする在留者とは異なる。移民の爆発的な増加は、受け入れ社会と移民の双方にさまざまな問題をもたらすのが常だが、スペインも例外ではない。スペインにおける移民問題については、政治・経済・福祉といった分野においてすぐれた研究が日本でも複数発表されている。[1] 本章では、移民受け入れにともない一九九〇年代半ばにスペインに登場した異文化メディエーターという職業と、その背景にある異文化メディエーションの概念について紹介する。[2] 異文化メディエーターは、移民と受け入れ社会をつなぐコミュニケーション支援を目的としており、その考え方と実践および課題は、日本社会にも有益な示唆となるであろう。

2　スペインと移民

現在では移民受け入れ大国とみなされているスペインであるが、実は移民送り出し国としての長い歴史を持つ

表1　スペインにおける外国人登録者数の推移

年次	2001	2002	2003	2004	2005	2006	2007	2008	2009	2010	2011	2012
スペイン人口（千人）	41,116	41,838	42,717	438,198	44,109	44,709	45,201	46,158	46,746	47,021	47,190	47,265
外国籍人口（千人）	1,370	1,978	2,664	3,034	3,731	4,144	4,520	5,269	5,649	5,748	5,751	5,736
外国籍人口割合（%）	3.3	4.7	6.2	7.0	8.5	9.3	10.0	11.4	12.1	12.2	12.2	12.1

（資料）スペイン統計局のデータによる。

表2　2013年現在スペイン外国籍住民出身地上位10カ国

出身国	出身国別人口（人）	外国籍人口に対する割合（%）
ルーマニア	870,258	15.7
モロッコ	792,158	14.3
英国	385,179	6.9
エクアドル	263,498	4.8
コロンビア	222,542	4.69
イタリア	192,431	3.45
ドイツ	181,900	3.26
中国	181,701	2.93
ボリビア	173,702	2.89
ブルガリア	168,997	2.31

（資料）スペイン統計局のデータによる。

〔参考文献①②〕。一四九二年にコロンブスがアメリカ大陸に到着して以降一九七〇年代まで、継続的にラテンアメリカに殖民と移民を送り出してきた。スペイン内戦（一九三六年―三九年）終結後には、政治的理由により出国した人もいる。また一九五〇年代からは多数のスペイン人が労働移民として、ヨーロッパのいわゆる「先進」諸国へ向かった。当時は政府も失業対策の一つとして国外への移民を奨励していた。一五世紀末から始まる送り出しの長い歴史を経て、二一世紀初頭にスペインは移民受け入れ大国に転じた。まず、短期間に移民の受け入れ大国となったスペインの移民の状況について、その特徴をみていこう。

　移民の出身国はヨーロッパの「先進」諸国と低開発諸国に分けられる[3]（表2）。前者については、イギリスやドイツ、北欧など比較的寒冷な地域が多い。これら地域からの移民の多くが、温暖な気候の地中海沿岸地域やカナリア諸島で人生の後半を過ごすことを目的とする比較的裕福な年金生活者である。そのため、ドイツ国籍者の平均年齢は五〇・七歳、イギリス国籍者の場合は五二歳と高くなっている。スペインは農業、漁業、畜産業が発達し、食べ物も豊富であるだけでなく、北ヨーロッパ諸国と比べて物価が安い。医療技術のレベルも高く、必要な場合には数時間で出身国に帰ることができる距離にある。一九八〇年代まではこの種の移民が大半を占め

表３　外国人登録者数が多い自治州上位７位

	自治州人口（人）	外国人登録者数（人）	外国籍人口割合（%）
カタルーニャ	7,553,650	1,158,472	15.3
マドリード	6,495,551	960,121	14.8
バレンシア	5,113,815	863,891	16.9
アンダルシア	8,440,300	729,725	8.6
カナリア	2,118,679	301,234	14.2
ムルシア	1,472,049	231,022	15.7
バレアレス	1,111,674	224,406	20.2

（資料）スペイン統計局のデータによる。

ていた。

後者については、ラテンアメリカ諸国、マグレブ諸国、ルーマニアとブルガリア、中国などが該当する。移民の多くは若い労働者とその家族であり、一九八〇年代から増えはじめ、二一世紀に入り急増した。平均年齢をみると、ルーマニア国籍者が三一・五歳、モロッコ出身者はさらに低く、二八・二歳である。ドミニカ共和国、中国、パキスタン出身者の平均年齢も三二歳未満となっている。一九九六年から二〇〇七年にかけての長期にわたる経済的成長の結果、人の流れは完全に逆転し、スペインは送り出し国から受け入れ国へと転じていく。出生率の低下と労働力不足も重なり、スペイン側も当初は就労目的の移民を歓迎していた。観光ビザで入国し、期限が切れても出国しない非正規移民も多く、一九八六年から二〇〇五年までのあいだに政府により非正規移民の正規化が六回実施された。なお、ここで言う正規化とは、当該時点では超過滞在であったり在留要件を欠いていたとしても、定められた期間内に出頭し、一定の条件を満たせば、在留資格を認めることを指す。

次に移住先についてみてみよう。全国一七自治州のうち、外国籍住民は、アンダルシア、カタルーニャ、マドリード、バレンシアの四自治州にとくに集中しており（表3）、この四自治州の外国人登録者数だけでスペイン全体の約六七パーセントを占めている。この四自治州には低開発諸国出身者が多いことが特徴である。ただし、バレンシア自治州アリカンテ県やアンダルシア自治州マラガ県では北ヨーロッパ諸国出身の年金生活者が多く、同じ自治州内でも地域により状況が異なる場合がある。

以上のように、一口にスペインの移民といっても、地域によって移民の数や出身国、移住目的や年齢などが異なり、受け入れ策のあり方にも影響している。ここでは、外国籍登録者数がもっとも多く、国外からの移民増加以前に、国内他地域からの大規模な移民受け入れの経験を持っていたカタルーニャ自治州〔参考文献③〕について概観し、移民をめぐる状況の多様性を確認しておこう。

表４　カタルーニャ自治州外国人登録者出身国上位10カ国

出身国名	出身国別人口（人）	外国籍人口に対する割合（%）
モロッコ	280.034	22.6
ルーマニア	118.795	9.5
エクアドル	78.769	6.3
イタリア	56.578	4.7
中国	53.534	4.3
コロンビア	46.207	3.7
ボリビア	42.884	3.5
パキスタン	41.448	3.3
ペルー	39.758	3.2
フランス	35.239	2.8

（資料）カタルーニャ統計局のデータによる。

バルセロナを州都とするカタルーニャ自治州では人口約七五五万人中の約一一六万人が外国籍であり州人口の一五パーセント以上を占めている（二〇一三年現在）。自治州内でも、内陸部にあるビック市のように二〇一〇年の時点で住民の二五パーセントが外国籍という地域もある。出身国を見ると、スペイン全体ではルーマニア国籍が最も多く、これにモロッコ国籍が続くが、カタルーニャ自治州では、これが逆転しており、モロッコ出身者の数がルーマニア出身者数の倍以上となっている（表4）。スペイン全体の統計では上位に表れないパキスタンやペルーの出身者が多いこともカタルーニャ自治州の特徴である。カタルーニャではその歴史から地域固有の言語であるカタルーニャ語の存在と維持が強調され、地域ナショナリズムの強い自治州として知られている（本書第一二章参照）。民主化後の一九七九年に制定されたカタルーニャ自治憲章は、国家の公用語であるスペイン語（カスティーリャ語）とは別に、カタルーニャ語を自治州の公用語と定めた。カタルーニャ言語政策法（一九九八年）では、教育開始時点における母語が何語であろうと、義務教育修了時にはあらゆる児童が二つの公用語（スペイン語とカタルーニャ語）を普通に正しく使用できなければならない（第二一条三項）としており、移民の子どもたちも対象とされている。このような言語教育政策は、自らの言語とアイデンティティや出身国の言語状況について考える機会を移民に提供しているという報告もある〔参考文献④〕。

以上のような移民の出身地の多様性や受け入れ地域の固有性と並んで、スペインにおける移民受け入れ状況を考える際に重要となるのが、民間非営利団体による移民支援活動である。社会的に排除されやすい低開発地域からの新来移民の生活支援を、カトリック系組織や労働組合、NGOや市民グループが実施してきた。これにはスペイン独特の歴史的経験が関係している。一つには、国内に固有の言語と文化を擁する地域があり、民主化後、こうした多様性を尊重する考え方が一般化したことがあげられる。

もう一つは、前述したような送り出し国としての経験である。スペインを後にした労働移民や亡命者が、民主化や一九九〇年代後半からの好景気を機に多数帰国した。移民受け入れ国に転じた際、帰国者が自らの移民経験をいかし、団体または個人として新来移民の生活支援に関わるようになっている。たとえば、労働組合指導者層にも移民経験を持つ者がおり、移民受け入れ施策に必要なノウハウを持っていた。労働者委員会（CC・OO）および労働者総同盟（UGT）の二大労働組合は、地方支部のネットワークを活用し、移民が正規か否か、あるいは組合員であるか否かを問わず、各地で法律相談や職業訓練、スペイン語講座などの各種サービスを提供した

〔参考文献②：二一四頁〕。

自分自身の移民としての経験から移民支援に関わるというケースはスペインでは珍しいことではない。「自分も経験したように、知らない土地で頼れる親しい友人や知人もなく暮らすのは厳しいことである」という思いは、筆者が実施したインタビューのなかで語られている。移民の集住する地域では、スペイン語や各自治州の公用語講座を開き移民を支援する活動が行われているところもある。また、スペイン人だけではなく、移住歴が長い移民がリーダーとなり、経験をいかし、同郷の新来移民の就労支援や子どもへの母語教育支援などを実施している自助グループもある。

移民と受け入れ社会をつなぐ異文化メディエーションという概念とその実践者である異文化メディエーターも、市民による新来移民支援活動の文脈からうまれたものである。

3　異文化メディエーターの誕生

移民の急増とともに、公用語の運用能力が不十分な住民も増加した。文化的・社会的な違いも相まって、とくに移民集住地域では公共空間でのコミュニケーションがうまくいかないといった問題が生じてきた。コミュニケーションがうまくいかなければ、移民が困難を抱えることはもちろん、これに対応する行政機関にも機能不全が生じる。しかし、より多くの不利益を被るのは一般的に新来移民であり、そのなかでも低開発諸国から就労目的で流入した人びとやその家族、または難民として入国した人びとである。家族とともに移住先で生活する場合、通常の生活を始めるためには、就労以外に住居・税金・社会保険・子どもの就学・医療など、移住先の国家や自治体の諸制度について多くの情報が必要となるが、言語や文化の違いから十分な情報が得られないことも多く、移民は移住先で社会的弱者になりやすい。

カタルーニャ自治州で活動を続けている民間非営利団体「コミュニティーの発展」（Desenvolupament Comunitari）は、移民の公共サービス利用に関する調査を一九九〇年代前半に行い、新来移民の多くは公共サービスへ十分にアクセスできておらず、適切な行政的対応が取られていないことを明らかにした。また、理由として、移民と対応職員との間でのコミュニケーションがうまくいっていないことを指摘している。さらに、コミュニケーション不全の原因として、お互いの文化的規則（コード）に関する知識不足、移民については変化に対する脆弱さ、行政側については移民に関する基本的知識の欠如や異文化に対する鈍感さ、文化的特性を考慮しない不適切な対応方法、といった点を挙げている。このような調査を契機として、地元の人びとと移民をつなぐ橋渡しとしての「異文化間の仲介」（mediación intercultural）の必要性と、これを担う専門職である「異文化メディエーター」（mediador intercultural）の確立が唱えられ、メディエーターの具体的な業務や備えるべき能力についての議論が重ねられてきた〔参考文献⑤〕。「コミュニティーの発展」の分析によれば、異文化メディエーターは一九九四年から一九九七年にかけて登場し、二〇〇二年頃までに隆盛期を迎え、それ以降はサービスの強化と充実、方法の検討を行いながらさまざまな分野とのネットワークを広げてきている。

これまでに、同団体をはじめとする多くの民間非営利団体が、異文化メディエーターの養成を含む、異文化メディエーション事業に関わっている。とくに、医療分野での活動は、異文化メディエーションの社会的認知度上昇に貢献した。たとえば、バルセロナに本部を置く貯蓄銀行ラ・カイシャ（La Caixa）社会事業部は、二〇〇六年からカタルーニャ自治州政府および移民支援活動団体と協力して、スペイン全国で異文化メディエーションネットワークを構築し、メディエーションの質向上とメディエーター配置推進を目的とする「移民支援プログラム」を実施している。さらに医療分野に特化した異文化メディエーションの促進と状況分析を目的としたプログラムも展開している。(4) また、バレンシア自治州政府とイエズス会からの助成金で運営されている民間非営利団体「移民の社会統合と教育のための研究センター」（通称「セイミグラCeiMigra」）による働きかけの結果、バレンシア自治州はスペインで唯一異文化メディエーターの資格認定制度を設けている。

4 異文化メディエーターとは

メディエーターとは、「仲介、仲裁」を意味する「メディエーション」を実践する者という意味である。制度としてのメディエーションという概念、また、それを実践する「メディエーター」という職業自体は、異文化メディエーターが誕生する前からヨーロッパの国々に存在している。たとえば、わかりやすい例として「法律メディエーター」があげられる。なんらかのトラブルに巻き込まれた際、裁判を起こすとなると最終的な解決までに膨大な時間と多額の経費が必要となる。そこで、裁判になる前にメディエーターが関係者間での調整を行い、費用削減や時間短縮を図りながら問題解決を目指すのである。司法の側にとっても裁判件数の不必要な増加を防ぐメリットがある。

多文化社会におけるメディエーションである異文化メディエーションは、「地元の人も含めさまざまな文化に属する個人や集団間のよりよいコミュニケーションや関係づくり、さらに移民と受け入れ社会の統合に貢献するための、専門家としての第三者の介入」と理解される。異なる文化に属する人や集団間の意思疎通と相互理解を助け、さまざまな文化背景を持つ人びとから構成される統合された社会の構築を目的とする、訓練を受けた専門家による介入である。メディエーションという実践の目的は、互いのコミュニケーションを容易にする（言語や文化の通訳、翻訳）、社会的つながりを促進する（社会的排除の回避、地域の活性化、問題解決へのサポート、お互いの価値観の理解）、少数派の自立と社会参加を促進する（社会的少数派のための居場所づくり、受け入れ社会の発展、権利と義務に関する情報提供、互助関係の構築）こととされている〔参考文献⑤〕。ここでは、異文化メディエーションを理解する上で特に重要であると思われる三点をあげておきたい。

（a）両者に相互理解や認知という努力と変化を求める

移民と受け入れ社会とをつなぐ架け橋である異文化メディエーションは、新来移民を受け入れ社会へ適応させるという一方通行の実践ではない。したがって、異文化メディエーションの文脈で強調される「統合」の概念は、「同化」と明確に区別される。「統合」とは、地元住民と新来移民の両者に協同と歩み寄りを求めつつ、一つの社会をつくるということを意味する。それは、互いの存在を認め、それぞれの特異性と類似性を確認し、同じ言語を用いれば意志が通じるという極度に単純化されたコミュニケーション観ではなく、言語に埋め込まれている論理や文化的価値観も重視するという柔軟なコミュニケーション観に基づきつつ、意志を通じ合うことを可能とする媒体としての「ことば」を模索する統合プロセスとも言える。すなわち、地域社会活動への協同参加を可能とする第三者の介入戦略である。

（b）プロとしての第三者の介入

異文化メディエーターは、医療機関や役所などに常駐しているか、必要に応じて派遣されるのが一般的である。公的機関に異文化メディエーターが配置されていない場合、移民の家族や友人がボランティアとしてメディエーターや通訳の役割を引き受けることが多い。このような場合に問題になることとして、時間的制約、個人的考えがメディエーション内容に影響を与える可能性、言語能力が限定的である点、自文化の枠組みから出られない可能性、受け入れ社会に関して不正確な情報を提供する可能性、通訳をする際の客観性の欠如、といったことが指摘されている。理論的枠組みに基づいた訓練を通じて養成された職業的メディエーターは、両者に適切な情報を提供できるだけでなく、メディエーター同士のつながり、あるいはメディエーター組織とそれ以外の組織（医療機関や教育機関、弁護士会など）とのネットワークを構築し支援を実施する能力を備えている。また支援を求める移民にとっては、そこから出発しそこに帰ってくるというターミナルのような存在として機能するという利点もあげられる。支援を求める者にとって、実際に手続を行う場所（役所、病院、学校、職業斡旋所など）で適切な指示を受けられない場合や、「たらい回し」にされるようなことがあっても、いつでも戻って相談できる場所があることは安心感につながる。

また異文化メディエーターが移民相談窓口の担当者となることもある。相談内容が多岐にわたるため、異文化メディエーターには各分野に関する広い知識が必要となる。そのため、異文化メディエーター養成講座には、分野を限定した講座（たとえば医療分野異文化メディエーション講座）もあるが、分野を特定せず広い範囲を扱う講座もあり、実践も含め前者は九〇時間程度、後者の場合二五〇—三〇〇時間が必要といわれている。

スペインの移民支援の文脈では、提供されるサービスの質を重視するため、「報酬を受け取っていない＝ボランティア＝専門性が低くてもよい」とは理解されていない。セビリア市で新来移民の生活支援を行う財団「受け入れるセビリア」（Sevilla Acoge）では、その活動の一つとして成人移民を対象とするスペイン語無料講座を開催しているが、実際に教える人はスペイン語の現役あるいは元教員に限定している。関係者はすべて無報酬だが、無報酬で無料の講座であっても質は保障するべきであるという立場に立っており、スペイン語教員経験者でない者が支援活動への参加を希望してきた場合は、運営側にまわってもらうことにしている。

（C）少数派のエンパワーメント

職業としての異文化メディエーターの役割は、多文化社会での架け橋的な存在であり仲介役であるため、移民と受け入れ側との間での中立的立場が求められる。中立的立場とは、単純に両者の間をとった中間的立場とは異なり、両者を含む社会関係全体を考慮にいれたものである。結果として、より弱い立場にあるグループや個人が、社会で主体的に生活できる力を身につけるようサポートすることが重要とみなされている。したがって、異文化メディエーションの実践においては、移民の受け入れ社会への参加や地元住民との交流だけではなく、同郷者同士や置かれた状況が似た者同士、さらに、移民のなかでもさらに弱い立場に追いやられることが多い女性同士が集まる機会や場の提供も行われる。エンパワーメントにおいては、自分の言語や文化、宗教、ジェンダーなどアイデンティティに関わる要素を適切に維持し、弱者が排除されないことが重視されているからである。異文化メディエーター自身も、外国出身である、外国居住経験がある、異なる文化圏で暮らしたことがあるなど、何らかの形で移民と類似した経験を有することが理想とされる。実際、自分も移民であり、その経験をもとに同郷者を支援したいという思いから講座を受講し、異文化メディエーターとなったという人も多い。

5　異文化メディエーションの実践

異文化メディエーターの活動の場は、公的サービスの領域（教育、医療、行政、司法などの分野）が主体であり、各領域の専門家（教員、医師、ソーシャルワーカー、弁護士等）と、サービス利用者としての移民との間でのコミュニケーション支援が主な業務である。異文化メディエーターの支援を要請するのは、移民だけでなく、各領域の専門家をはじめ、移民の隣人など、言語や文化的背景によって移民とのコミュニケーションに困難を抱える者すべてである。異文化メディエーターの報酬は雇用者が負担するため、メディエーションサービス利用者に対する費用負担は発生しない。一般的には、自治体や政府からの助成金をもとに非営利団体がメディエーターを雇用し、そこから派遣される形態が多い。

教育機関、医療機関、役所などでは、移民と同郷の異文化メディエーターが支援を担当することが一般的である。言語と文化を共有していることで、コミュニケーションがスムーズに進み、問題にも迅速に対応できることが利点とされる。なかでも人命にかかわる医療分野での異文化メディエーターの役割は大きい。医療制度の違い、治療方法や投薬に対する考え方、医師とのコミュニケーションのとり方など、社会的文化的相違によってもたらされる不安を移民から取り除くと同時に、お互いの医療文化に関する無知に起因するコミュニケーショントラブルなどを解決する。たとえば、「医師の目を見ない」というのはある文化にとってはあたり前のことであっても、スペインでは「この患者は医師の話していることに関心がない」と理解されるため担当医師が困惑するという、異文化コミュニケーションの基本的問題の解決を担う。また、病名告知への立ち会いや身寄りのない重篤な患者へ寄り添い、さらには患者の出身文化に配慮した方法で最期を看取るという重い役割を担うこともある。いずれの場合であっても患者の言語や文化、宗教などをよく理解し患者の不安を取り除くこと、医療機関側との相互理解を促進することが求められる。このように、異文化メディエーターは、問題を解決するだけでなく、メディエーションの実践を通してお互いがもっている偏見やステレオタイプ的な見方を取り除き、共通理解をうながしながら支援を行うという役割を担っていることから、衝突やトラブルを予防することにも貢献しているといえる。予防的役割を持つ点は、法律メディエーターや通訳と大きく異なると言える。

移民が異文化メディエーターと接触することが多い医療機関は、異文化メディエーション活動にとって重要な広報の場でもある。バルセロナ市にオフィスを構える「健康と家族」協会（Associació SALUT i FAMILIA）は、同じ建物内に異文化メディエーター相談窓口を設置し、移民の生活支援、移民女性に対する無料法律相談などを行っているほか、「二つの文化に属する母親」プログラムとして、出身地域別（ラテンアメリカ諸国、マグレブ諸国、中国、パキンスタンなど）に母親（妊婦も含む）だけを対象とした会合を組織している。対象者のうち、ラテンアメリカ出身の女性は同じスペイン語を話すという理由から異文化メディエーターを利用する機会が少なく、協会との接点もあまり多くはないため、医療機関を通じて活動の告知を行っている。母親の利用が多い産婦人科と小児科での広報はとくに有効とされており、パンフレットの配布や、当該医療機関に派遣されている異文化メディエーターによる直接対話といった広報活動が行われている。ラテンアメリカ出身の女性には低年齢で妊娠出産するケースが比較的多いこと、ドメスティック・バイオレンス（夫やパートナーからの暴力）や育児に悩む女性が多く、さらに社会的つながりが持てず孤立もしやすいという問題が指摘されている。既述のプログラムを通じて、このような問題を抱える女性にとって必要と考えられる情報を提供するほか、同じ問題を抱える女性どうしが知り合い語り合う場を提供している。知らない土地で同郷の知人や友人を増やすことや、同じ問題を抱える者どうしが語り合う機会は、エンパワーメントにつながる。「健康と家族」協会はこのほかにも、若い母親を対象とする支援プログラムとして、避妊に関する情報提供や、医療機関と提携した子宮内避妊器具の無料装着などを行っている。このような女性対象のプログラムを実施していることもあり、同協会が雇用している異文化メディエーターはすべて女性である。ただし、女性対象のプログラムの有無に関係なく、全国的にみて異文化メディエーターには女性が占める割合が多いようだ。異文化メディエーションとジェンダーの問題はここでは詳しく取り上げないが重要なテーマである。

以上のような異文化メディエーションの理念や実践は、これまで漠然と「同じ文化」に属しているとみなされてきた地元住民どうしの関係のあり方を考える際にも有効と理解されるようになり、近隣住民メディエーションまたはコミュニティ・メディエーションの分野にも活用されているという。

6 異文化メディエーターの課題

医療分野や教育分野での活躍により社会的認知を得た異文化メディエーターであるが、課題は多い。好景気時には政府や自治体、企業が費用を負担し、スペイン全国で異文化メディエーション講座が数多く開かれたものの、いまだ国家資格の創設には至っていない。資格制度として確立されているわけではないため、異文化メディエーターとして雇用されている人のなかには講座を受講したことがない人もいる。また、すでに言及したように、異文化メディエーターは政府や自治体からの助成金をもとに非営利団体によって雇用・派遣される場合が多く、財政状態に左右されやすい。現状では、職業的専門家の活動に対する報酬としては決して高いとは言えない額により時間雇用されていることが一般的で、収入は安定しにくい。だからといって、異文化メディエーターに対する報酬を移民に負担させるという考え方は存在しない。行政や公的機関が提供すべきサービスの一つと考えられているためである。

二〇〇九年からの経済不況は異文化メディエーターの活動に大きな影響を与えた。自治体予算の削減や企業からの助成金の縮小により異文化メディエーション委託事業や異文化メディエーターの雇用が激減した。自治体が委託する異文化メディエーター派遣事業の一般競争入札では、長く移民支援を担ってきた非営利団体が競り負け、経験のない民間人材派遣会社が落札する事態も起きている。このような社会経済状況の変化を契機として、異文化メディエーションの新しい形の模索も始まっている。前述したセイミグラは、予算削減により個別案件に関わる異文化メディエーターの養成・雇用・派遣が難しくなった状況を前に活動方法を見直し、現在では関係者全体に対する働きかけを強めている。具体的には、医師を対象に、移民が患者である場合に注意すべきことをまとめた医療分野異文化コミュニケーション講座を開催したり、弁護士を対象に、しばしば移民が直面する法律問題に関する講習会などを実施している。

二〇一四年現在、折からの経済不況も手伝って移民の増加は一段落ついており、当分の間は、二〇〇〇年代に見られたような爆発的な移民増加は起こらないように思われる。急速に増加する移民へ対応するという差し迫った必要性に基づいて発展してきた異文化メディエーションであるが、今後は、外からやってくる言語や文化への対処としてではなく、コミュニティーにおける住民どうし、または住民と公的機関のよりよいコミュニケーションや関係を築くための公共サービスへと変化していく可能性がある。そのような変化の中にあっても、社会が多様な言語的文化的背景をもった人びとによって構成されていることを出発点とし、少数派の社会的排除の回避やエンパワーメントを重視するという精神が引き継がれていくことが期待される。

注

（1） スペインの移民に関しては、参考文献①②を参照されたい。

（2） 異文化メディエーションおよび異文化メディエーターに関する記述については、参照先を指示している場合を除き、スペイン国立ジャウマ一世大学医療分野メディエーション講座（二〇〇八年三月）、バルセロナ市（二〇一三年九月、二〇一四年二月）とバレンシア市（二〇一三年九月）において筆者が実施した調査に基づいている。

（3） スペインにおける外国籍居住者について、「先進」諸国出身者を「外国人」または「移住者」と呼び、低開発諸国出身者を「移民」と呼ぶような区別も見受けられるが、本章では区別せず「移民」を使用する。

（4） http://obrasocial.lacaixa.es/ambitos/inmigracion/mediadoressanitarios_es.html を参照。

参考文献

①楠貞義『現代スペインの経済社会』勁草書房、二〇一一年。

②中島晶子『南欧福祉国家スペインの形成と変容——家族主義という福祉レジーム』ミネルヴァ書房、二〇一二年。

③糸魚川美樹「国内外から流入する移民——カタルーニャ人とは誰か」立石博高・奥野良知編『カタルーニャを知るための五〇章』明石書店、二〇一三年、二二三—二二六頁。

④M・カルマ・ジュニェンほか「カタルーニャ人の言語——カタルーニャ語とその他の言語」『ことばと社会』一三号、三元社、二〇一一年、一九〇—一九八頁。

⑤AEP Desenvolupament Comunitari y Andalucía Acoge (2005): *Mediación intercultural: Una propuesta para la formación.* 2a edición. Madrid: Editorial Popular.

第6章

多文化共生の土壌を育む教育
――日本に暮らす外国人の子どもたちとの学びから――

髙阪香津美

1 多言語・多文化化する日本の学校

法務省統計[1]によると、平成二五年末現在、日本に暮らす在留外国人[2]は一九一の国や地域から来日し、その数は日本の総人口のおよそ一・六パーセントに匹敵する二〇六万六四四五人に及ぶ。こうした多言語・多文化化の様相は、外国人の定住化や国際結婚家庭の増加から、日本の学校教育現場にもみられるようになっている。そこで、本章では、学校教育現場が多様化する中、日本で暮らす外国人の子どもたちを取り巻く教育の現状を概観し、多言語・多文化化する日本の学校における教育の可能性について考えてみたい。

そこでまず、本節では、日本の学校に在籍する外国人の子どもたちの多様性について、文部科学省が実施した調査結果をもとに整理することとする。「学校基本調査」[4]によれば、平成二四年五月一日現在、日本の公立学校に在籍する外国人児童生徒の数は小学校四万二六三人、中学校二万一四〇五人、高等学校八九四八人、中等教育学校[5]一〇五人、特別支援学校八二四人の計七万一五四五人を数える。また、「日本語指導が必要な児童生徒の受入れ状況等に関する調査（平成二四年度）[6]」によると、そのうち、「日本語指導が必要な」外国人児童生徒の数は小学校一万七一五四人、中学校七五五八人、高等学校二一三七人、中等教育学校二四人、特別支援学校一四〇人の計二万七〇一三人にのぼり、一言で日本の公立学校に通う外国人の子どもたちと言っても、彼（女）らの日本語能力には差異があることがうかがえる。

ここ一〇年間、日本の公立学校に在籍する外国人児童生徒の数が七万人前後の横ばい状態で推移する中、この「日本語指導が必要な」外国人の子どもたちの数は、平成二二年度調査以降、緩やかな減少傾向に転じるも、平成一五年度の調査結果である一万九〇四二人と比べるとおよそ八千人の増加がみられ、公立学校に在籍する外国人児童生徒に占める「日本語指導が必要な」子どもたちの割合は以前よりも高いといえる。このように、学校教育現場においてよりサポートが必要な外国人の子どもたちの姿が数多くみられるようになってきているという現状から、もう少し、「日本語指導が必要な」外国人児童生徒の在籍状況について詳しくみておくことにしたい。

まず、在籍期間別在籍状況でみてみると、すべての学校種をあわせて、在籍期間が「六カ月未満」の児童生徒は四七〇一人（一七・四パーセント）、「六カ月以上一年未満」は二〇四八人（七・六パーセント）、「一年以上二年未満」は四六六四人（一七・三パーセント）、「二年以上三年未満」は三七一九人（一三・八パーセント）、「三年以上五年未満」は五一四七人（一九・一パーセント）、「五年以上」は六七三四人（二四・九パーセント）である。在籍期間が「六カ月未満」という児童生徒の中には高等学校に在籍する者が二四三人（一一・四パーセント）、在籍期間が「五年以上」という児童生徒の中には小学校に在籍する者が三二四九人（一八・九パーセント）みられる。このことから、学齢期の途中で来日し高等学校への進学を目前に控えた時期から日本の学校に在籍する者もいる一方、日本生まれ、あるいは、幼少期に来日し学齢期の早い段階から日本の学校に在籍する者もおり、日本の公立学校に在籍する「日本語指導が必要な」児童生徒の来日年齢や滞日期間は子どもたちによって大きく異なる。

次に、母語別在籍状況でみてみると、「ポルトガル語」を母語とする者が八八四八人（三二・八パーセント）と最も多く、以下、「その他」の二三〇三人（八・五パーセント）を除き、「中国語」の五五一五人（二〇・四パーセント）、「フィリピノ語」の四四九五人（一六・六パーセント）、「スペイン語」の三四八〇人（一二・九パーセント）、「ベトナム語」の一一〇四人（四・一パーセント）、「英語」の六四四人（二・四パーセント）、「韓国・朝鮮語」の六二四人（二・三パーセント）と続く。平成一七年度調査までは子どもたちの母語として具体的に挙げられていた言語名は、「ポルトガル語」「中国語」「スペイン語」の三言語であったが、平成一八年度調査からは、それらに「フィリピノ語」、また、平成二二年度調査からは、さらに「ベトナム語」「英語」「韓国・朝鮮語」が加わっている。言い換えれば、ある一定数の話者数が存在するようになったため、それまで「その他」に含まれていた「フィリピノ語」「ベトナム語」「英語」「韓国・朝鮮語」が個々の言語集団として独立したものといえる。以上から、「日本語指導が必要な」外国人児童生徒において、英語以外の外国語を母語とする子どもたちの占める割合が高いことが明らかな上に、近年、子どもたちの母語が多様化している現状をも読み取ることができる。

また、在籍人数別学校数でみてみると、「一人」在籍校が二五六二校（四四・四パーセント）と最も多い。「一人」在籍校、「二人」在籍校、「三人」在籍校、「四人」在籍校の学校数をすべて加えた「五人未満」在籍校でみてみると、学校数は四三四九校（七五・四パーセント）にも及ぶ。その一方で、「三〇人以上五〇人未満」在籍校と「五〇人以上」在籍校の学校数を加えた「三〇人以上」在籍校も一二六校（二・二パーセント）存在する。(7) 以上より、「日本語指導が必要な」外国人児童生徒は点在する傾向を示すものの、一部ではあるが、集中している学校も見られ、在籍する子どもたちの数にも学校ごとに違いがみられる。このように、日本の学校教育現場は多言語・多文化化の様相を呈しており、そこに在籍する外国人の子どもたちの背景は多様化している。

2　日本に暮らす外国人の子どもたちを取り巻く教育の現状

本節では、こうした外国人の子どもたちを取り巻く教育の現状について、外国人学校に進学する場合、日本の学校に進学する場合、そして、いずれの学校にも進学しない、あるいは、進学できないという不就学の場合の三つに分けて考えてみることにしたい。

母語・母文化の保持や母国での進学に備えるため、ブラジル人学校等のような外国人学校を進学先として選択する子どもたちがいる。しかしながら、外国人学校の多くは、依然、「各種学校」の認可基準が満たせず「私塾」とみなされており、国や地方自治体からの補助金が得られない状況にある。こうした「私塾」扱いの外国人学校では、学校の運営は子どもたちから徴収される学費にかかっている。ところが、リーマンショック時にみられたように、いったん、子どもたちの家庭の経済状況が悪化すると、学費が徴収できずに経営難に陥り、またその結果として、子どもたちから外国人学校で学習するという選択肢自体を奪ってしまうことにもなる。

また、子どもたちの家庭に経済的な問題がなくても、外国人学校は往々にして外国人集住地域に立地しているため、子どもたちが居住する地域によって、たとえ外国人学校への進学を希望したとしても物理的に不可能であるということもある。さらに、外国人学校卒業後の進路として、当初の外国人学校への進学目的とは異なり卒業後も日本に残るという者が少なくないものの、外国人学校での日本語学習体制がそうした現状と合致していない場合もあり、卒業後、日本語能力の不足から日本での生活に不自由さを感じる者もいる。また、外国人学校を卒業しても日本の中学校の卒業資格は得られず、日本の高等学校の受験資格がないという問題もある。

こうした中、外国人の子どもたちは、多くの場合、日本の公立学校への進学を選択する。彼（女）らには就学義務はなく、教育委員会に希望を提出しそれが認められた場合に入学することができる。入学後は、特に、母国での学校教育経験を有する子どもたちは、二国間の学校文化の差異に困惑するが、それ以上に、ことばの問題に直面することになる。「日本国民」を育成するための日本の学校においては、授業は通常、日本語で行われるため、彼(女)らがその内容を理解し主体的に授業に参加するのは容易なことではない。それは小学校段階であっても言えることなのであるが、特に、学習内容が急激に複雑になる中学校段階においては学習の遅れやドロップアウトをする生徒がみられるほか、外国人生徒に対し特別な入試制度を有する都道府県はあるものの、日本人生徒と比較すると、依然、高校進学率は全体的に低い結果をもたらしている。

また、たとえ外国人生徒が高等学校に入学を果たしたとしても、入学後、学校生活を営む上でのサポート体制が十分に整備されていないということもある。施策として、「日本語指導が必要な」児童生徒に対しては日本語指導担当者が配置されることにはなっているものの、子どもたちの母語がこれだけ多様化する中で指導者の質と人材を確保することは容易ではない。また、外国人の子どもたちが点在することにより五人未満の「少数」在籍校が圧倒的多数を占めているという状況下、たとえ「日本語指導が必要な」児童生徒であっても、必ずしもすべての子どもたちが同質で十分な日本語指導を受けられているわけではない。さらに、外国人の子どもたちの母語について、子どもたちの母語を指導できる人材が確保できる一部の学校を除き、公立学校の教育課程内での母語の学習支援は期待できず、それゆえ、家族とのコミュニケーションの断絶、アイデンティティの揺らぎ、二言語ともに年齢相応の能力に達していないダブルリミテッドへの危険性、帰国後の(再)適応の困難、といったさまざまな問題をはらむ母語喪失が心配される。

最後に、不就学であるが、人間関係や授業の難しさから日本の学校に適応できない、かといって経済的、あるいは物理的な事情から外国人学校にも通うことができない、逆に、経済的な事情から外国人学校に通うことができきなくなったために日本の学校への編入を試みたが適応できない、という理由から外国人の子どもたちが不就学になるほか、保護者が日本の学校への入学手続きに対するアクセス方法を知らなかったり、日本での滞在期間が短いために学校に行く必要はないとする保護者の選択も子どもたちが不就学になる理由として挙げられる。こうして不就学になった子どもたちは、学歴が途絶え、将来の選択肢が狭まる上、自分の居場所を失い社会から孤立してしまう可能性がある。また、目的もなくただ自宅で時間を過ごしたり、違法に就労したりする者の存在が指摘されており、こうした生活が彼（女）らを非行に向かわせるきっかけになるといわれている。以上から、日本に暮らす多様な外国人の子どもたちの教育権の保障が十分に行われていないために、彼（女）らの属す学習環境にさまざまな課題が横たわっているといえる。

3　文部科学省が実施する外国人の子どもたちに関わる教育施策

こうした現状に対し、文部科学省では外国人の子どもたちに関わる教育施策を以下のように実施している。(8)

（1）指導体制の整備として、平成四年度から、「日本語指導等、特別な配慮を要する児童生徒に対応した教員の配置」が実施されており、「日本語指導が必要な」児童生徒に対する指導を行う教員が特例的に加配されている。

（2）教員研修等では、平成五年度から、「外国人児童生徒等に対する日本語指導のための指導者の養成を目的とした研修」として、日本語指導に関する必要な知識の習得と日本語指導力の向上を目的とした「外国人児童生徒等に対する日本語指導指導者養成研修」が実施されている。また、平成一三年度からは、各地域で行われている取り組みや施策の実施状況に関する情報交換、ならびに、各地域の課題とその解決策等について話し合う「帰国・外国人児童生徒教育担当指導主事等連絡協議会」[9]が開催されている。

（3）日本語指導等では、平成一三年度に日本語の初期指導から教科学習までをつなげることを目的とした「JSL（Japanese as a Second Language）カリキュラム」の開発が始まり、平成一五年には小学校、平成一九年には中学校を対象とした「JSLカリキュラム」が公表されている。さらに、平成二六年度には子どもたちの日本語能力を把握しその情報を適切な指導に活用するための「外国人児童生徒のためのJSL対話型アセスメント」が配布されている。また、同じく平成二六年度から、「日本語指導が必要な」児童生徒に対し個々の日本語能力に応じたきめ細やかな指導を行い、彼（女）らが日本語を用いて主体的に学校生活や教科学習に参加できるようになることを目的とし、「日本語指導が必要な」児童生徒に対し日本語の指導を行う場合に「特別の教育課程」が編成・実施されている。

（4）調査研究事業について、平成一三年度以降、帰国・外国人児童生徒の公立学校への受け入れ促進を中心に複数の事業や調査研究が試みられてきたが[10]、ここでは、現在行われている事業のみを記すこととする。平成二一年度から、不景気のあおりを受け、特に、不就学となっている外国人の子どもたちを対象とし日本語指導や学習習慣を獲得する機会を設けることで、公立学校への転入を円滑なものにするという「定住外国人の子どもの就学支援事業——虹の架け橋教室——」を実施している。また、平成二五年度からは「公立学校における帰国・外国人児童生徒に対するきめ細やかな支援事業」を実施し、課題とされていた少数在籍校や子どもたちが点在している地域の帰国・外国人児童生徒に対する日本語指導の充実、日本の学校への受け入れ強化、保護者を含む支援体制づくり、ならびに、「特別の教育課程」の導入の促進を目指す自治体の取り組みを支援している。

（5）各種教材・資料の作成について、平成四年度から平成七年度に日本語指導教材「にほんごをまなぼう」「日本語を学ぼう2」「日本語を学ぼう3」が作成された。平成一七年度には、英語、韓国・朝鮮語、ベトナム語、フィリピノ語、中国語、ポルトガル語、スペイン語の七カ国語による「就学ガイドブック」、平成一九年度にはその概要を記した「就学ガイド」が七カ国語で配布されている。また、平成二二年度には、外国人児童生徒が日本の学校に円滑に受け入れられることを目的とした「外国人児童生徒受け入れの手引き」が作成・配布されている。さらに、平成二三年度には外国につながる子どもたちが必要とする学習教材や学校関係文書の情報検索サイト「かすたねっと」が公開され、平成二六年度には外国人児童生徒等の教育にかかわる教員の研修に役立てるための「外国人児童生徒教育研修マニュアル」も配布されている。

以上、ここまでは多様な外国人の子どもたちに関わる教育の国レベルの取り組みについて整理を試みた。

4　愛知県が実施する外国人の子どもたちに関わる教育施策

本節では、特別な配慮を必要とする「日本語指導が必要な」外国人児童生徒の数が都道府県の中で最も多い愛知県に注目し、愛知県における外国人の子どもたちに関わる教育の取り組みについてみてみることにしたい。その前にまず、「日本語指導が必要な」外国人児童生徒の数を確認しておく。先述の文部科学省統計によると、平成二四年五月一日現在、愛知県の公立学校に在籍する「日本語指導が必要な」外国人児童生徒の数は計五八七八人であり、二位である神奈川県の二八六三人を三千人以上上回る結果となっている。その内訳は、小学校が四〇七二人、中学校が一六一三人、高等学校が一七二人、特別支援学校が二一人であり、また、在籍学校数は小学校が四二二校、中学校が一九九校、高等学校が二二校、特別支援学校が五校の計六四八校である。母語別児童生徒数では、ポルトガル語が三〇八八人と最も多く、以下、フィリピノ語が一〇四一人、スペイン語が七六七人、中国語が五六八人、韓国・朝鮮語が七七人、英語が七四人、ベトナム語が四〇人、その他が二二三人である。

このように、「日本語指導が必要な」外国人児童生徒が公立学校に数多く在籍する中で、国レベルで行われているもの以外に愛知県が実施する外国人の子どもたちに関わる先進的な施策にはどのようなものがあるのだろうか。「あいち多文化共生推進プラン二〇一三—二〇一七[11]」によると、平成二六年度において、愛知県教育委員会、県民生活部、愛知県国際交流協会、地域振興部がそれぞれ主体となり、「日本語教育適応学級担当教員の加配」「語学相談員の配置」「県立高等学校における外国人生徒への教育支援」「外国人生徒に係る入学者選抜実施」「外国人児童生徒教育に携わる教員の研修」「母語・母国語教育の推進」「外国人学校への私学助成金の交付」をはじめとする一九項目にも及ぶ子どもの教育に関わるさまざまな事業が実施されているが、その中で、次の二事業が愛知県の先進的な施策とされている。まず一つ目は、「プレスクールの普及」である。平成一八年度から平成二〇年度まで、地域振興部が主体となり、日本の学校にできるだけ早く適応できるよう、小学校入学前の外国人の子どもたちを対象に初期の日本語指導と生活指導を実施するというプレスクールのモデル事業が行われてきた。そして、平成二一年度にその成果を全国初となる「プレスクール実施マニュアル」にまとめた。その後は、実施マニュアルを用いたモデル事業を行い、平成二二年度からは、プレスクールの普及を目的とした説明会を各地で開催している。

もう一つは、「日本語学習支援基金」である。外国人の子どもたちの日本語学習を支援し、将来、彼(女)らを地域社会の一員として活躍できるような人材に育成することを目的に、全国初の地域をあげた取り組みとして、平成二〇年、愛知県国際交流協会に「日本語学習支援基金」が設立された。この「日本語学習支援基金」で実施される事業は、外国人児童生徒の支援、外国人学校への支援とその他事業に分類される。外国人児童生徒の支援には、日本語教室を運営する支援者への助成である日本語教室学習支援事業と日本語能力試験受験料助成事業があり、平成二五年度における日本語教室学習支援事業の助成団体は四八団体、七〇室であった。また、外国人学校への支援には、外国人学校が日本語指導者を雇用する際に必要な資金の一部を助成する日本語指導者雇用助成事業、日本語学習教材給付事業、ならびに、物品・機器等の提供事業があり、平成二五年度における日本語指導者雇用助成事業の助成団体は八校であった。その他事業には、日本語ボランティア養成事業と進路説明会実施事業がある。この「日本語学習支援基金」は平成二七年度まで継続されている。

5　多言語・多文化化する教室での学びあいから

これまで、国レベル、ならびに、愛知県における外国人の子どもたちに関わる教育の取り組みについてみてきたが、その施策の多くは、主として、外国人の子どもたちを対象とした教育に重点が置かれたものである。しかしながら、臼井が「外国人の子どもの教育は、日本語や日本文化の習得のみをめざしているわけではない。また、外国人の子どもだけを視野に入れているわけでもない」[12]と指摘しているように、外国人の子どもたちだけでなく、ともに学ぶ日本の子どもたちも彼（女）らを受け入れるための土壌を育てることが必要であるといえる。

そこで筆者は、外国人児童が在籍する愛知県瀬戸市立八幡小学校において、日本人と外国人の子どもたちが何らかの活動の中から互いの違いを理解し、その違いを尊重できる気持ちを養うことを目的とした活動実践をゼミ生とともに行った（図1）。八幡小学校は瀬戸市の南部に位置する学校であり、二〇一一年五月現在、全校児童は外国人児童二七人を含む三九一人であった。筆者と四人のゼミ生は、二〇一一年九月二七日（火）の一、二限目に、各クラス担任の立会いのもと、日本人児童三二人、外国人児童二名の計三四人からなる四年一組、ならびに、日本人児童三三人、外国人児童一人の計三四人からなる四年二組の二クラスの児童に対し、異文化理解のための特別授業を行った。三人の外国人児童の出身地は、ペルー、中国、ブラジルである。

図１　クラス全体での学び（瀬戸市立八幡小学校）
高阪撮影。学校長に公開の許可を得た。

特別授業では、（1）世界にはさまざまな言語や文化を持つ人びとが暮らしていることを認識する、（2）さまざまな国に興味・関心を持つ、（3）社会科での学習事項とも連動させ、外国に対する知識を深めることをねらいとした。そして、そのために、母語話者数上位五位までの言語が公用語となっている代表的な国と二クラスに在籍する三人の外国人児童の母国の中から、あらかじめ、アメリカ、中国、インド、ペルー、エジプト、および、日本の六カ国を選び、各班に配布の言語ごとに色分けされた世界地図と各国の代表的な「建造物」「食べ物」の絵カード、ならびに、各国の朝の「あいさつ」が書かれた文字カードを用い、それぞれのカードが世界地図上の六カ国のうち、どこの国のものなのかをグループのメンバーとともに考えながら地図に張っていき世界地図を完成させるという活動を実施した（図２）。なお、ポルトガル語は母語話者数上位五位以内には入っていないが、

図２　グループでの学び（瀬戸市立八幡小学校）
八幡小学校 Web サイトより転載。学校長に公開の許可を得た。

クラスに在籍する外国人児童の母国がブラジルであることを考慮し、ブラジルの国旗と「あいさつ」カードもあわせて準備し、活動に工夫を凝らした。実際にどこの国のものなのかをクラス全体で答え合わせをする際、「建造物」と「食べ物」の場合は子どもたちがそれぞれの国に興味・関心を持つような解説を加え、「あいさつ」の文字カードについては、クラス全体で発音したり、状況をみながら、外国人の子どもたちに発音を依頼する場面もあった。

その結果、中国人の児童は、国旗を用いた国あてゲームにおいて、母国のことを「中国」ではなく、「中華人民共和国」と正式名称で誇らしげに発表したり、中国語のあいさつ表現の発音を頼んだ際にもクラスメイトの前でいきいきと発表していた。また、「万里の長城」の絵カードを見て、「中国のものだよ」とクラスメイトに教える場面からも、中国人としての自分に誇りを持ち、中国人として積極的に振る舞っている様子がみてとれる。また、ブラジル人の児童は、普段は日本語のみで学校生活を送っているが、特別授業の中で彼の母語であるポルトガル語を取り上げ、あいさつ表現をクラス全員で発音したところ、その後、彼が学習したばかりのポルトガル語のあいさつ表現を用いる場面がみられた。これは、彼がブラジル人である自己を肯定していることを示すだけでなく、自分はポルトガル語を話すブラジル人であるということを周囲に知らしめる、という意味も込められていたのではないだろうか。また、ペルー人の児童はことばがわからなくても、絵カードや地図の情報を駆使することで、日本人のクラスメイトと同じように授業に参加できたことへの喜びや自信をのぞかせていた。一方、日本の子どもたちにとっては、地図上ではあったが外国を体験し、異言語・異文化に興味・関心を持つきっかけとなっただけでなく、身近な外国人であるクラスメイトの母国について学ぶ機会が得られ、このたびの活動は同じ教室の中でともに学びあうことを通してさまざまな相乗効果をもたらしたといえる。

日本社会が多文化化する中、学校もまた多様な文化的背景を持つ子どもたちがともに生活する多文化共生空間であるといえる。こうした状況下、さまざまな教育的課題が叫ばれているが、互いの存在や価値観を認めあう土壌を育てる教育もまた重要であり、それにはこのたびの試みにあるような外国人の子どもたちと日本の子どもたちが同じ教室で学びあい、考える機会をつくることが効果的ではないだろうか。大学には外国語や異文化に興味・関心を持つ人材、あるいは、すでに異文化体験を有する者が豊富に存在する。こうした大学が有する資源を地域で活用し、異世代間、異文化間の交流を通して相手に新しい価値を見出していくことが、互いを認めあうことにつながるといえよう。

注

（1）法務省『平成二五年末現在における在留外国人数について』http://www.moj.go.jp/nyuukokukanri/kouhou/nyuukokukanri04_00040.html（二〇一四年五月二日アクセス）。

（2）在留外国人とは、平成二四年七月から導入された在留管理制度の対象者となる「中長期在留者」と「特別永住者」をあわせたものをいう。

（3）総務省統計局の「人口推計」によれば、平成二五年一一月一日現在、日本の総人口は一億二七二九万四五三二人であり、この数字と調査時期が近い在留外国人の数をもとに割合を算出している。

（4）昭和二三年から行われている調査であり、学校数や在学者数等、学校に関する基本的な項目を調査することにより、学校教育運営上の基礎的な情報を得ることを目的とする。

（5）中学校に相当する前期課程と高等学校に相当する後期課程からなり、中学校と高等学校を完全に一体化させ、六年一貫で教育を行う学校をいう。

（6）「日本語指導が必要な」子どもたちに対する指導を充実させることを目的とし、平成三年度から開始された調査である。調査は平成一一年度までは隔年、その後、平成一一年度から二〇年度までは毎年の実施となり、平成二〇年度以降は隔年となっている。また、ここで言う「日本語指導が必要な児童生徒」とは、「日本語で日常会話が十分にできない児童生徒、及び、日常会話ができても、学年相当の学習言語が不足し、学習活動への参加に支障が生じており、日本語指導が必要な児童生徒」と定義されている。文部科学省『日本語指導が必要な児童生徒の受け入れ状況等に関する調査（平成二四年度）』http://www.mext.go.jp/b_menu/houdou/25/04/1332660.html（二〇一四年五月二日アクセス）による。

（7）「一人」在籍校は二五六二校（四四・四パーセント）、「二人」在籍校は九八四校（一七・一パーセント）、「三人」在籍校は四八六校（八・四パーセント）、「四人」在籍校は三一七校（五・五パーセント）であり、これらを合計した「五人未満」在籍校の学校数は四三四九校（七五・四パーセント）となる。また、「三〇人以上五〇人未満」在籍校は八七校（一・五パーセント）、「五〇人未満」在籍校は三九校（〇・七パーセント）であり、これらを合計した「三〇人以上」在籍校の学校数は一二六校（二・二パーセント）となる。

（8）文部科学省『帰国・外国人児童生徒教育情報』http://www.mext.go.jp/a_menu/shotou/clarinet/003.html（二〇一四年五月二日アクセス）。

（9）平成一九年度までは「帰国・外国人児童生徒教育研究協議会」と呼ばれていたが、平成二〇年度から「国際理解教育担当指導主事連絡協議会」と合同で行うことになったため、現在の名称に改められた。

（10）平成一三年度から平成一七年度は帰国・外国人児童生徒に対する教育と日本人の子どもたちも含めた国際理解教育のあり方について研究を行う「帰国・外国人児童生徒と共に進める教育の国際化推進地域」事業、平成一七年度から平成一八年度は不就学児童生徒の実態把握と調査に基づいた支援方法について研究を行う「不就学外国人児童生徒支援事業」、平成一八年度は日本語指導や適応指導を拡充させることを目的とした支援体制モデルの構築を行う「帰国・外国人児童生徒教育支援体制モデル事業」、平成一九年度から平成二〇年度はＪＳＬカリキュラムの普及と促進を図る「ＪＳＬカリキュラム実践支援事業」、平成一九年度から平成二一年度は支援体制モデルのあり方や不就学の子どもたちに対する就学促進に関する調査を行う「帰国・外国人児童生徒受入促進事業」、平成二一年度は地方自治体間の連携やつながりによる支援モデル構築の研究を行う「帰国・外国人児童生徒の受入体制の整備（委託事業）」、平成二二年度から平成二四年度は外国人児童生徒に対する効果的な指導のための環境整備を支援する「外国人児童生徒の総合的な学習支援事業」、平成二二年度から平成二四年度は帰国・外国人児童生徒の公立学校への受け入れ体制整備を支援する「帰国・外国人児童生徒受入促進事業（補助事業）」が実施された。

(11) 愛知県地域振興部国際課多文化共生推進室ホームページ http://www.pref.aichi.jp/kokusai/tabunka.html（二〇一四年五月二日アクセス）。

(12) 臼井智美編『イチからはじめる外国人の子どもの教育』教育開発研究所、二〇〇九年、三二頁。

参考文献——

①宮島喬『共に生きられる日本へ——外国人施策とその課題』有斐閣、二〇〇三年。

②小内透編著『在日ブラジル人の教育と保育の変容』お茶の水書房、二〇一〇年。

③宮島喬・太田晴雄編『外国人の子どもと日本の教育——不就学問題と多文化共生の課題』東京大学出版会、二〇〇五年。

④佐藤郡衛『国際理解教育——多文化共生社会の学校づくり』明石書店、二〇〇三年。

⑤髙阪香津美他「世界地図を作ろう——愛知県立大学と瀬戸市立八幡小学校の世代を越えた交流」『グローバル教育コンクール二〇一二受賞作品集』独立行政法人国際協力機構（ＪＩＣＡ）、二〇一三年。

ヨーロッパとの関係を紡ぐ

第7章

ラテンアメリカとヨーロッパ
――国境線を越えた「グアダルーペの聖母」――

谷口智子

1　大航海時代と「アメリカ」表象

序章で竹中が指摘しているように、「国境線で区分けされた世界地図のイメージの中に自分の居場所を確かめようとする人間の意識構造」はなかなか変化しない。「主権国家の集合体として世界を理解する思考様式」は、近世以降のヨーロッパを中心に形成され、ヨーロッパの外へと輸出されたものである。「世界地図を国境線で区分けする世界認識」は、ヨーロッパ人による探検や植民を通して、つまり、大航海時代を通して、世界に拡散、定着した思考である。

一四九二年のクリストファー・コロンブスのアメリカ大陸「発見」は、イベリア半島からイスラム教徒やユダヤ教徒等、異教徒を追い出したカトリック両王（イサベルとフェルナンド）の長年の悲願であるレコンキスタ（国土回復運動）達成と同年の出来事だった。続く一四九四年にトルデシリャス条約によって教皇子午線が引かれ、世界が二分されると、ヨーロッパ人によって「発見」されたアジア、アフリカやアメリカ大陸は、すべてスペインかポルトガルの支配・布教権下に収められてしまった。ヨーロッパの外部世界たる「非ヨーロッパ」は、布教や交易のみならず、植民地支配の対象として劣位的な立場に置かれた。
アブラハム・オルテリウスの世界五大陸を示す女性像をはじめ、「アメリカ」大陸はさまざまな寓意画として描かれた。オルテリウスの『世界の舞台』では、アメリカ大陸は羽毛を身にまとい弓矢を手にする好戦的な半裸の横臥女性として表現されている。中心たるヨーロッパはあくまで「服を着た男性」として描かれ、非ヨーロッパ世界は、従属すべき「裸体の女性」のイメージで描かれ続けた。言うまでもなく「服を着た男性」は文明の象徴で、「裸体の女性」は野蛮の象徴であった。マルティン・デ・フォスが一五九四年に描いた優美な「アメリカ」像では、アメリカ大陸原産の動物アルマジロに横臥する女性像が描かれ、その後数世紀にわたり、模倣され、再生産された。

図1　ジャン・テオドール・ド・ブリ「アメリカの寓意（眠れるアメリカを覚醒するヴェスプッチ）」
（出典）*Americae decima pars*（Oppenheim, 1619年頃）

一五八九年にヨハンネス・ストラダヌスは、アメリゴ・ヴェスプッチとアメリカ大陸発見の寓意画を、次のように描いた。左側に立つヴェスプッチは、右手に一字架の旗を持ち、左手には航海で用いる天文観測器アストロラーベを携えている。着衣の下には鎧ものぞき、背後の海上には彼を大陸に運んできた帆船が見える。一方、「アメリカ」は横臥する女性として描かれている。裸体を覆う着衣は、羽毛の帽子と腰の羽飾りだけで、右側の樹木には、ブラジル先住民トゥピナンバ人が用いる先端が平らな棍棒が立てかけてある。ハンモックは、ヨーロッパには新奇なカリブ以南熱帯低地の寝具であり、「アメリカ」の象徴として描かれ、他に不思議な動物や、人肉を火にかけて調理している様子も遠景に描かれた（図1）。

2　ラテンアメリカとヨーロッパ

コロンブスやヴェスプッチらヨーロッパ人が「発見」したアメリカ大陸。その「発見」の歴史は一四九四年の教皇子午線以降、大航海時代の海洋帝国のスペインやポルトガルなど、カトリック教国の入植によって始まった。ライバルであるプロテスタント教国のイギリス、オランダ、フランス等の新勢力の乱入により群雄割拠の餌食とされ、これら大国間の戦争の度に細かく割譲され、国境線が引かれ、大国の奪い合う領土・資源としての植民地の歴史が始まった。フロリダ以南の合衆国の国境線は、はじめ、スペイン人が植民地としたメキシコにあったが、メキシコがスペインから独立した後の米墨戦争で大敗し、国土の五二パーセント以上をアメリカ合衆国に奪われ、現在の国境線に分かれた。本論では、現在の国境線に従って概説する。

北のアメリカ合衆国やカナダなど、イギリスのピューリタンが中心に入植した「アングロアメリカ」に対し、現在のメキシコ以南の国々は、カトリックの、あるいはラテンの文化的支配権下にあるとして、「ラテンアメリカ」と呼ばれるようになった。この名称区分は文化的なもので、一九世紀のナポレオン三世時代に「ラテン系の民族が入植したアメリカ」として創造され、定着するようになった。したがって、現在いわれている「ラテンアメリカ」とは、メキシコ以南の中南米の大陸とカリブ海の島々からなる地域で、今日三三の国家とアメリカ合衆国、イギリス、オランダ、フランスの属領に分かれた国々や地域からなる。

この南北に長い地域は、自然環境のうえで多様性に富む。一つの国だけでも、その国を構成する国民の人種的特徴の差異に大きな幅があるが、ラテンアメリカ全体を見渡せば、その差異はもっと大きくなる。公用語として最も多く用いられているのはスペイン語であるが、次に多いのがポルトガル語で、ほかに英語、フランス語、オランダ語があり、それ以外に多数の先住民言語がある。これは、文化的・社会的慣習の異なる大小の集団が無数にあることを意味し、ラテンアメリカは文化的多様性の極めて大きなところといえる。一つの国家が人種的、文化的に等質性の高い一つの国民からなるという単一国家観が、ラテンアメリカ諸国ではそもそも適用できない。この人種的・文化的多様性の由来は、その複雑な歴史に求められる。

コロンブスが「新大陸発見」を宣言した一四九二年、すでにアメリカ大陸では五〇〇ほどの民族が文化的な生活を営んでいた。それ以降、一六世紀に侵入、征服したヨーロッパ人が見た人びとは、自然の中にわずかに散在する蛮族でなく、すでに新大陸のほぼ全域で多様な歴史文化を数千年の間発達させてきた、数千万人の先住民のごく一部に過ぎなかった。

一六世紀から始まるヨーロッパ人の征服・植民地の歴史は、新大陸の先住民にとっては破壊的な、そして時には屈辱的でもある、根本的な社会変化の時代であった。ヨーロッパ列強国による大航海時代は、おそらく人類史にとって最大規模の大陸間移住が行われ、まったく異なった新・旧両大陸の文明が初めて出会った時でもあった。それはヨーロッパ人が持ち込んだ天然痘など疫病による先住民人口の激減や、数百万人のアフリカ黒人奴隷の強制移住をもたらし、新大陸の多くの地域で壮絶ともいえる人類の移民抗争史が展開した時代でもあった。両大陸間の人的交流が活発になり、知識・技術・モノが大量に交換され、先住民文化が途絶えた地域も多い。その中で、文明の衝突が最も顕著に表れた地域の一つが、メキシコである。

メキシコは、征服期には先住民がすでに高度な文明を繁栄させていて、植民地時代も先住民が変容する社会の主体者であり続けた。先住民は身についた自分たちの伝統文化を脱ぎ捨てることができなかった。一方で黄金郷を目指したスペイン人征服者にとっては、豊富な資源開発のため、もっとも積極的にカトリックの布教権下にある植民地化、ヨーロッパ文明の導入をおし進めた地域となった。結果として、メキシコでは、両文明の要素が最も顕著に融和、または混淆した世界が創造された。そこでは先住民同様の褐色の肌をしたキリスト像やマリア像に象徴されるように、ヨーロッパから持ち込まれた文化的要素が、現地の社会環境に適応・変容したケースも多い。

ここでは、教皇保護権のもと、スペインのコンキスタドーレス（征服者達）が自国の宗教文化としてもたらしたエストレマドゥーラ地方の聖母グアダルーペのマリアが、国境線を越え、どのような形でメキシコに定着し、受容されていったか、このシンボルがどのように植民地メキシコ（ヌエバ・エスパーニャ副王領）で受容・形成され、新しい混血国家メキシコの国家的シンボルに拡大、変容していったか、また、メキシコで混淆し、展開したグアダルーペの聖母マリア信仰が、さらにメキシコの国境線を越え、メキシコと同じくスペインの植民地であったフィリピン諸島や、メキシコ系移民（チカーノ）の多いアメリカ合衆国等、他地域に拡散し、受容されていったかという経緯について、具体的に見ていきたい。

3　スペインの「グアダルーペの聖母」

「グアダルーペの聖母」は、植民地期初期にスペイン人コンキスタドーレスがエストレマドゥーラ地方から移植した聖母であった。グアダルーペとは聖母像がイスラム教徒との戦いの中で「隠された川」を意味する。それは約八〇〇年の長きにわたるキリスト教とイスラム教徒の戦いという、スペインのレコンキスタの歴史に関わる。サンタ・マリア・デ・グアダルーペ王立修道院は、スペインのエストレマドゥーラ州カセレス県グアダルーペにある。エストレマドゥーラ地方は、アステカ王国を征服したエルナン・コルテス、インカ帝国を征服したフランシスコ・ピサロなど、コンキスタドーレスを多数輩出した。グアダルーペは、エストラマドゥーラ地方の標高六四〇メートル、人口二四〇〇人ほどの小さな村だが、そこにはコンキスタドーレスの信仰の拠点となった「全スペイン世界の守護聖母」が奉られている（図2）。その由来は次のようである。七一四年、キリスト教徒が聖ルカによって彫られたマリア像を川岸に埋めたが、一三二〇年に神のお告げを受けた羊飼いヒル・コルデロ（コルデロが「羊飼い」の意）がこの像を発見する。さらに、一三四〇年には王アルフォンソ一一世が、イスラム軍を撃破するためこの聖母に祈願したところ勝利を収めたので、修道院が建築された。

伝説によれば、聖ルカがグアダルーペの聖母像を彫り、この彫像とともにグアダルーペに埋葬されたという。四世紀、彫像はルカの遺体とともにコンスタンチノープルへと移された。五九〇年、ローマ教皇グレゴリウス一世は、彫像を特別な礼拝堂へ納めた。ローマが疫病の大流行に見舞われた際、グレゴリウス一世は聖母像に加護を祈った。ペスト終焉後、人びとが礼拝行進を行うと、サンタンジェロ城の頂上に天使が姿を現した。グレゴリウス一世はセビーリャ大司教レアンドロに聖母像を贈った。彫像を託された修道士イシードロは、ローマからセビーリャへの途上、海上で大嵐に見舞われるが、聖母の加護を受け無事セビーリャへ到着した。レアンドロは聖母像を教会祭壇に据えた。その後、イスラム教徒が侵攻してくるまで崇敬の対象となった。七一四年以降、イスラム侵攻から逃れようと高位聖職者たちはイベリア半島北部へ向かい、彼らは聖母の彫像や聖遺物の一部を持ち出し、グアダルーペ河岸へ隠したという。一人の羊飼いヒル・コルデロが聖母マリアを幻視するまで、彫像は隠されたままであった。一四世紀に、カセレス県の羊飼いヒルの前に聖母マリ

図２　グアダルーペの聖母（スペイン）

アが顕現し、聖母の指示でグアダルーペ河岸において聖母像を発見するまでである。この像は、イスラム教徒侵攻のあった七一四年に地元住民が隠した物で、羊飼いヒルの聖母マリア像発見後、その近くに礼拝堂が建てられ、周囲に人びとが入植するようになった。

カスティーリャ王アルフォンソ一一世はこの礼拝堂を訪れ、サラド川の戦いの勝利を「グアダルーペの聖母マリア」に祈ったという。戦いで勝利を収めると、王は聖母の取りなしのおかげで勝利したとして、王家の聖地としてグアダルーペの教会と資金を提供しての再建計画を引き受けた。アルフォンソ一一世時代の一三四〇年、タラベラ・デ・ラ・レイナの町に属していたグアダルーペが住民に与えられ、一三四九年、王はこのグアダルーペの町の統治権を修道院に与えた。一三八九年、聖アウグスチノ修道会に属する修道士たちが修道院を引き継ぎ、そこを彼らの主要な住居とした。建設は初代修道院長の命のもと続けられ、一四七四年にエンリケ四世、次に彼の生母マリア・デ・アラゴンがそこに埋葬された。修道院はグアダルーペの聖母が崇拝されるメキシコのグアダルーペ大聖堂など、アメリカ大陸の広きにわたる信仰共同体を持ったことにより、裕福になった。一四九二年に「インディアス」と呼ばれたアメリカ大陸発見後のクリストファー・コロンブスは、その発見を神に感謝したといわれている。

4　メキシコの「グアダルーペの聖母」

メキシコの「グアダルーペの聖母」（図3）は、コンキスタドーレスによるメキシコ征服後間もなく、メキシコ市の北西テペヤックの丘に出現したといわれている聖母である。その信仰は初め先住民の間で広まり、その後クリオーリョ層（植民地メキシコ生まれのスペイン人子孫）にも浸透して、一七三七年にはメキシコ市の、次いで四六年にはヌエバ・エスパーニャの守護聖母に宣言された。特に独立戦争の口火を切ったイダルゴ神父が、この聖母の図像を軍旗にして以来、「グアダルーペの聖母」は、メキシコのナショナリズムと密接に関わるようになった。今日では国家的なシンボルとしてすべてのメキシコ人に愛されている。

グアダルーペの聖母出現譚は、一五三一年一二月の改宗インディオ、ファン・ディエゴの神秘体験に由来する。メキシコのグアダルーペ寺院は、メキシコ市北部郊外のテペヤックの丘にある。テペヤックの丘は、アステカ時代における大地母神「トナンツィン」の神殿が建てられていた所である。「トナンツィン」はナワトル語で「神々の母」を意味する。テペヤックの丘に聖母を祭った教会を建立後、ナワ族は自分たちの女神とカトリックの聖母を重ね合わせた。キリスト教の聖職者たちもそのことを知りつつ、グアダルーペのイメージを積極的に宣伝し、布教活動に役立てた。

図３　グアダルーペの聖母（メキシコ）

このグアダルーペの聖母信仰は、宗教的混淆性の典型的な例と見なされている。これはナワ族の母神とスペインの聖母マリア信仰の融合の結果であり、これら二つの起源から、新たな宗教的混淆性が生み出され、混血化や文化の融合を示す現在のメキシコ国家の代表的なシンボルとなっている。グアダルーペの聖母は「褐色の聖母」とも呼ばれ、その像は個々の家庭の祭壇から大都市の大聖堂まで、神聖な場所にほぼ祀られている。メキシコ市北部にあるグアダルーペ大寺院は、世界的に有名な巡礼の中心地の一つであり、毎年数百万人といわれる人びとが訪れる場所で、ファン・ディエゴの体験に現れた聖母像が現在も安置されている。一九九九年には、ローマ法王ヨハネ・パウロ二世は、グアダルーペの聖母を、「聖職任命権者」、「全アメリカ大陸の守護者」と定めた。二〇〇二年に、伝説に登場するファン・ディエゴは聖人に列せられ、アメリカ大陸の先住民として初めての聖人になった。

グアダルーペの聖母マリア像がこのようにメキシコで広く信じられるようになった直接のきっかけは、一六四八年にクリオージョの聖職者ミゲル・サンチェスによる『聖母像、神の母なるグアダルーペ』の出版と、この聖母にまつわる伝説が初めて世に出されたことによってである。その翌年にルイス・ラッソー・デ・ラ・ベガが、先住民向けにナワトル語版を出版し、さらに聖母伝説が先住民の間で広く知られるようになった。また、ルイス・ベセラ・タンコは、一六六六年からナワトル語の原文をスペイン語に翻訳し、一六七五年にマリア出現の様子を再現した版画とともに出版した。以上の出版物から、グアダルーペの聖母出現譚を再構成してみると、次のようになる。

5　グアダルーペの聖母出現の物語

一五三一年一二月のある土曜日、改宗インディオで貧しい農夫のファン・ディエゴは、修道会の指示でトラテロルコにある聖フランシスコ修道会の教会堂に向かう途中、メキシコ市郊外のテペヤックの丘を通りかかった。その時、鳥の歌のような美しい歌声を聞いた。その歌声はあらゆる歌声よりも美しかった。ファンは、いったい自分はどこにいるのか、花の国、太陽の国、天国にいるのではないかと思った。彼は、母語のナワトル語で「私の小さな子」と呼びかけられるのを聞いた。

声に誘われてテペヤックの丘に登ったファンの前に現れたのは、褐色の肌に黒い髪の美しい貴婦人だった。ファンは貴婦人の美しさに驚いた。彼女の衣服は太陽のように輝き、立っている岩はまるで貴重な翡翠やブレスレットのように、彼女の輝きによって反射していた。地面は虹のように輝き、メスキートやサボテンやそこに生えている小さな植物は、ケツァルグリーンの翡翠やトルコ石のようで、棘や茎は金のように輝いていた。

貴婦人はファンに自身が「聖処女マリア」であることを打ち明けた。そして司教に、このテペヤックの丘の上に聖堂を建ててくれるよう望んでいることを伝えよと言った。ファンは言われたとおり、司教スマラガに会い、自分が見聞きしたことを伝えた。もちろんスマラガは、インディオの話など一切信じなかった。そのためファンは貴婦人のところに戻り、誰か別の人間を使者に立てるよう望んだが、貴婦人はこの使命を引き受けることになっているのは他の誰でもなくファン・ディエゴであると言ったので、彼は翌日もう一度試みることを彼女に約束した。

日曜日の早朝、ファンは再度司教に頼みに行ったが、やはり司教スマラガにすげなく断られた。しかしこのとき、司教はファンに話が本当なら聖母から証拠の品を預かってくるようにと要求した。それで、ファンはもう一度テペヤックに行き、貴婦人に司教の要求を告げた。彼女はそのしるしを翌日用意すると伝えた。

月曜日にファンが証拠の品を司教に持っていこうとすると、一緒に暮らしていた叔父が重い病気で瀕死状態になった。それでファンは貴婦人のところではなく、叔父の臨終に備えて司教を呼びに行くことにした。

火曜日早朝、ファンはテペヤックの丘で貴婦人に会うのを避けるため、丘の反対側の道を選んだが、彼女は彼の行く手に現れた。ファンが叔父の様態を説明すると、貴婦人は「あなたの叔父さんなら大丈夫です。丘に戻りなさい。そこに咲いている花を摘んで行って、司教に見せなさい」と伝えた。

丘の上は岩が多く花が育たない場所で、アザミやイバラ、とげの多いサボテンや、イラが多く生えていた。また、一二月の寒い時期に花など咲いているはずがない、と内心疑いながら、ファンは言われたとおり丘を訪れた。

するとそこには、貴婦人の言うとおりにさまざまな種類の美しい花が満開になって、露に濡れてよい香りを放っていた。

ファンはその花を摘んで自分のマントに包み、司教の目の前でマントを開いた。その中には、メキシコにはまだ存在しなかったカスティーリャのバラも含まれており、居合わせた高官たちと司教を驚かせた。そしてバラを包んでいたマントの内部に、ファンが見たとおりの聖母の姿が描かれていた。もちろん司教は、即座にファンの話を信じた。その日ファンが家に帰ると、叔父はすっかりよくなっていた。すると聖母マリアがファンの前に姿を見せ、自分のことを次のように呼びなさい、と告げた。それが「グアダルーペの聖母マリア」である。こうしてテペヤックの丘の聖母出現譚が生まれ、聖母信仰が始まった。

6 国家のシンボルとしてのグアダルーペの聖母

一八一〇年九月、ミゲル・イダルゴはメキシコ・シティに向けて軍隊を引き連れやってきた。イダルゴはメキシコ独立運動の先駆者であり、インディオを主力として独立運動を起こし、奴隷廃止を訴えて首都へ向かったものの、チワワで逮捕、処刑された。その後メキシコ共和国の独立後最初の大統領は戦争中、彼の名前をフェリックス・フェルナンデスからグアダルーペ・ヴィクトリアに変えた。それほど独立運動の過程において、グアダルーペの聖母マリアの影響力は強かった。

また、一九世紀後半にメキシコのいたるところで、インディオの反乱が断続的に勃発した。一九一〇年、ナワ族の家系であったエミリアーノ・サパタは二万人の小作農を引き連れた大きな軍隊を掲げてメキシコ・シティを占領した。サパタや彼の軍隊とメキシコの他の場所で反乱を起こした小作農集団は、グアダルーペの旗のもとで聖母マリアの紋章を帽子につけて行進した。

グアダルーペの聖母信仰の根底にある聖母マリア信仰（戦士を守り、鼓舞し、慰める）は、ヨーロッパから持ち込まれたものである。しかし、そこにメソアメリカ文化（先住民、メスティーソ、クリオーリョすべてにとって）という新しい価値が加えられた。先住民とメスティーソがさまざまな段階でキリスト教的要素を採用し、自分たちをカトリックと見なし、キリスト教的芸術や伝説や、儀礼表現の新しい型を発見していった。先住民は単にスペインのカトリシズムの慣習を取り入れたのではなく、むしろ先住民宗教とヨーロッパのキリスト教を混淆させた。特に聖母マリアや他の聖人への信仰については、自分たちの精神世界における古来の女神や先祖へとつながる信仰に取り込んだのである。

グアダルーペ信仰の一番の特徴は、カトリックでありながら、先住民の宇宙観を反映しているだけでなく、それは人種的差異を超えた混淆した宗教的シンボルとなっていることである。一七世紀から一八世紀にかけて、独立革命や混血化するメキシコ社会を通して、グアダルーペ信仰は信者の精神的、実用的なニーズとともに変化した。聖母マリアの物語は過去、現在、未来を通して発展、拡大、再生産し続けている。それは内外に住むすべてのメキシコ人にとってのシンボルとなり、メキシコという国家の神話となったばかりでなく、メキシコ系移民が多く住むアメリカ合衆国や中南米、フィリピンなど、国境を越えた宗教的シンボルとしての拡大・再生産を意味している。

グアダルーペの聖母は、ローマ教皇ピウス一〇世によって、一九一〇年、ラテンアメリカの守護聖母として認められ、さらにピウス一二世によって、一九四五年、南北アメリカの守護聖母に宣言された。祝日は一二月一二日であり、現在はメキシコのみならず、世界中から巡礼者が訪れている。

7　国境線を越えた「グアダルーペの聖母」

現代メキシコのナショナル・シンボルであり、南北アメリカの守護聖母である「グアダルーペの聖母」は、ヨーロッパとラテンアメリカ（この場合スペインに植民地化され文化的影響を受けたメキシコ）をつなぐ巨大な宗教的シンボルであることは間違いない。グアダルーペ信仰の一番の特徴は、カトリックでありながら、先住民の世界観を表現しているだけでなく、人種的差異を超えた混淆した宗教的シンボルとなっていることである。同時に、メキシコ革命以後の今日において、それはインディオやメスティーソ、金持ちや貧乏人すべてを含むメキシコ人にとってのナショナル・シンボルともなった（一人の母のもとですべてのメキシコ人が結束するという意味においてである）。

このように、現在の「グアダルーペの聖母信仰」は、「メキシコのナショナル・シンボルとしての聖母」、「全アメリカ大陸のあらゆる人種的対立を超えた守護聖母」という側面が強調されている。しかし、そもそもそれがヨーロッパに起源をもち、コンキスタドーレスがラテンアメリカに移植したもので、メキシコ先住民世界の宗教的・文化的土壌の養分を吸って大きく花開いたこと、さらに、現在では逆にメキシコ発の宗教的シンボルとして、メキシコ系移民の移動とともに世界中（アメリカ合衆国や中南米、フィリピンなど）に広まり、拡大・再生産されている国境線を越えた宗教的シンボルであることを見逃してはならない。

まず、植民地時代メキシコ副王領に属していたフィリピンの例を見てみよう。メトロ・マニラの一角マカティ市に、フィリピンで最も古いカトリック教会の一つであるグラシア聖母教会がある。一六〇一年にアウグスチノ会によって創立され、一六〇三年にグアダルーペの聖母に捧げられ、一六二九年に現在のバロック様式の教会が建てられた。何度か地震の度に造りかえられたが、一八九八年の米西戦争のときに火事で焼かれてしまった。現在では、メトロ・マニラでもっとも有名な結婚式場の一つになっている。セブ島やミンダナオ島にもグアダルーペの聖母のための教会があり、航海や安産の神として祀られ、人びとの崇敬を受けている。

メキシコ系移民（チカーノ）が多くすむアメリカ合衆国西南部のチカーノ共同体では、グアダルーペの聖母信仰が、チカーノとしてのアイデンティティ追及の基盤となっていることが、多くの移民社会研究から実証されている。それは、メディア文化や移民の生活世界といった無数のチャンネルを通して、現在の北アメリカやヨーロッパに深く入り込んでいるからである。英語と同様にスペイン語がよく使用されている地域では、グアダルーペの聖母信仰は生活必需になっている。

ロサンゼルスはメキシコ系移民が集中しているアメリカ有数の都市であるが、そこにはグアダルーペの聖母を祀るカトリック教会が移民社会の中心となり、そこに付随するいくつかの活動がある。たとえば、移民社会のスペイン語ネットワークを中継する「グアダルーペの聖母」ラジオ・チャンネル、テレビ、教会に付属する教育機関、失業者や麻薬常習者など、問題を抱える人びとの社会復帰のための職業訓練を行うリトリート・センター、結婚式場、生活必需品を売る商店（もちろん、そこには「グアダルーペの聖母」グッズなども売られている）などさまざまな場所での活動が、「グアダルーペの聖母」信仰を中心に行われている。スペイン語放送で流れるテレノベラに登場するグアダルーペの聖母をはじめ、グアダルーペの聖母をモチーフとする現代オペラ、ポップアートやポップソングなどのサブカルチャーにもこのシンボルは登場する。まさにチカーノは、グアダルーペの聖母とともに生きている、といえる。

これまで見てきたように、グアダルーペの聖母にまつわる教会は、スペイン、メキシコ以外に、北米、中南米、フィリピンなどカトリック圏が多い。これらの国々において、国境を越えて人びとが経験する貧困や差別など、あらゆる社会的抑圧に対して、グアダルーペの聖母は「踏みつけられ、権利を奪われた移民の解放者、保護者」として精神的支柱となっている。近年ではグアダルーペ信仰は南アフリカでも盛んになり、人種間の調停のシンボルとみなされている。カトリックの信者数は、ヨーロッパよりも今やラテンアメリカやアフリカが多いが、グアダルーペの聖母信仰はその要になっているといえよう。

参考文献——

①大貫良夫他監修『新版ラテンアメリカを知る事典』平凡社、二〇一三年。
②国本伊代著『概説ラテンアメリカ史』新評論、二〇〇一年。
③鶴見俊輔著『グアダルーペの聖母　メキシコ・ノート』筑摩書房、一九七六年。
④杉山三郎ほか『古代メソアメリカ・アンデス文明への誘い』風媒社、二〇一一年。
⑤加藤薫「グアダルーペの聖母像信仰の謎の解明に向けて」『麒麟』二一号、神奈川大学、二〇一二年。

第8章

アフリカとヨーロッパ
——人種主義と収奪の諸世紀を越えて——

亀井伸孝

1 はじめに——空想の「アフリカ合衆国」

一枚の奇妙な「国旗」の話題から、本章を書き起こしたい。その旗の全体を、「緑と黄色」の横縞が覆っている。左上の四分の一が赤い区画となっていて、その中に白い星が六個×九列の五四個並んでいる。(1) デザインとしてはアメリカ合衆国の星条旗にそっくりでありながら、赤、黄、緑の三色、いわゆる汎アフリカ色(Pan-African colors)で構成されている。(2) これは、「アフリカ合衆国(United States of Africa)」の国旗である。

もちろん、これは現実に存在する国家ではない。『アフリカ・パラダイス(Africa Paradis)』(二〇〇六年、ベナン/フランス、八五分、監督:シルベストル・アムス)という、近未来SF映画の中に登場する、架空の国家である。

時は西暦二〇三三年。世界をリードするのは統一をとげて繁栄を謳歌する超大国「アフリカ合衆国」。一方、ヨーロッパは、失業、紛争、疫病、相次ぐクーデターに悩まされる途上国となり、貧しいヨーロッパ人たちは楽園大陸アフリカへと押し寄せていた。(……)だが、やっとの思いで上陸した憧れのアフリカでは、高学歴のヨーロッパ人でさえ

低賃金単純労働にしかつけず、差別を受けながらの厳しい生活を送っていた。(3)

地上の楽園としての経済大国・統一アフリカと、貧困にあえぐヨーロッパ。人種の関係は完全に逆転し、黒人の官憲や入国管理局職員が、不法入国をはかる白人たちを管理統制し、暴力で弾圧するシーンが描かれる。

これらの風景は、私たちにいくつかの奇妙な違和感をもたらす。一つ目に、これらは実際には見かけない風景であると。しかし、考えてみれば、その逆、たとえば白人の官憲が黒人の貧困層の労働者や移民たちを暴力で弾圧するシーンは、不幸なことに世界史におけるありふれた実在の光景として私たちの目に焼き付いている。白人政治家がヨーロッパ域外からの移民に対する排外主義的な言説を振りまいて、右派の市民の喝采を浴びることも珍しくない。映画の中の光景を「逆転した奇妙な世界」と感じてしまい、現実に起こっている抑圧をよくあることと受け止めてしまう、私たちの感性のなかに宿る潜在的な人種主義（racism）の存在を、この映画はえぐり出す。これが二つ目の違和感である。

そして、世界史においてなぜこのような一方向的な抑圧が今日にいたるまで正当化され、その逆が生じなかったのか。映画の中の風景のごとき「逆転した人種主義」が成立する世界史の可能性はありえたのか、あるいは近未来の可能性はありうるのか。この現実世界の人種主義を生んだ、歴史的な人類の業の深さに思いを致さざるをえない。これが第三の違和感である。幾重もの意味で、アフリカとヨーロッパの関係をえぐり出し、人びとを人種主義の問題に向き合うことへと誘う作品であるといえよう。(4)

本章では、アフリカとヨーロッパの関係史をたどり、グローバル化の荒波にもまれつつある今日の私たちが、これらから学びうる側面について検討したい。

2　人類の故郷アフリカと黒人諸王国の興亡

アフリカは、地球の陸地の約二二パーセントを占める世界第二の広さの大陸と周辺の島じまから成り立っている（図1）。ヨーロッパは、アフリカの三分の一ほどの面積をもつ、ユーラシア大陸北西の半島部と周辺の島じまである。地中海をはさんで向かい合うこの両地域は、この五世紀ほどの間に劇的に関係を深化させ、相互の特徴を規定し合ってきたと言える。しかも、きわめて非対称な形で。

アフリカは、約七〇〇万年前に霊長類が二足歩行を開始して人類となった大陸であり、現生人類ヒト（*Homo sapiens*）が約二〇万年前に出現した地でもある。今日世界各地で暮らすすべての人間のルーツはアフリカにあり、ヨーロッパを含む他の地域の人びとは、アフリカを出て移住した者たちの末裔であるとされる（出アフリカ）。二〇万年の間に若干の身体的特徴の多様性も生じたが、ヒトとしての基本的な能力や行動に大きな差異はない。むしろ、生業様式や言語など、後天的に習得する文化の

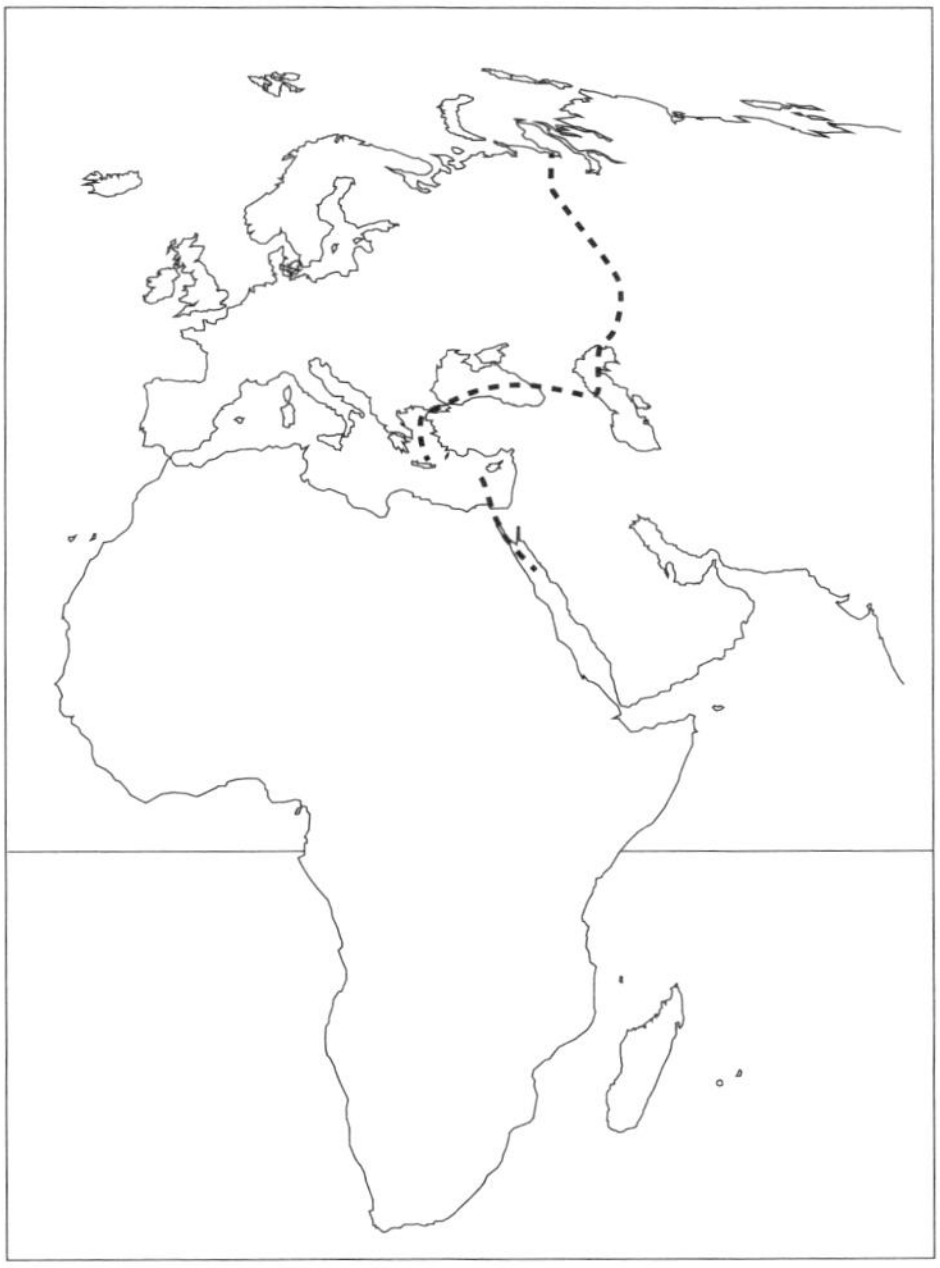

図１　地中海をはさんで向かい合うアフリカとヨーロッパ

面積比が変わらないモルワイデ図法により図示。ヨーロッパの東端をウラル山脈およびウラル川とすると、ヨーロッパの面積はアフリカのおよそ 1/3 である。

側面において多様性を示しながら、ヒトは寒冷地を含む多様な生態環境に適応していった。

アフリカにはかつてハイデルベルク人など複数の人類種が生息していたが、やがて単一種ヒトのみが居住する大陸となっていった。一方、後日「ヨーロッパ」と呼ばれることになるユーラシア大陸北西部には、先住の人類種であるネアンデルタール人が広く生息していた。やがて、アフリカを出て行ったヒトの末裔が移入を開始し、ネアンデルタール人を絶滅に追いやりつつ、居住域を拡大していく(交替劇)。

アフリカ大陸に留まった人びとは、その後、各地の生態環境に適応した生業様式と政治体制をそなえながら、いくつもの文明世界を築いていった。サハラの乾燥化に伴って西アフリカではスーダン農耕文化が発祥、栽培植物をたずさえたバンツー系農耕民が移住してアフリカ大陸の多くの地域へと拡散した。エジプトを含むナイル川流域、地中海沿岸のほか、ニジェール川、コンゴ川、ザンベジ川、リンポポ川の流域などで、諸王国が興亡を繰り返した。

西アフリカではラクダを用いたサハラ越え長距離交易のルートが開かれ、ガーナ、マリ、ソンガイなどの乾燥地の帝国が興った。トンブクトゥ、ジェンネなどのニジェール川流域の都市は塩や黄金の交易でにぎわい、また、イスラームの学者が集う学術の拠点ともなった。マリの皇帝によるメッカ巡礼や、金の交易でにぎわうサハラの諸都市の名声は、遠くアラブ世界にまで鳴り響いた。東アフリカ沿岸部では、アラブ社会との接点となるインド洋交易が行われ、アラビア語やイスラーム教との接触のなかでスワヒリ語を含む文化圏が構築された。南部アフリカではショナ人らの王国が興り、世界遺産グレート・ジンバブエなどとして知られる大規模な石造建築が造られた。ここでは中国の陶磁器や西アジアのガラスなどが発掘されており、当時の交易の実態を物語っている。

こうしたアフリカ諸国・地域における外世界との交渉の一つとして、ヨーロッパ人との出会いが始まった。ただし、それには特筆すべき性格があった。まず、大西洋を舞台とした大規模な人間の収奪＝奴隷貿易が行われ、諸大陸を一体化させた経済圏が成立したこと、そして、その結果としてヨーロッパが世界を支配する政治力、経済力をもち、自文化中心主義的で序列的な人間観と歴史観を構築して、そのまなざしが普遍的な権威をもつに至ったことである。「ヨーロッパによるアフリカ発見」ということばが自然と受容されてしまうこと自体が、その権威のありようを物語っている。

そもそも「アフリカ」とは、ローマ帝国のアフリカ属州（かつてのカルタゴ領に重なる）という名称に見るとおり、地中海沿岸の、現在のチュニジアからリビア西部にかけての一帯を指すことばであった（図2）。かつてのヨーロッパにとって「アフリカ」とは、対岸のマグリブ（今日のリビアからモーリタニアにまたがるアフリカ大陸北西部の一帯）のことを意味し、アフリカの人びととは、マグリブの先住民ベルベル人および後に北アフリカを支配したアラブ人たちのことであった。黒人社会を含む大部分のサハラ以南アフリカと出会ったのは、大航海時代以降のことである。

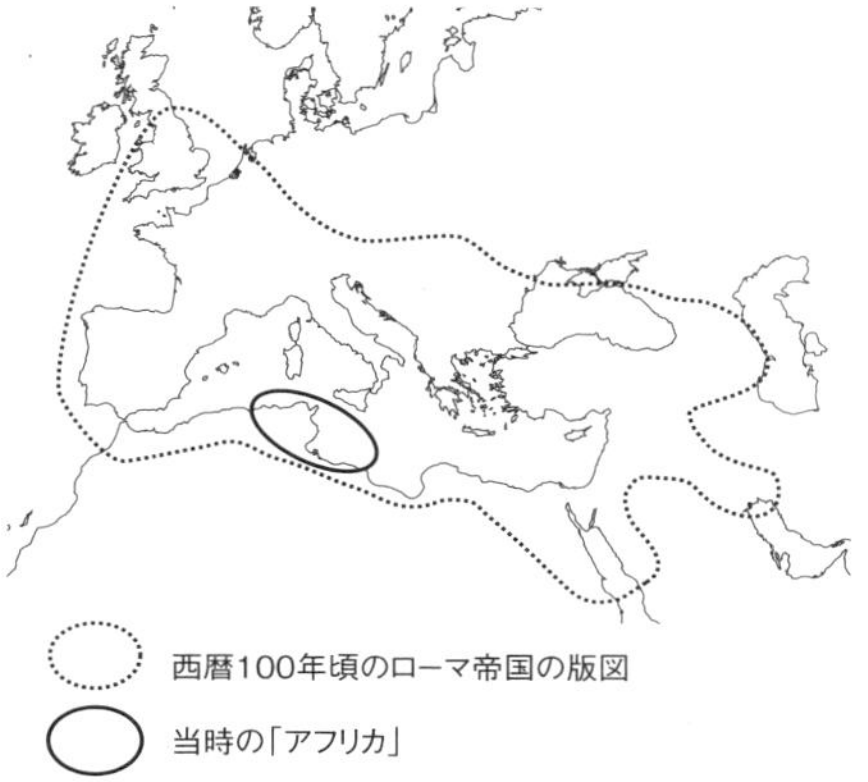

図2　ローマ帝国と「アフリカ」

やがて、国土回復運動（レコンキスタ）に成功したポルトガルが先陣を切って、大航海時代の幕開けを迎える。対岸のイスラーム国家との度重なる戦闘を経て、西回りでアフリカ西岸の探検を開始した。アフリカ最西端を通過したポルトガル人は、そこを「緑の岬（Cabo Verde）」と名づけた。ヨーロッパは、目前の乾燥した砂漠の景観とはまったく異なる、緑の熱帯雨林がどこまでも続く広大なアフリカを見出したのである。

かつての地中海沿岸域に見えていた「せまいアフリカ」から、その後背地であるサハラ砂漠のかなたをも含み込む「広いアフリカ」

へ。ヨーロッパは、近くて遠い大陸の存在を知り、それを利用し始める。

3 奴隷貿易とアフリカ分割――人間の収奪から土地、資源の収奪へ

アフリカは、ヨーロッパによる大航海時代の幕開けとともに、世界システムの中に組み込まれていく。もっとも、当時のヨーロッパは、アフリカ内陸で栄える黒人諸王国の領域に侵入することはできず、沿岸に拠点を設けて海洋交易を行う程度であった。金や象牙を含め、さまざまな交易が試みられたが、その中でもっとも利潤が上がる「ビジネス」として行われたのが、大西洋奴隷貿易である。スペインやポルトガルが収奪した南北アメリカ大陸の広大な土地と、アフリカ人の奴隷労働を結びつけたこの新しいビジネスは、莫大な富を生んだ。それらがユーラシア大陸最西端の半島部に蓄積され、資本家と港湾都市を潤し、きたるべき産業革命の時代を準備した。一方のアフリカは、この諸世紀を通じてたえず人間を奪われ続け、疲弊した。

こうして、大西洋奴隷貿易は世界の一体化を促し、富が世界の一部地域に偏在する時代の先駆けをなした。あわせて、ウェストファリア体制のもとで、ヨーロッパ域内における国民国家の形成が進行する。ヨーロッパの近代とは、ヨーロッパ域外における世界の一体化、人間の収奪と並行して生じていた現象であった。

奴隷貿易の副産物として指摘されるのが、ヨーロッパで成立した人種主義思想である。当時の科学者らによって「黒人は奴隷に適した下等な生物である」との論理が構築され、一般社会に浸透した。三権分立論を提唱したフランスの哲学者シャルル・ド・モンテスキュー、生物の学名の体系を構築し「分類学の父」と称されるスウェーデンの博物学者カール・フォン・リンネ、イギリスの社会学者ハーバート・スペンサーなど、著名な知識人たちが人種主義の成立や普及に与していた。人種主義は、ヨーロッパ域内における自由・平等と、それを経済的に支

えてきたヨーロッパ域外での奴隷貿易を両立させることができる、都合のよいイデオロギーであった。人種主義に始まる人間集団の序列化は、やがて文化や民族、言語、地域の序列化に基づいてさまざまな歪んだ他者像を生み続け、さらに学問の権威がそれに装飾をほどこして理論として正当化し、今日に至るまで人びとの精神に深く根を下ろしている。

もう一つ指摘すべきは、奴隷貿易に対する黒人諸王国の協力である。ヨーロッパ商人は自ら奴隷を集めることをせず、黒人王国が集めた戦争捕虜などを沿岸で買いつけて奴隷船に乗せた。アシャンティ王国やダホメー王国など、西アフリカ沿岸には奴隷貿易に加担した国ぐにがあり、その一部の利益にあずかった。奴隷貿易における黒人王国の協力という史実は、しばしばアフリカ史におけるタブーとされてきたが、今日ではその事実を隠さずに展示する博物館もある。

冒頭の映画の逸話に関連させて、一つだけ想像力を働かせてみたい。もしも、大西洋奴隷貿易の航路が逆回りだったら、歴史はどのように展開したであろうか。つまり、アフリカを出航した奴隷船が、ヨーロッパで人間を積み込み、南北アメリカ大陸へと連行して巨万の利益とともに西アフリカに帰港していたら？　黒人諸国家がいち早く富の蓄積を達成し、国民国家の形成と対外的な侵略を開始し、それを正当化するような人種主義思想を唱える知識人たちが現れ、黒人優位の世界の序列化が思想的に完成されていた……という世界史はありえたであろうか。

人種主義が強固な思想として成立する直前の一六世紀、西アフリカのベニン王国の王がポルトガルに使節を派遣した時、それを見たポルトガル人は「この大使は弁舌さわやかで、生まれつきかしこい男であった」「ポルトガル王は、ベニンの王へも豊かな贈り物をした」などと書き記している。白人優位の人種主義が常識として定着することは、必ずしも歴史の必然ではなかったのである。本章は何も逆転した人種主義を支持するものではないが、この「反時計回りの奴隷貿易の物語」は、「時計回りの奴隷貿易の史実の帰結」を現実として受け継いでいる私たちの人間観を相対化する効果をもつかもしれない。

ヨーロッパにおける産業革命の進展を受けて、アフリカは次第に奴隷供給地としてよりも市場としての役割を期待されるようになり、一九世紀以降、ヨーロッパによる分割・植民地支配を受けた。遠い南北アメリカまで人的資源を運搬する必要性は弱まり、むしろアフリカの人びと、土地、資源の全体を支配下に置いて、その場で労働力を利用するという「ビジネスモデルの転換」が起こる。奴隷貿易の廃止にあたっては、人道主義の普及も一助となったにせよ、基本的には支配と収奪の構造の転換にすぎなかった。産業革命を経たヨーロッパが最新の武器とマラリア治療薬などの医療技術をたずさえ、内陸アフリカに来襲した。人種主義に代わって、「文明化の使命（civilizing mission）」「白人の重荷（white man's burden）」の理念とともに、ヨーロッパが非ヨーロッパに対する植民地分割と支配を正当化した。

一八八四―一八八五年にドイツのオットー・フォン・ビスマルク首相が主催したベルリン会議では、アフリカ諸国の代表が一人も参加しないままに、ヨーロッパ諸国によるアフリカ分割の原則が定められた。世界史に先例のない図々しい会議であると評されるこの会議の原則に従い、アフリカは大陸のすみずみまで植民地分割を受けた。独立を守ったわずか二つの国（エチオピア帝国とリベリア共和国）を除いて、すべて西ヨーロッパ諸国（ポルトガル、スペイン、イギリス、フランス、ドイツ、イタリア、ベルギー）が支配する地域とされた。

4　独立、そして夢と消えた「アフリカ合衆国」

第二次世界大戦終結後、ヨーロッパの衰退、パン・アフリカニズムの興隆、米ソの介入などの複数の要因が重なり、二〇世紀の中葉に北アフリカを先頭としてアフリカ諸国は次つぎと独立を果たしていった。サハラ以南アフリカで先陣を切って独立したガーナ共和国（旧英領ゴールドコースト）は、独立宣言で次のような姿勢を鮮明に掲げ、他の未解放植民地における独立活動家たちを鼓舞した。

「われわれの独立はアフリカ大陸の完全解放に結びつかなければ無意味なのだ」
（クワメ・ンクルマ初代首相によるガーナ共和国独立宣言、一九五七年三月六日、ガーナ共和国アクラ市）

とりわけ一九六〇年は一七カ国が一度に独立を達成し、「アフリカの年」と呼ばれている。一九六四年の東京オリンピックは、一般に、第二次世界大戦後の日本の高度経済成長と国際社会復帰を象徴する大会として記憶されている。当時オリンピック史上最多の九三の参加国・地域数を記録したが、それは新生アフリカ諸国がいっせいに参加するという加勢を得た結果である。一方、人種隔離政策（アパルトヘイト）を堅持する南アフリカ共和国が初めてオリンピックから追放されたのも、この大会であった。アフリカ人と人種主義者と、どちらを迎え入れるか。アフリカを中心に人種主義への抵抗が国際的に強まり、世界の主役が交替していく場面を人びとは東京オリンピックで目撃したのである。

ただし、「アフリカの年」一九六〇年とは、フランスがサハラ砂漠（現在のアルジェリア共和国領）で初めて原爆実験に成功した年でもある。フランス第五共和制を樹立したシャルル・ド・ゴール大統領は、クーデターをはかる右派を牽制しつつ、一方ではアルジェリア戦争を終結へと導き、サハラ以南アフリカ植民地に独立の賛否を問う投票の機会を与えながらも、まさにそのアフリカのただ中にあるサハラ砂漠で核実験を実施、核武装への道を選んでいった。アフリカ諸国に独立を与えると同時に、核による新しい安全保障体制を確立した転換の年として

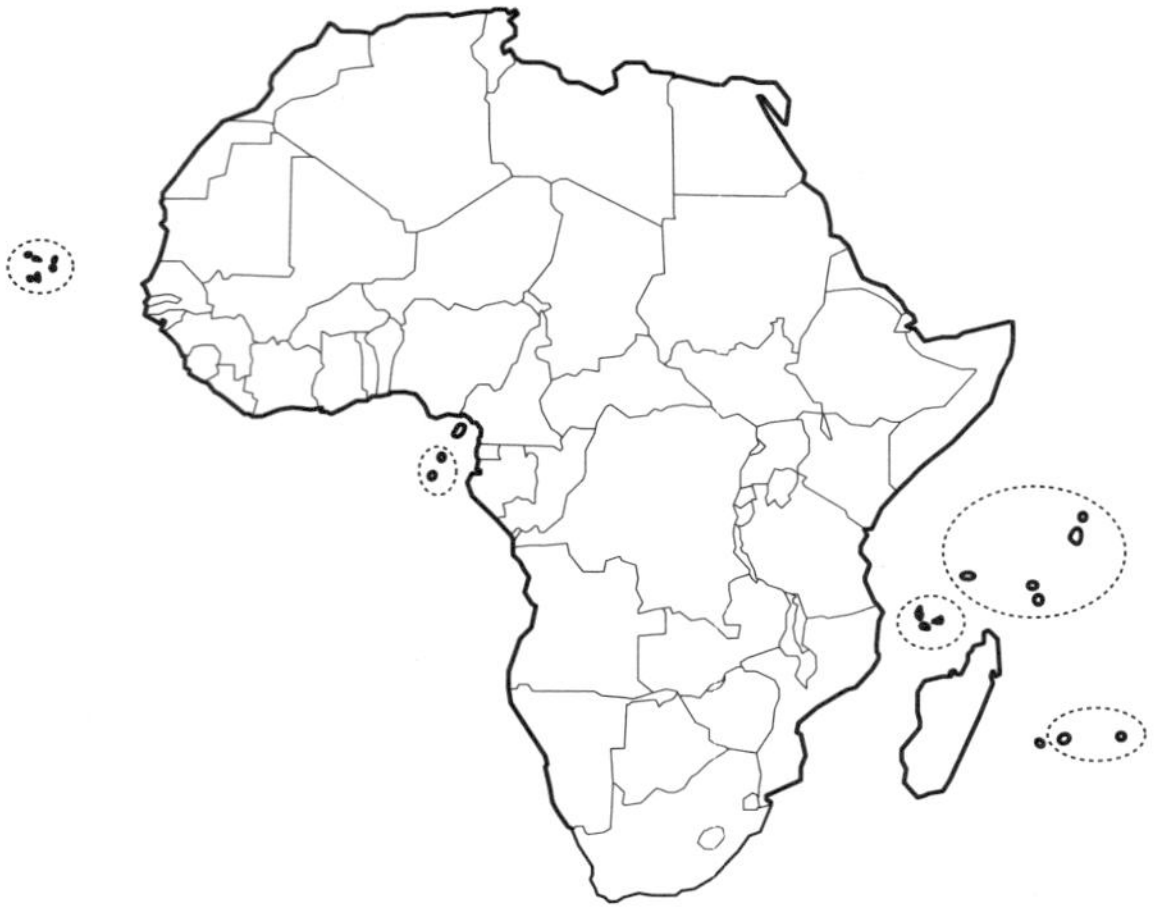

図３　現在のアフリカの国ぐに
54 の独立国および独立をめぐって係争中の 1 地域（西サハラ（サハラ・アラブ民主共和国））

記憶される必要がある。

アフリカ諸国の独立の潮流を率いたパン・アフリカニストたちは、当初「アフリカ合衆国」建国の構想をもっていた。先に挙げたガーナ共和国のクワメ・ンクルマ首相は、一九五八年の「全アフリカ人民会議」において「前進しよう。今すぐ独立へと。そして明日にはアフリカ合衆国へと！」と演説し、未解放植民地を含むすべてのアフリカの人民の大同団結を呼びかけていた。しかし、アフリカにおける勢力の結集を防ごうとする宗主国の介入の結果、小国が分立する結果をもたらし（バルカン化）、ブラジルやインドのような広大な国土をもつ新興国は出現しなかった。パン・アフリカニストたちの理想は、アフリカ合衆国としては実現しなかったものの、一九六三年に発足したアフリカ統一機構（ＯＡＵ：Organisation of African Unity）[5]、すなわち穏健な地域共同体として結実することとなる。

現在のアフリカには、五五の国・地域がある（五四の独立国および独立をめぐって係争中の「西サハラ」。図３）。これらは、基本的にかつての植民地の領域と境界を引き継いでいる。ヨーロッパによる支配の遺構を、私たちは今日のアフリカの地図として見ていることになる。植民地の境界線を相続したアフリカの新しい指導者たちは、そのような初期条件に従って、新しい国民を構築する責務を負うこととなった。その苦悩は、次のような有名なことばに表れている。

「植民地主義者が全大陸を分割して創ったぶざまな加工品から、真のネイションを創り出す」

（ケネス・カウンダ・ザンビア共和国初代大統領）

急きょ構築された新しい国民国家の枠組みを堅持しようとするナショナリズムに対し、それに沿わない民族主義的な運動は、分離独立を図る危険思想「トライバリズム（tribalism）」として警戒され、しばしば政府による弾圧を受けた。ナイジェリア連邦共和国で勃発したビアフラ戦争（一九六七―一九七〇年）は、イボ人を中心とする東部州が「ビアフラ共和国（Republic of Biafra）」として分離・独立を図ったものであるが、飢餓、疾病、戦闘で約一五〇万人が死亡するという凄惨な内戦となった。多民族、多言語の国家の枠組みの崩壊を恐れるアフリカ諸国の政府は、植民地境界に由来する国境の不変更の原則を堅持し、ほとんどの国ぐにがビアフラ側を支持しなかった。(6)

小国が並び立つこととなったアフリカであるが、国際政治の場面においては、一国一議席の国連でアフリカが大票田となるという副次的効果をもたらした。また、フランスはフランス語の権威を維持するべく、フランス語圏アフリカ諸国とともに国連において多数派工作を実施、フランス語を英語と並ぶ国連の作業言語と位置づけることに成功した。(7)

一方、国内政治においては、旧フランス領がその典型であるが、植民地政府における黒人エリート層が独立後の支配層にスライドし、植民地支配体制を穏健な形で相続した。彼らはしばしば旧宗主国との政治・経済的な癒着を維持し、民衆との間に極端な格差が生まれた。このような癒着は、「フランサフリック（Françafrique）」と呼ばれることがある。フランス（France）とアフリカ（Afrique）を結合させた造語であり、癒着の構造を批判的に表現することばである。

独立後の旧植民地と旧宗主国の相互の利用主義的な関わりについては、たとえば、開発援助を提供する代わりに独裁政権の権力保持や汚職を黙認する、冷戦期の東西両陣営による囲い込みの中で、政府による人権侵害が座視されるなどのケースが存在した。たとえば、ルワンダ共和国における大虐殺発生直前のフツ系政府とフランス政府との蜜月状態などの事例を含め、アフリカ諸国を舞台としたこのような不透明な外交関係は、今日批判的に検証されつつある。

「低開発」「飢えるアフリカ」といった流布されるアフリカイメージとは裏腹に、都市部には支配層、富裕層が確かに存在している。しばしば、干ばつにともなう飢餓が報じられるなか、食糧が一部地域や階層に偏在しているという事実も指摘されることがある。つまり、天災に加えて人災の側面もあるとの指摘である。アフリカは「おしなべて貧しい大陸」というよりも、「極端な格差社会」であるという見方ができる。

5　多様で重層的な言語社会

アフリカには、きわめて多くの言語が分布している。もとよりアフリカには、小規模な言語集団が数多くある（民族諸語）。それに加えて、スワヒリ語やリンガラ語など、複数の言語集団にまたがって広く用いられる言語がある（地域共通語）。さらに、植民地政府などが行政や教育の言語として、英語やフランス語などをもたらした（ヨーロッパ諸語）。諸国が独立するときに植民地境界が国境として引き継がれたため、一つの言語集団が国境で二つ以上の国の領土に分けられたり、逆に一つの国が多数の言語集団を抱え込んだりすることとなった。ナイジェリア連邦共和国やカメルーン共和国など、一国の中に二〇〇を超える数の民族諸語を抱える国もある。多くの言語集団が共存する状況の中、国家の公用語としては、植民地時代にもたらされた英語やフランス語が引き続き採用されている。

民族諸語、地域共通語、ヨーロッパ系公用語と、一つの地域に二重、三重に言語分布が重なり合い、使用範囲や機能が異なり、その順に権威が高まるという構造は、多くの国に共通している（図4）。一人の人物が、家庭と、通勤途中の路上と、職場とで話す言語を切り替えるということも、アフリカ諸国ではごく日常的な光景である。学校教育についての議論もあり、「母語である民族諸語で行うべきだ」との理念が知識人の間で主張されもするが、実際には英語やフランス語で行われることが多く、民衆も子どもの教養や立身出世のためにはその方がよいと支持する傾向がある。

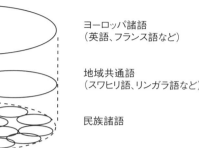

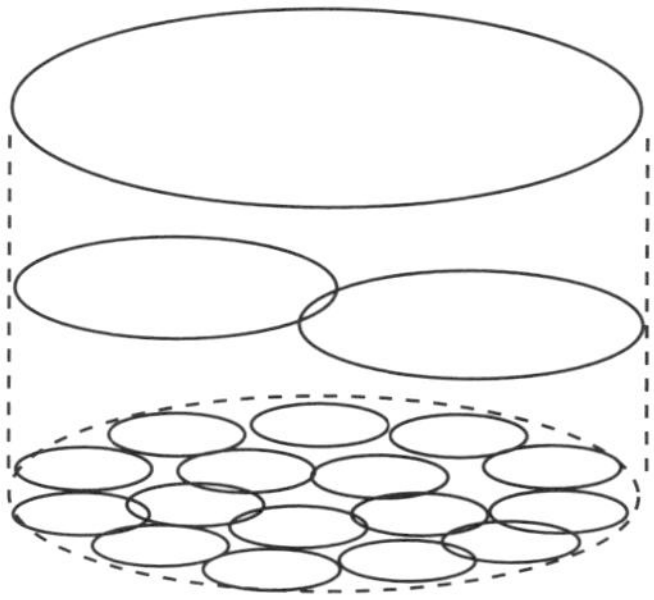

図4　アフリカにおける言語の三層構造

アフリカの言語政策をめぐるいくつかの話題を紹介したい。旧英領のガーナ共和国は、英語を公用語とする政策をとってきたが、近隣の西アフリカ諸国の大部分がフランス語を公用語とする地理的な条件に関連して、フランス語の教育を強化する政策を打ち出した。旧英領とフランス領の両方を継承したカメルーン共和国では、全一〇州のうち八州がフランス語、二州が英語を公用語としており、多数を占めるフランス語圏の住民や政治勢力が主流派となっていた。しかし、市民や学生の間では、今日のビジネスにおいて有利なのは英語であるとの価値観も強まっており、英語学習熱が盛んとなっている。旧ベルギー領のルワンダ共和国は、フランスとの密接な関係を保っていたフツ系の政府が、大虐殺を経て崩壊、ウガンダ共和国（英語圏）に難民として逃れていたツチを中心とする政府が樹立された。その後、これまでの公用語であったフランス語に加え、英語も公用語と位置づける政策がとられ、英語を用いる東アフリカ諸国との関係強化の政策も重なることで、脱フランス語の動きを強めている。

民族諸語の政治的地位の復権の動きは顕著には見られないが、それらは私的領域の言語として民衆の間で広く用いられている。一方、植民地期にもたらされた英語やフランス語は、民衆にむしろ利器として用いられており、国境を越えた経済的、言語的現状を受けて、政策がむしろその後追いをしている様子が垣間見える。アフリカの言語と教育をめぐる状況は、一面では植民地支配の負の遺産であるが、同時代を生きるアフリカの人びとの現実でもあり、時には強みでもある。ヨーロッパをモデルに均質な国民国家と国語をもったかに見えるも、グローバリゼーションの荒波を前に文化・言語の混交と交渉、共有を求められつつある私たちにおいて、参照可能な「先行事例」であるかもしれない。

6　おわりに――アフリカ史に学びうるもの

二〇〇四年、ノーベル財団は、アフリカ女性として初めての平和賞をケニアの環境活動家ワンガリ・マータイに授与した。「モッタイナイ」ということばとともに、エコロジストとしてのソフトなイメージで報道される彼女であるが、実はアフリカの既得権益層を批判して投獄されたこともある闘士である。彼女は『アフリカの挑戦』という書物で、ヨーロッパによるアフリカの分割統治、文化的支配、独立後のアフリカ人支配層の腐敗と無作為を、厳しい筆致で批判している。そして、植民地遺制の受容とヨーロッパ文化への追従をやめ、アフリカに息づく多文化・多言語のコミュニティを再評価することを訴える。ヨーロッパにひとたび侵されたものの、文化が根底まで覆されることのなかったアフリカは、その特異な歴史ゆえに、かえって国民国家を絶対視しないまなざしをそなえている。その苦闘と挑戦は、はからずも、国民国家のシステムに安住し、その崩壊の予兆に脅える今日の私たちに、重要な示唆をもたらすものと思われる。

ヨーロッパ近代における国民国家とは、非ヨーロッパ世界における人種主義および収奪と並行して成立した、人類史上きわめて新しい発明にすぎない。(8) 約三〇〇年にわたってその両立を図ってきたヨーロッパは、第二次世界大戦での疲弊をきっかけとして、二〇世紀中葉以降、植民地支配を順次放棄していった。国民国家は普遍的な政治体制であるかのごとく信じられ、植民地支配を脱した非ヨーロッパ世界においても採用された。アフリカも植民地境界を維持する形で国民国家の制度を導入したが、小規模のコミュニティに根ざすトライバリズムと、アフリカ合衆国を夢見るパン・アフリカニズムとのはざまにあって、新規に構築されたナショナリズムを維持する綱渡りの国家運営を強いられた。

そして、国民国家が地球上の陸地を覆い尽くしたかに見えたわずか半世紀後、この体制の揺らぎに脅えているのが、二一世紀初頭の私たちの世界である。アフリカにおいても、国民国家の体制が定着する前に、今日のグローバリゼーションの波が訪れた。政治的な「アフリカ合衆国」としての統一を棚上げにしたまま、むしろ経済的に、言語的に、先行して国民国家の枠組みを飛び越えて生活する道を選択しているアフリカの民衆の姿が垣間見える。

国民国家の存在と国民アイデンティティ、そして国語を所与の条件と信じる私たちは、世界的な収奪の中心にあったヨーロッパにモデルを見出そうとし、そこに自己を投影する傾向にあった。一方で、その外側にあって近年は収奪の対象となりがちであったアフリカに自己を投影する機会はなかった。しかしこれまで見てきたように、ヨーロッパの近代化とアフリカにおける収奪は、合わせ鏡のごとき現象である。一方のみを見つめ、他方を隠蔽するとすれば、フェアな歴史観とは言いがたい。グローバル化の荒波の中で国民国家の行く末が不透明となっているこの時代こそ、流動的なアフリカの姿に学ぶという視点を、選択肢として私たちは想定しておきたい。

空想の中で描かれる「アフリカ合衆国」。それは、新しい強大な国民国家樹立のための政治目標ではなく、ゆるやかに解体へと向かいつつある世界の諸国民国家の中の人びとの未来像なのではないだろうか。私たちの行く末には、赤、黄、緑の汎アフリカ色の星条旗がはためいている。かつてアフリカを出て諸大陸へと拡散した私たち人間は、ポスト国民国家の未来のモデルを見出すべく、もういちどアフリカに視点を還す時を迎えたのかもしれない。

注

(1) 五四の星の数とは、今日アフリカを構成している五四の独立国の数を表しているものと思われる(独立をめぐって係争中で、現在はモロッコ王国が実効支配している「西サハラ(サハラ・アラブ民主共和国)」を含めると、五五となる)。
(2) 汎アフリカ色とは、アフリカの多くの国ぐにの国旗で用いられている赤、黄、緑の三色を指す。ヨーロッパによる植民地支配を受けず、独立国として存続したエチオピア帝国の国旗の三色に由来するとされる。黄の代わりに黒を含める立場もある。
(3) アフリカ・パラダイス(http://www.cinemaafrica.com/?p=662)二〇一四年六月一四日閲覧。
(4) ここでいう「人種」(race)とは、生物学的な根拠があると想定されていた人間のサブカテゴリーを指す。今日の形質人類学においては、ヒトは出アフリカを果たして短期間のうちに世界に拡散した単一種であり、集団間の遺伝的な差異は小さく、人種に関する生物学的な根拠は失われたと見る立場が多い。本章もその立場を支持する。ただし、現実的には「人種」が人びとの観念を支配している側面があり、この残存する人種主義の問題を可視化するために本章でも「人種」という語を用いる。
(5) 二〇〇二年にアフリカ連合(AU:African Union)へと改組された。
(6) ビアフラ共和国を直接、間接的に支持したのは、西アフリカへの介入的な姿勢を取るフランス、植民地支配を継続していたポルトガル、南アフリカのアパルトヘイト白人政権など、植民地支配の延長にある政策を採る諸国であった。親フランスの立場を鮮明にするコートジボワール共和国などの少数例を除き、ビアフラ共和国はアフリカ諸国の支持を得られなかった。
(7) 現在の国連の公用語は、英語、フランス語、ロシア語、中国語、スペイン語、アラビア語の六言語である。そのうち、最も重要な作業言語として、英語とフランス語の二言語が指定されている。

（8）ヨーロッパが国民国家の形を整えた時代はきわめて新しく、アフリカが収奪の対象とされた時代もまた新しい。たとえば、オランダが独立を達成し、ヨーロッパでウェストファリア体制が確立した年（一六四八年）のわずか四年後に、オランダ人による南部アフリカへの入植が始まっている（一六五二年）。両方の現象は、まさに同じ時代に並行して生じていた。

参考文献――

①小田英郎・川田順造・伊谷純一郎・田中二郎・米山俊直監修『新版アフリカを知る事典』平凡社、二〇一〇年。
②日本アフリカ学会編（編集委員代表：寺嶋秀明）『アフリカ学事典』昭和堂、二〇一四年。
③宮本正興・松田素二編『新書アフリカ史』講談社、一九九七年。
④宮本正興・松田素二編『現代アフリカの社会変動――ことばと文化の動態観察』人文書院、二〇〇二年。
⑤Wangari Maathai（2009）: *The challenge for Africa*. London: Random House.

テリトリーの境からの叫び

第9章

移民の墓場と化す地中海
――ヨーロッパに求められる応答責任――

北川眞也

1　地中海という墓場

イタリア南部の地中海にあるランペドゥーザ島の沖合で、今月三日、アフリカからヨーロッパへの移住を目指すおよそ五〇〇人が乗ったとみられる船が沈没したもので、これまでに三〇二人の死亡が確認されました。
地元のメディアは、移住を目指す人々を乗せた船の事故としては戦後最悪と伝えており、イタリアのレッタ首相は九日、救出活動や遺体の収容が終わりしだい、犠牲者を追悼するための葬儀を国を挙げて行う考えを示しました。(1)

これは「地中海で移民船沈没、死者は三〇〇人超」と題された、二〇一三年一〇月一〇日のNHKニュースの抜粋である。一〇月三日に、地中海を渡り、ヨーロッパへ移住しようとする人びとを乗せた船が沈没し、三〇〇人以上の人びとが死亡したようだ。最終的には、計三六八人の遺体が引き上げられている。(2) 多数の人びとが死亡したこの「悲劇」は、地元のイタリア、さらにはヨーロッパでは、各種メディア・政治家・市民社会の諸団体によって大々的に取り上げられることとなった。加えて、上述のように、日本のメディアでも報じられるほどであった。

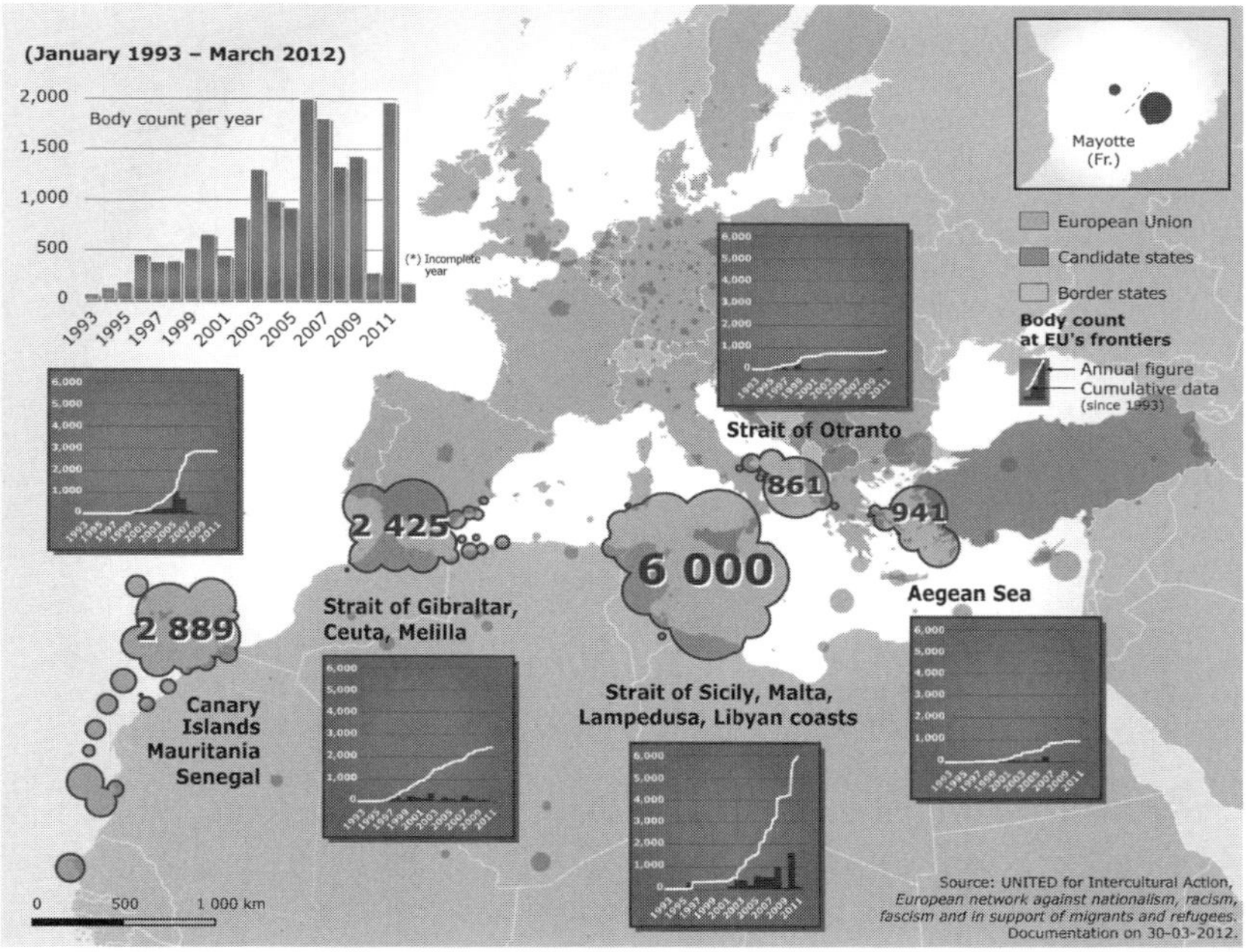

図１　ヨーロッパへの危険な移動
（出典）Migreurop の Web サイトによる（www.migreurop.org）。

このニュースには、気になる点がいくつかある。その一つが、「戦後最悪」という表現だ。この事故が、移住を目指す船の事故としては戦後最悪であるなら、ここには、このような事故が少なくとも、戦後以降は存在してきたということが含意されてはいないだろうか。このような事故は、今回だけには限られないのではないだろうか。

図1を参照してみよう。この地図には、ヨーロッパ大陸とアフリカ大陸の間に、数々の数字が並んでいる。西から二八八九、二四二五、六〇〇〇、八六一、九四一。これらが示すのは、一九九三年一月から二〇一二年三月までの間に、それぞれのエリアにおいて死亡した人びとの数だ。これらは、再び西から言えば、スペイン領のカナリア諸島の海域、ジブラルタル海峡とアフリカ大陸にあるスペインの飛び地セウタとメリリャ、シチリア海峡に位置するマルタやイ

タリアのランペドゥーザ島の海域、イタリア半島東岸にあたるプーリア州やカラブリア州の海域、そしてギリシャやトルコの面するエーゲ海において、それぞれ引き上げられた遺体の数なのである。合計一万六二五二人。この二〇年ほどの間に、一万六二五二人もの人びとが、ヨーロッパへの移住の途中で死亡しているのだ。そこには、冒頭で言及した一〇月三日の事故と同様に、男性のみならず、女性や子どもも数多く含まれている。他方、この事故の死者数をも含んだより最近のデータもある。一九八八年以来、国内外のさまざまな新聞において報じられた死者数を数え上げ続けている、「要塞ヨーロッパ（Fortress Europe）」というウェブサイトによると、二〇一四年三月一九日時点で、その数は一万九五二四人である(3)。

これらの数字は、あくまでも遺体として数えられた人びとの数である。この二〇年の間に、誰に気づかれることもなく、海の底へと沈んでいった人びともいるのではないか。かれらを含めるなら、その数はさらに増えることになろう。

確かなことは、大々的に報じられようが報じられまいが、ヨーロッパを目指したおよそ二万人もの移民たちが、その途中の地中海で死亡していることである。いったい地中海で何が起こっているというのか。このような事態を顧みて、事故の後に、地中海の小さな島国マルタのジョセフ・ムスカット首相は、「このままでは地中海は墓場になりつつある(4)」と述べた。しかし、地中海はすでに墓場なのだ。この海は、大小さまざまな船で、ヨーロッパへの移住を試みた移民たちの墓場となっている。数十年も前から、この海は移民たちの遺体であふれているのである。

ここでは、移民たちのこのような死、数えきれないほどの死に対する責任がどこにあるのかを考えたい。移民たちは自らの責任で勝手に死んでいったのか。勝手に国を出て、密航して、不法侵入を試みて、勝手に沈んでいったのか。かれらが目指した場所であるヨーロッパに、言うなれば、「わたしたち」に責任はないのだろうか。

イタリアの左派系日刊紙『イル・マニフェスト（il manifesto）』の事故翌日（一〇月四日）の一面には、「殺された死者たち」という大きな見出しとともに、ランペドゥーザ島の埠頭に引き上げられ、袋に収容された数々の遺体の写真が載せられていた。この遺体を生み出したのは、かれらを殺したのは、「わたしたち」であるという強いメッセージだ。「わたしたちにとって、地中海が死の海であることは許せることではない[5]」とイタリアのエンリーコ・レッタ首相は述べた。けれども、地中海を死の海にしてきたのは、それが許せない当の「わたしたち」なのではないだろうか。

2 陸路での旅、非正規性への誘導

そもそも、なぜこれらの人びとはわざわざ船に乗ってやってくるのか。なぜ小さな船にすし詰めになって、危険な航海を行うのか。エンジンが途中で切れる航海、小型のGPSのみが頼りとなる航海、水も食糧も不十分な航海、「密航斡旋業者」が運転し支配する航海、かれらによって海に捨てられることもある航海。なぜ普通に、自国が発行してくれるパスポートを持参し、飛行機に乗って、ヨーロッパに向かおうとしないのか。

図2をみてみよう。これは、ヨーロッパのビザ政策についての地図である。ヨーロッパは、域内の出入国管理を廃止するシェンゲン協定を実施して以来、域外境界の管理を強めるために、共通の移民・難民政策を目指してきた。その一環として、二〇〇一年にEUの行政執行機関とされる欧州委員会は、EU加盟国に入国するために、ビザの取得が必要となる国のリストを作成した。この地図は、基本的にこのリストに基づいたものだ。

ここから、アフリカ大陸、アジア大陸のほとんどの国々が、ビザの取得を要求されているのが一目瞭然である。これらの国々の国籍を有する人びとは、例外を除けば、観光、就労、家族滞在を問わず、いかなる目的であろう

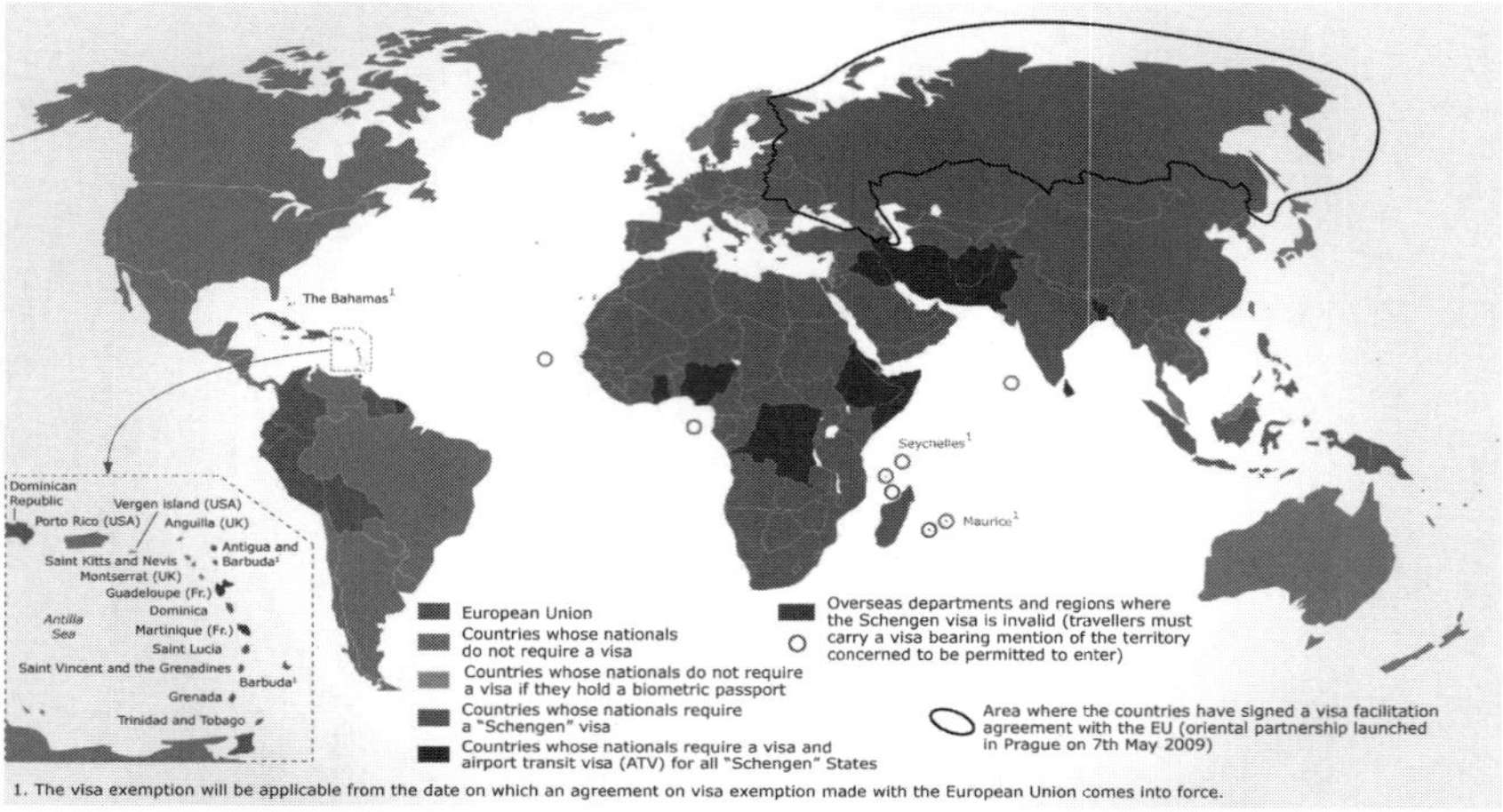

図２　ヨーロッパのビザ政策
（出典）MigreuropのWebサイトによる（www.migreurop.org）。

と、またいかなる滞在日数であろうと、ＥＵ加盟国へ入国するには、事前にビザを取得していなければならない。「事前」というのは、ビザは、通常、自国において目的国、この場合ならＥＵ加盟国の領事館に申請して取得するからである。

ここにはすでに、ヨーロッパの境界が存在してはいないだろうか。入国させてもよい人物か、そうでない人物か。ビザの申請とは、身元確認の過程にほかならない。実際に旅に出る前から、移民になる前から、かれらはヨーロッパの境界に対峙している。付言しておくなら、内戦状態であれば、そもそもこのような正規の手続き自体が難しくなるだろう。

内戦や独裁政権から逃れてきた冒頭の事故の死者たちの出身国とされる、エリトリアやソマリアなどの人びとは、入国に必要な通常のビザに加えて、「空港乗り継ぎビザ（airport transit visa）」も必要としている。別の飛行機へと乗り継ぐために、ヨーロッパの空港のいわゆるトランジット・ゾーンを経由するだけでも、かれらにはさらなるビザが要求されているのである。

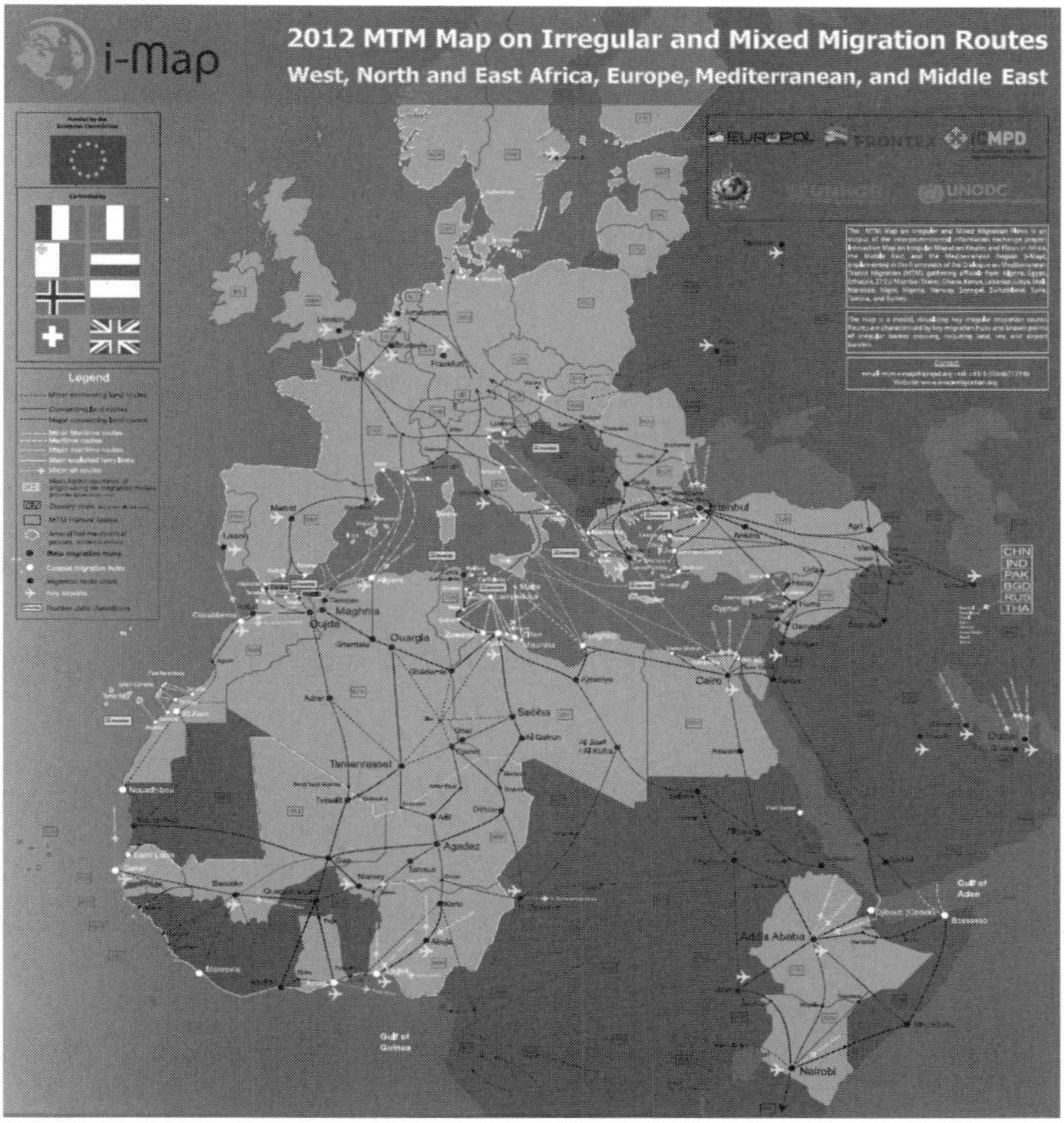

図３　移民の非正規な移動ルート

（出典）International Centre for Migration Policy Development（ICMPD）および MTM Interactive Map on Migration（i-Map）による。

　こうした状況を顧みれば、これらの国の人びとには、ヨーロッパ諸国への正規の入国回路はほとんど閉ざされているのかもしれない。かれらのとりうる行動の幅は、極めて制限されている。かれらが国を出て移住する場合は、非正規な方法にならざるを得ないし、陸路を使わざるを得ない。地中海からはるかに遠い場所で、地中海に船を出すはるかに以前から、かれらはヨーロッパの諸政策によって、その動きを制御されているのではないだろうか。

　それは、図3にはっきりと示されている。そこには、いかにヨーロッパへと向かう人びとが、陸をつたって移動しているのかが図示されている。正規の移動の回路がほとんど閉ざされている以上、この陸路での移動は非正規なものにならざるを得ないであろう。そして、まさしくここにおいて、ヨーロッパからすれば、「人身売買業者」や「密航斡旋業者」と称される無数の人びと・集団が活動する領域が開かれることになるのだ。

ヨーロッパは、移民たちの死の責任をここに帰そうとする。一〇月三日の事故のときも、たとえばEUのセシリア・マルストロム内務担当委員は、「人間の絶望を搾取する斡旋業者と闘うための努力を倍にせねばならない」とすぐさま「斡旋業者」を非難した(6)。危険な旅路を組織し、移民たちから金を巻き上げ、ときには見殺しにさえするような連中にこそ責任はあると。確かに、これは「斡旋業者」が介在し利益を得るネットワークでもあり、実際に拷問、性的虐待、さらには死をも伴う危険なものだ。しかし、目下のところ、移民たちの移動は、ただそれによってのみ可能となっている。移民たちの移動は、陸においても、海においても、これらのネットワークに依拠せざるを得ず、よかろうと悪かろうと、ひとまずそれによって可能となっている。

どれほどヨーロッパがかれらの移動を制限したいとしても、かれらの今いる場所から逃れたいという欲望、よりよい生活をしたいという欲望それ自体を消し去ることは不可能であろう。とすれば、ヨーロッパにとっての関心は、この欲望が実際の行動、移動において、いかにして表現されるかだ。目下のところ、この欲望はこれらのネットワークに捕獲されるよう方向づけられていると言うべきではないだろうか〔参考文献①②〕。

加えて言うならば、このインフォーマルなネットワークは、フロンテックス（FRONTEX）と呼ばれるEUの欧州対外国境管理協力機関が論じるように、「不法移民のフローの背後にある犯罪ネットワーク(7)」と、十把一絡げにできるようなものではないのかもしれない。なぜなら、それは、アフガン難民のパキスタンからヨーロッパへの陸路の移動を題材にした映画『イン・ディス・ワールド』〔参考文献③〕が描くような、互いに見知らぬ人びと、互いに接触することもない人びとから織りなされるネットワークでもあり、ともすると、通過する地域の普通の住民が、ほんの一定の区間だけかれらを運ぶというかたちで「斡旋業」に関わっている場合もあるからだ。さらには、一〇月三日の船の「斡旋業者」として特定された若いソマリア人男性がそうであったように(8)、当の「斡旋業者」自身もまたヨーロッパへの移民でさえありうるのだ。

3　緩衝地帯としての南岸

先ほど論じたように、すでに出発する以前からヨーロッパによる移民の制御がはじまっているのなら、出発してからも、つまり、地中海に船を出す前のアフリカ大陸内での移動の局面においても、制御は行われているのではないか。

図4を参照したい。この地図上には、いくつもの丸印がある。ヨーロッパ大陸に数多くみられるが、ウクライナやベラルーシといった東方にも、イスラエルなどの東地中海地域にも、そしてアフリカ大陸にも点在している。この丸印が示すのは、移民収容所の存在である。

ここでは、話をアフリカ、リビアに限ろう。これらの収容所は、非正規な移動・滞在を行う人びとと、これらヨーロッパへと向かう人びとを拘留するべく設けられたものだ。けれども、最終的にはヨーロッパへと向かう人びとをその途中で拘留するために、リビアはわざわざ自主的にこのような施設を建設するのだろうか。

二〇〇〇年代に入って、リビアはヨーロッパへと船を出す移民たちのトランジットの場所となってきた。そのため、イタリア・EUはかれらを食い止めるべく、リビアとの関係を強化し、さまざまな技術や資金の提供を行ってきたのである。その象徴が、二〇〇八年八月にイタリアとリビアの間で締結された「友好・提携・協働の条約」

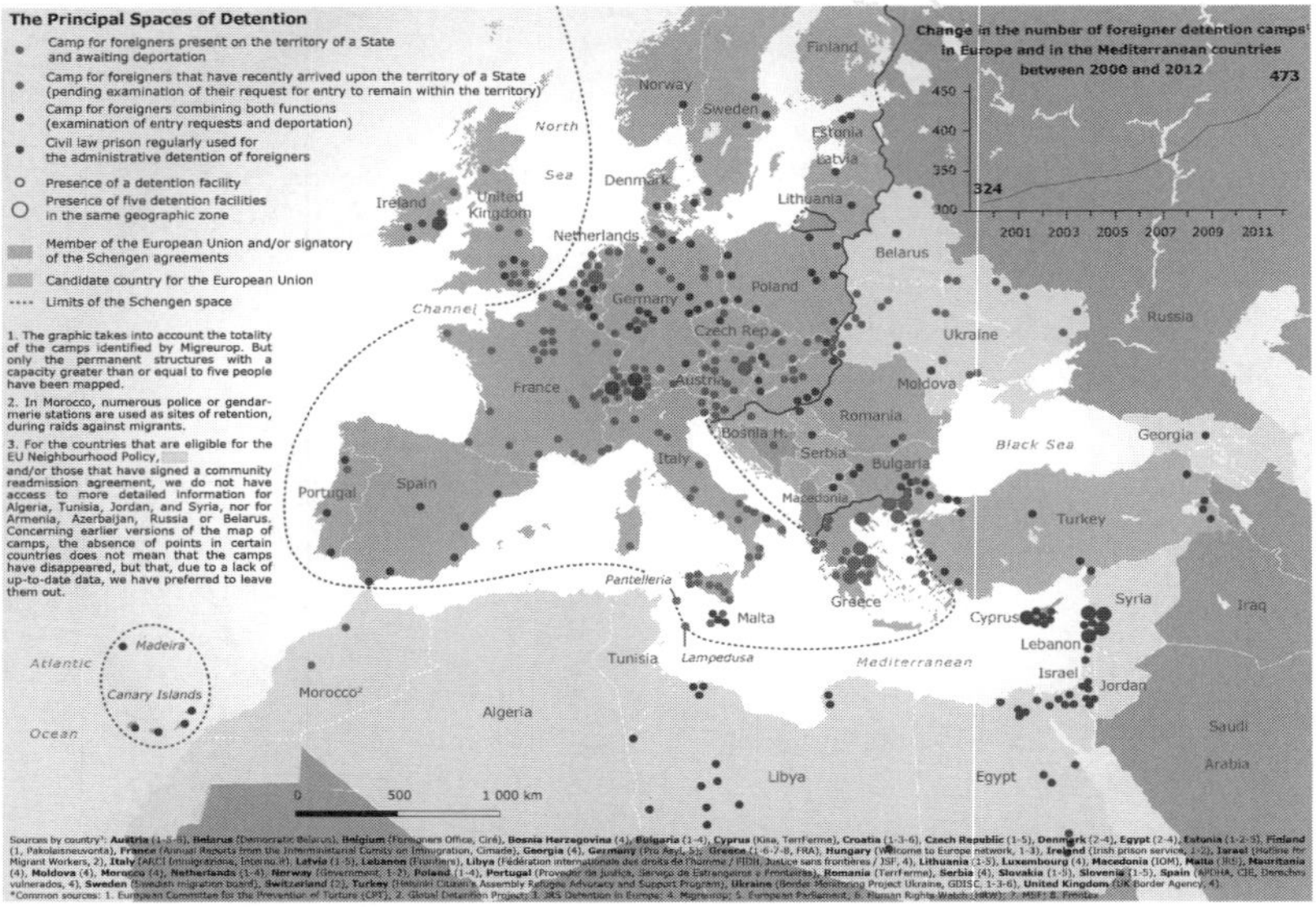

図4　ヨーロッパ内外に広がる移民収容所

（出典）Migreurop の Web サイトによる（www.migreurop.org）。

だ。この条約は、イタリアによるリビアの植民地支配への補償として締結されてはいるが、上述の文脈、条約の言葉で言うなら、「テロリズム、組織犯罪、麻薬取引、不法移民に対する闘いでの協働」(9)という文脈においても理解されるべきものであろう。警察の訓練、国境管理に必要な技術・装備の提供、移民たちをリビアから強制送還する際のチャーター機の資金援助(10)、そして移民収容所建設への資金援助。リビアの収容所は、イタリアからの資金提供によって建設されているのだ。リビアには一七の収容所があると言われているが、そこでの拷問、女性への暴力、衛生環境の劣悪さが、移民たちの証言や人権団体による調査報告によって頻繁に指摘されている(11)。

ここで注目すべきは、リビアがいわゆる難民条約を締約していないことである。条約締約国のイタリアにたどり着けば、本国に強制送還されることなく、難民(12)として国際保護の対象となるはずの人であっても、リビアにおいてはそうはならない。

というより、リビア当局には、当人が難民に該当するかどうかを考慮する必要がない。したがって、条約を締約するがゆえに、ヨーロッパ諸国においては強制送還の対象となってはいけない人びとが、リビアにおいては強制送還の対象となるわけだ〔参考文献④〕。実際、難民に該当しうるエリトリア人たちが、イタリアの資金援助したチャーター機によってリビアから本国へと送還されたこともあった。そして、かれらは強制労働収容所に拘留された。[13]

リビアは、難民条約などの人権規約を適用する必要のない場所として、イタリア、そしてヨーロッパによって積極的に活用されているのではないか。リビアは、イタリア、ヨーロッパの緩衝地帯なのである。

4　海上に遍在する境界

アフリカ大陸に浸透するこれらの管理をくぐり抜け、地中海に船を出したなら、あとはもう船が無事にヨーロッパへとたどり着くのを待つだけだ。安全な航海を祈りながら。もう管理は存在しないだろう。ここは海なのだから。二〇〇九年五月六日、ランペドゥーザ島から南に三五マイルの公海上で、イタリアの海上警備隊は、漂流していた三隻の船を拿捕した。水・食糧も燃料もない船には、女性・子どもを含む二二七人が乗船していた。イタリア当局は、海上においてかれらを自らの軍艦に乗り換えさせた。それからこの船は、イタリアの港ではなく、トリポリへと向かった。乗船者たちに、どこへ向かうのか知らせることもないままに。最終的に、かれらはリビア当局へと引き渡された。引き渡される前に、かれら一人一人の身元が確認されることはなかったし、保護を求めるつもりであったかどうかも確かめられなかった。[14] これが「海上における入国拒否」である。

海にもまた、北岸からの監視の目が及んでいる。二〇〇七年六月にフロンテックスによるリビアへの技術指導が行われた後、同年一二月に、さらには二〇〇九年二月に、イタリアとリビアの間で議定書が調印されている。これらは、まさしく海の監視に主眼を置いたものである。イタリアは、六隻の軍艦をリビアに譲渡する。さらに、リビアの海岸沿いのパトロールを、リビアと協力して、場合によっては、同じ船に乗船して行う。実際、先ほどのケースがそうであったように、それはリビアの領海のみならず、公海上においても行われている(15)。

このような文脈において、先ほどの五月六日の海上における入国拒否は実行された。この拒否は、「友好・提携・協働の条約」が効力を持ちはじめてすぐに実行されている。二〇〇九年五月六日から九月二一日までの間に、八度の行動がなされ、七五七人が海上で拒否された(16)。

この海上での拒否においては、軍艦の乗組員たちによって、難民申請を求める人びと、国際保護が必要な人びとがいるかどうかは確認されなかった。船はまだそのような作業が必要となるイタリア、ヨーロッパへはたどり着いてはいないということだろうか。実際、船にはエリトリア人やソマリア人もいたのだ。かれらはリビア当局に引き渡された後、収容所に拘留されている(17)。

海がこのように監視の空間となるなら、ヨーロッパへと向かう移民たちはそこから逃れるために、より危険なルートをたどることになろう。そうなれば、必然的に難波や沈没のリスクが高まるよりほかにはない。冒頭で言及した二〇一三年一〇月三日の事故においても、この船はレーダーに引っかかることなく漂流していたようだ(18)。

「私たちは、二日前にミスラタというリビアの港から出発したのです。この船の上には五〇〇人もいたので、身動きさえとれませんでした。航海中に、三隻の漁船が私たちの存在に気づいてくれました。けれども、私たちを救助してはくれなかったのです。島の近くへたどり着いたとき、私たちは存在を知らせるために、毛布を燃やして、火をつけようと決めました。しかし、船のデッキはガソリンで汚れていたので、瞬く間に、船は炎に包まれてしまったのです。多くの人たちが悲鳴をあげて海の中に飛び込んでいました。その間に船は転覆していました」[19]。

一〇月三日の事故には、一五五人の生存者がいた。これは、その証言の一つである。漂流するこの船は、近くを通りかかった三隻の漁船によって気づかれていたようである。しかし、これらの漁船は救助する素振りを見せることもなく、通り過ぎていった。この漁船の漁師たちが助けていたのなら、このような大惨事は防げていたのかもしれない。

単純に、漁師たちがひどい人間だったということなのだろうか。かれらに、この事故の責任の一端はあるということなのだろうか。しかしながら、漁師たちにとって、救助するという選択肢はなかったのかもしれない。というのは、救助したなら、救助してかれらをイタリアへと連れていったなら、かれらは罪に問われうるからだ。それは、不法移民の入国を助けた罪、「不法入国幇助罪」である〔参考文献⑤〕。一例をあげよう。二〇〇七年八月に、チュニジア人の漁師たちが遭難していた四四人を救助して、逮捕されたことがある。最終的には無罪を勝ち取ったとはいえ、四年にも渡ってかれらは裁判を強いられた[20]。

この海において、人命救助は犯罪となる。当局以外の人びとであれば、船は沈没するままに、人びとは溺れるままにするしかない。これが、ボッシ＝フィーニ法と呼ばれるイタリアの移民法のもたらした帰結である。

一〇月三日の事故の一五五人の生存者たち、かろうじて助かった生存者たちは、この法の定める「不法入国罪」なるものによって起訴された[21]。これがボッシ＝フィーニ法のもたらしたさらなる帰結である。

5 「我らが海」という応答？

今一度、問うてみよう。ヨーロッパへと向かう途中で、地中海で溺れ死んでいった人びとの死の責任はどこにあるのか。

実際、一〇月三日の事故を受けて、イタリアではさまざまな反応がみられた。なかには、この「悲劇」への応答、応答責任を果たそうとする意志に突き動かされた行動もあった。

一方では、イタリアの数多くの移民支援団体・社会運動・知識人からは、「人道的海峡（canale umanitario）」の実現を求める運動が立ち上げられた。「ヨーロッパを目指し、死から逃れようとする人びとが、その道中において死に至らないようにする義務がヨーロッパにはあるのだ[22]」と。かれらが求めるのは、ボッシ＝フィーニ法の廃止であり、上述してきたイタリア、ヨーロッパの境界管理体制の変更である。

他方では、イタリア政府もまた応答を試みた。一〇月二一日に、シチリア島で事故の犠牲者たちの国葬を行ったのである。「私たちは、死者たちにふさわしい埋葬を保証したのだ[23]」と。だがこの葬儀は、事故で兄弟・妻・友人を亡くした生存者たちが参列できずに、在イタリアのエリトリア大使館員たち、いわば、かれらを移住へと追い込んだ当の体制の役人たちが参列するものであった。それゆえに、「偽の葬儀」として厳しく批判されている[24]。

さらに、イタリア政府は、より具体的な行動として、移民たちの移動過程への直接的な介入にも着手した。それは「マーレ・ノストゥルム（Mare Nostrum）」という行動である。これは、漂流する移民たちの船への介入、かれらの救助をいっそう徹底して目指すものだ。「マーレ・ノストゥルム」は、この海での溺死者を減らすため、失くすための人道的な応答とされている。この行動は、事故直後の一〇月一八日から実行に移されてきたが、二〇一四年四月の内務大臣による報告によれば、これまでに一万九〇〇〇人以上もの人たちが海上で救助されている。[25] 難民保護・支援の代表的機関である国連難民高等弁務官事務所（UNHCR）によっても、「さらなる海の悲劇を回避するための不可欠な貢献[26]」として大いに評価されている。

ところで、いったい誰が海上で移民たちの救助にあたっているのだろうか？　二〇〇四年にイタリアで出版された『地中海と呼ばれる墓場』という書物のなかに、「地中海では、静かなる戦争が闘われている[27]」という一文がある。「戦争」。これはあながち間違いではない。むしろ、「マーレ・ノストゥルム」のもとでは、いっそう的確な指摘なのかもしれない。目下のところ、地中海は、数々のイタリアの軍艦、水陸両用船が航行している。その空は、軍のヘリコプター、飛行機、さらには無人航空機ドローンが飛び回っている。港湾監督局、海軍のレーダー・ネットワークが張りめぐらされている。[28] 一ヵ月に少なくとも一〇〇〇万ユーロの費用が投入される[29]この「作戦行動（オペレーション）」。これは、海上にいる移民たちを攻撃するために行われているのではない。かれらの人命を救助するため、「さらなる海の悲劇を回避するため」に行われているとされる。イタリアの防衛大臣によれば、「マーレ・ノストゥルム」とは、「人道的かつ軍事的な作戦行動[30]」なのである。

「かれら」は逃げてくる、漂流してくる。「わたしたち」が救助しよう。そのためには、広大な海原のなかで「かれら」を見つけねばならない。海を注意深く見張らねばならない。これは「斡旋業者」を捕まえるためでもある。「わたしたち」は監視せねばならない。海を監視しよう。そのためには新しい技術を、さまざまな装備を動員しなければならない。こうして、地中海に境界が生み出されていく。

最後に言い添えよう。マーレ・ノストゥルムとは、「我らが海」という意味のラテン語である。地中海は、古代ローマ人たちによってこのように呼ばれていた。しかし、この言葉がこうして回帰してくるときには、もっと別の意味が含まれている。実際、イタリアではいつも、この言葉は「コロニアリズムの攻撃的言語のなかで」[31] 回帰してきたのだ。[32]

イタリア、ヨーロッパによる移民たちへの、そして地中海南岸への境界管理は、一〇月三日以前とほとんど変わっていない。いや、一〇月三日以前どころか、近代のコロニアリズム以来、大きくは変わっていないのかもしれない。地中海の北岸と南岸の間を貫く不平等な政治的・経済的構造は、何ら変わっていないのだ。海に沈んだ移民たち、海を渡る移民たちへの、イタリア、ヨーロッパの責任、応答責任は果たされるのだろうか。

注

(1) ＮＨＫニュース二〇一三年一〇月一〇日。
(2) http://www.corriere.it/
(3) http://fortresseurope.blogspot.jp/
(4) 東京新聞二〇一三年一〇月二一日。
(5) http://www.repubblica.it/
(6) Il Manifesto, 4 ottobre 2013.
(7) Frontex-Led EU Illegal Immigration Technical Mission to Libya 28 May - 5 June 2007, http://www.statewatch.org/news/2007/oct/eu-libya-frontex-report.pdf.
(8) http://www.corriere.it/
(9) Trattato di amicizia, partenariato e cooperazione tra la Repubblica italiana e la grande Giamariria libica popolare socialista, http://www.meltingpot.org/
(10) http://fortresseurope.blogspot.jp/
(11) Il Manifesto, 4 ottobre 2013.
(12) 難民とは、「人種、宗教、国籍、政治的意見やまたは特定の社会集団に属するなどの理由で、自国にいると迫害を受けるかあるいは迫害を受ける恐れがあるために他国に逃れた人びと」のこと。一九五一年の「難民の地位に関する条約」によって定義されている。以下を参照。http://www.unhcr.or.jp/ref_unhcr/refugee/

(13) http://fortresseurope.blogspot.jp/

(14) http://www.repubblica.it/

(15) http://www.meltingpot.org/

(16) http://www.interno.gov.it/

(17) http://www.repubblica.it/

(18) Il Manifesto, 4 ottobre 2013.

(19) http://www.ilfattoquotidiano.it/

(20) http://www.geniodonna.it/

(21) http://archiviostorico.corriere.it/

(22) http://www.meltingpot.org/

(23) http://www.interno.gov.it/

(24) http://espresso.repubblica.it/

(25) http://www.interno.gov.it/

(26) http://www.unhcr.it/

(27) Marcella Delle Donne: Un cimitero chiamato Mediterraneo: per una storia del diritto d'asilo nell'Unione Europea. Roma: DeriveApprodi, 2004, p. 119.

(28) http://www.repubblica.it/

(29) http://www.ilsole24ore.com/

(30) http://www.difesa.it/

(31) Iain Chambers: Mediterranean Crossings: The Politics of an Interrupted Modernity. Durham: Duke University Press, 2008, p. 145.

（32）「マーレ・ノストゥラム」は、二〇一四年一〇月三一日に終了した。一一月一日からはフロンテックスに主導された多国間の作戦行動「トリトン」が実行される。

参考文献――

①タハール・ベン・ジェルーン（香川由利子訳）『出てゆく』早川書房、二〇〇九年。
②クラウス・ブリングボイマー（渡辺一男訳）『出口のない夢――アフリカ難民のオデュッセイア』新曜社、二〇一〇年。
③マイケル・ウィンターボトム監督『イン・ディス・ワールド』（映画ＤＶＤ）アミューズソフトエンタテインメント、二〇〇四年。
④市野川容孝・小森陽一『難民』岩波書店、二〇〇七年。
⑤エマヌエーレ・クリアレーゼ監督『海と大陸』（映画ＤＶＤ）角川書店、二〇一三年。

第10章

和平合意後の北アイルランド
――変わりゆくコミュニティ間の境界――

福岡千珠

1　和平合意後のベルファスト

北アイルランド（図1）では、一九六〇年代末以降カトリック・コミュニティとプロテスタント・コミュニティの間で紛争が続いてきたが、一九九八年にベルファスト和平合意に至り、主な准軍事組織が活動を停止した。また、二〇〇七年には北アイルランドで自治政府が再開し、一九七二年に北アイルランド議会と行政府が停止されて以降はじめて民主主義的政治プロセスが復活した。現在、首府ベルファストは、以前とは比べ物にならないほどに平穏になったといわれる。

しかし、和平合意後の北アイルランドは、紛争により荒廃した社会をいかにして再生するか、また長年対立を続けてきた二つのコミュニティ間の敵意や憎悪をいかに解消し、コミュニティ間共存を実現するか、という二つの大きな課題に直面している。その二つの課題に密接に関わるのが、北アイルランド社会を特徴づけてきたセグリゲーション（居住分離）だ。

宗派対立を背景に、ベルファストの町はカトリック住民とプロテスタント住民との居住分離が長年にわたって

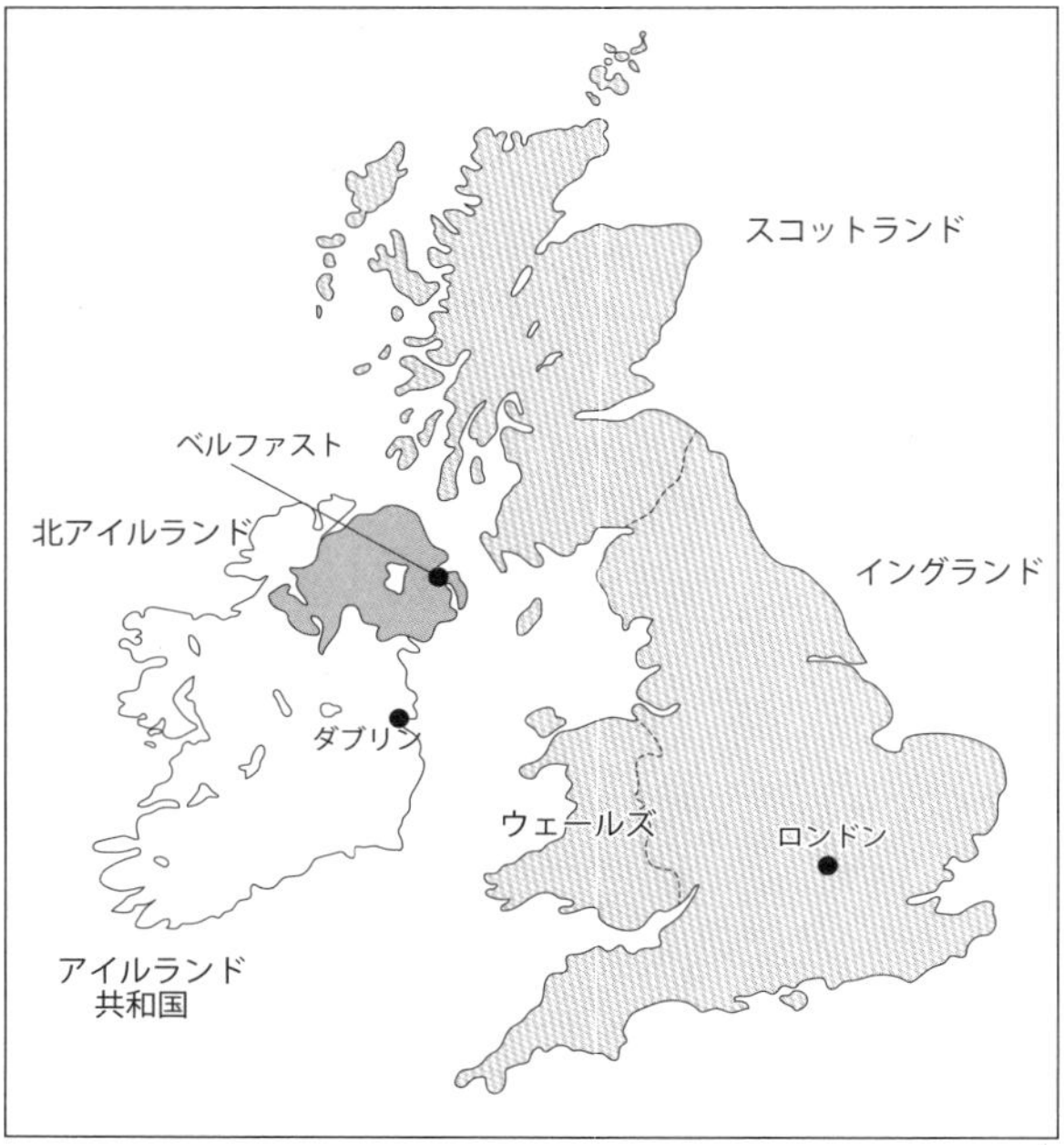

図１　北アイルランドの位置

定着してきた。プロテスタント居住区は主に東部と北部に広がり、カトリック居住区は北部と西部に集中している。一九九〇年の時点で、カトリックかプロテスタントのどちらかの住民が人口の九〇パーセント以上を占めるベルファストの市議会選挙区は五一中三五区を占めた[1]。ベルファストのセグリゲーションは単なる居住分離にとどまらず、都市を宗派ごとに区画化し、都市の構造自体を作りかえるものでもあった。ベルファストを実際に歩くと、地図上では気づかない障壁がそこここにあることに気づく。線路や高速道路が町を分断する形で横切り、地図上で隣接する地域もフェンスやバリケード等で遮られている。また、自動車道路も数多くの一方通行の標識や袋小路に阻まれる。長年にわたる紛争の歴史の中で、カトリック居住区とプロテスタント居住区の行き来を困難にするために少しずつ築かれてきた「境界」が、町中に存在する。

また、そうした「境界」は、多様な「視覚的記号システム」[2]によっても可視化されている。南ベルファストなど中立的な地区を除いて、ベルファストのほとんどの地区には、どちらのコミュニティの居住区なのか一目でわかるものが掲げられている。たとえば、プロテスタント居住区には、通りに英国旗が掲げられ、歩道の縁石は英国旗の色である赤白青に塗られている。一方で、カトリック居住区には、共和国旗が掲げられ、縁石は共和国旗の色である緑白オレンジに塗られている。また、壁には、それぞれの立場から見た紛争や歴史を描いた物語が壁画に描かれている（図2）。これらの「視覚的記号システム」は、ベルファストという中規模の都市で、隣接しあう「間違った」区域に足を踏み入れないよう住民に警告する。

カトリック居住区を特徴づける文化的「境界」もある。西ベルファストでは、通りや店の名前、壁画などがアイルランド語で書かれており、それを見ると一見して、アイルランド語地域、つまりカトリック地域に足を踏み入れたことがわかる。ベルファストのアイルランド語文化は、プロテスタント住民との対立の状況の中で、異なる帰属意識と異なる文化的特徴を持つ集団の存在を示すために構築された「文化の境界」であった。

図２　西ベルファストの壁画とアイルランド語の標識

紛争が一定の収束を見た現在、北アイルランド社会は、長年の年月をかけて定着したセグリゲーションとどう向き合ってゆくのか。紛争後の平穏も、二つのコミュニティの相互理解によってではなく、両者が距離を置くことによって可能になっているとみるべきなのか。あるいは、今後セグリゲーションを解消し、分断した社会を変化させてゆくこととなるのだろうか。以下では、セグリゲーションに関する議論を概観しつつ、紛争後社会における「境界」の変容の可能性を探ってみたい。

2　エスニック集団間のセグリゲーション

セグリゲーションはなぜ生じ、またどのような結果を生むのか。ベリーとティシュラーは、エスニック集団間の「接触」が増加した場合の想定しうる結果として、「紛争、階層化、偏見、同化、多元主義、セグリゲーション」の六つを挙げている。六つ目のセグリゲーションとは、「なんらかの形で共通の社会を共有している複数の集団間の空間的な分離[3]」を指す。つまり、ある社会に複数のエスニック集団が住むようになり接触が増えた際、それらが異なる地域に集住し、それぞれの集団が大多数を占める地域を形成するようになる現象と言い換えることもできる。

当初セグリゲーションは、アメリカ合衆国の事例をもとに、移民の同化の第一段階であり、移民はインナーシティに集住地区を形成するが、数世代かけて分散し、同化していくと考えられていた。しかし、アフリカ系アメリカ人を筆頭に、むしろ世代を経るごとにセグリゲーションが進む場合もあることがわかってきた。

セグリゲーションが起こる理由としては、主に二つあると考えられている。一つ目は、住宅や雇用の面における差別である。住宅市場や労働市場において、移民やエスニック集団が差別・排除されている場合、特定の地域にエスニック集団が集住することにつながる。セグリゲーションは、地域間の格差や貧困の問題と密接に関連している。また、二つ目にエスニック集団自らが、文化やアイデンティティの維持を目的に一つの地域に集住することを選択する場合がある。ただし、これらの二つの要因は、実際には区別が難しく、一見エスニック集団が自ら選択したように見えても、貧困や偏見の内面化などによって「選ばされている」側面もあることが指摘されている。

セグリゲーションの問題は、それが他集団との相互理解をいっそう困難にする点にある。セグリゲーションによってエスニック集団が一定の場所に集まって住むことにより、固有の文化や習慣を維持しやすくなる。一方で、職場や学校など日常生活において他集団と接触することがなくなり、他集団のものの考え方や文化を知り、受け入れることが難しくなる。集団間の対立がある場合、暴力を伴う対立を避けようとしてセグリゲーションが起こるが、今度はそのセグリゲーションが対立を長引かせ、相互理解を阻むことになる。

北アイルランドの場合、セグリゲーションが対立を長引かせる典型的な例であったといえる。セグリゲーションはエスニック集団間の関係性を編成する方法であると同時に、その関係そのものを作り出し、維持する要素でもあった。しかし、そうだとすれば、セグリゲーションが根付いた社会で、エスニック集団間の関係性を変化させることは可能なのだろうか。また、いったん社会に定着したセグリゲーションを解消することは可能なのだろうか。以下では、そのベルファストを例に、セグリゲーションによって分断された社会とどう向き合うかを考える。

3 「プロテスタントの町」

北アイルランドの宗派間対立の原因となったのは、一七世紀に現在の北アイルランドとなるアルスター地域の土地所有者が大きく変わったことである。それまでアルスター地域の土地の大部分はアイルランド人のカトリック教徒が所有していた。しかし、一七世紀に反乱を起こしたアイルランド貴族の土地が没収されたことにより、アイルランド人のカトリック教徒が土地を追われた。そして、その土地にイングランドやスコットランドから大量のプロテスタントが移り住んだ。大規模な植民の結果、アルスター地域は、カトリック教徒が圧倒的多数を占めるアイルランドの中で、例外的にプロテスタントが多い地域となったのである。

現在の北アイルランドの首府であるベルファストは、一七世紀以降にアイルランドに移住したイングランドおよびスコットランドからの入植者が作り上げた町である。ベルファストは、一九世紀に入り、リネンや造船を中心に工業化が進むとともに人口は急増し、貧しい労働者としてカトリック教徒がベルファストに移り住んだのである。一九世紀半ばにアイルランドの農村地域を直撃した大飢饉（一八四五—一八四九年）もカトリック教徒の都市への移住に拍車をかけた。入植したプロテスタントが作り上げた都市に、今度はカトリック教徒が大量に移住するという構図が、両者の間に対立を生んだ。人口のバランスが急激に変化したことにより、両宗派集団のあいだに接触が急速に増えたこと、またプロテスタントの多数派の地位が脅かされたことによって、宗派間対立が進んだと考えられている。

こうした対立を背景に、一九世紀のベルファストでは、宗派暴動が見られるようになった。宗派暴動が起こるたびに、カトリック住民とプロテスタント住民との間でセグリゲーションが進むようになった。そして、北および東ベルファスト地域にはプロテスタントの、西ベルファストにはカトリックの集住地区がそれぞれ形成された。

4 紛争とセグリゲーション

プロテスタント入植者の多いアルスター地域では、一九世紀末にアイルランド全土でナショナリズムが盛り上がった際も、独自の傾向が見られた。プロテスタント住民は、英国との連合の維持を望み、アイルランドの独立を阻止しようと武装したのである。その結果、一九二一年アルスター六州は独立せず連合王国の一部にとどまり、それ以外の地域はのちにアイルランド共和国として独立することとなった。これによって北アイルランドのカトリック住民は、多くがアイルランドとの統一を望むナショナリストでありながら、プロテスタント支配の社会でマイノリティとして生きることを強いられることとなった。

分断後の北アイルランドでは、プロテスタント政府がカトリック住民を教育・選挙・住宅などの点で差別していたが、一九六八年までは一定の社会的平穏を保っていた。しかし、一九六八年、いわゆる「紛争 the Troubles」が勃発した。カトリック住民に対する差別の是正を主張した公民権運動がきっかけとなり、準軍事組織の暴力行為の応酬へと発展した。紛争がこの時代に深刻化したのは、北アイルランドの産業が衰退し、プロテスタント住民も貧困と失業に苦しむようになったことが主要な要因の一つであるという見方が一般的となっている。

紛争の勃発は、ベルファストのセグリゲーションを著しく進行させた。紛争勃発後、さらに三万人から六万人の人びとが身の安全を求めて住所を変えたといわれている。とりわけ労働者階級が多く住む地域や公共住宅でセグリゲーションが進んだ。セグリゲーションが進んだことで、カトリックとプロテスタントの間で生活圏の分離もさらに進んだ。教会、学校はもとより、読む新聞、病院、職場、パブなどの余暇施設、バス停などもそれぞれコミュニティごとに異なることとなった。このように、社会はあらゆる側面で分断され、両コミュニティの住民が日常生活のなかで接触する機会は減少した。こうした状況から、異なるコミュニティの成員に接する機会を失い、対立するコミュニティに対する不信と恐怖感を生むこととなり、紛争が膠着状態に陥ったとされる。

一方で、紛争とセグリゲーションの中で、それぞれのコミュニティで独特の文化が発展した。カトリック居住区、プロテスタント居住区の民家の壁にはそれぞれの歴史や政治的主張に関するさまざまな壁画が描かれた。また、プロテスタント・コミュニティでは、プロテスタント友愛組織であるオレンジ・オーダーのパレードや旗、音楽などの伝統が発展した。

カトリック・コミュニティでは、独自のアイルランド語文化が発達した。アイルランド語はケルト語派に属す

図3　アイルランド語センター「カルチュラン」

る言語であり、かつてアイルランド全土で話されていたが、英語の普及や農村部からの人口流出などにより一九世紀末までに話者が激減していた。一九世紀末にはナショナリズムの勃興とともに、アイルランド全体でアイルランド語復興運動が盛んとなった。独立とともにアイルランド共和国におけるアイルランド語復興は人びとの支持を失っていったのに対し、北アイルランドでは宗派間対立が続く社会でアイルランド語がカトリックの人びとのアイデンティティの拠り所としてさらなる重要性を持つようになっていった。

とりわけ西ベルファストでは一九三六年に地域のアイルランド語教室クラナード（Cluain Árd）が設立された。また、クラナードでアイルランド語を学んだ数人の人びとが、一九七一年に子どもをアイルランド語で育てたいと考え、ショーズ・ロードに集まって住み、アイルランド語で教育を行う学校を自ら設立した。ショーズ・ロードで育った子どもたちはアイルランド語を母語として育ち、その一角は「都市のゲールタハト（アイルランド語地域）」と呼ばれるようになった。わずか数家族によって始められたアイルランド語復興は、ナショナリズムの盛り上がりとともにこの地域全体に広まり、さらには北アイルランドのカトリック地域に広まっていった。その後、アイルランド語を媒介言語とする幼稚園や中等学校も設立され、[4] アイルランド語センター「カルチュラン・マカダム・オフィーハ（以下カルチュラン）」（図3）も建てられた。現在、この地域には、世代を越えてアイルランド語話者が多数存在する。都市の一画で、いったん衰退した言語がある程度の復興を見るというのはきわめて異例であるが、それを可能とした一つの要因は、この地域がセグリゲーションによって他地域から孤立し、きわめて強いコミュニティ意識が存在したことであるといえるだろう。

5 西ベルファストの「クォーター」化の試み

一九九八年、ベルファスト合意が締結され、三〇年近く続いた紛争に終止符がうたれた。和平合意は、独立アイルランドと英国という異なる国家に帰属意識を持つ二つのコミュニティを同等に尊重することを基本的な理念としている。和平合意では、北アイルランドの将来の帰属を「住民の多数の同意によって定める」としたうえで、議会の議員数によって閣僚ポストを配分する比例代表制を定めた。これは、いずれかの政党が権力を独占することはなく、「権力分担」することが目的である。また、異なる文化の「価値の同等性」を認めることも定められた。二〇一一年に実施された国勢調査では、ナショナル・アイデンティティについて直接問う質問が初めて設けられたが、カトリック住民の三割近い人びとが自らを「ブリティッシュ」や「北アイルランド人」とみなしていることが明らかとなった。つまり、カトリックの人びとの中にも、アイルランド共和国に同一化するよりも、今後も北アイルランドで生きることを選択する人びとが増えたと考えられる。(5)

それでは、紛争後の北アイルランド社会において、どのようなコミュニティ間共存が可能なのだろうか。和平合意締結以降、コミュニティ間の「和解」を進めようと多様な取り組みが行われてきた。しかし、どれだけ人びとが和解のための「対話」を行っても、日常的にセグリゲーションによって分断された都市に住み、壁画などの「視覚的記号システム」に囲まれて生活している限り、対立するコミュニティ間の関係性は変化しないのではないかとの指摘もある。和平合意後のベルファストでは、カトリックとプロテスタント・コミュニティが、構築された

図４　タイタニック・ベルファスト

長年の「境界」で分断されつつも「平和」に共存してゆくのか、それともその「境界」を何らかの方法で変化させてゆくのかが今、問われているといえる。

そんな中、「価値の同等性」の理念に基づき、二つのコミュニティが対立する社会ではなく、多様な「文化」が共存する社会として、北アイルランド社会を再構築しようという試みが始められた。それが、二〇〇二年ベルファスト市が新たな試みとして始めたベルファストの「クォーター」化である。「クォーター」化は、都市政策によって、貧困や失業、セグリゲーションを解消し、両コミュニティの共生を可能にしようとする試みである。

ここでのクォーターとは、「異なる文化と歴史により区分される文化地区」であると定義される。ベルファスト市全体から、「歴史と文化」を持った四つの地域が、「クォーター」として指定され、再開発の重点的な対象とされた。これまでのところ、各クォーターには案内板や地図が新しく設置され、市の観光局サイトで紹介されている。四つのクォーターは、港湾地域の「タイタニック・クォーター」、大学地域の「クィーンズ・クォーター」、セント・アン大聖堂がある「カテドラル・クォーター」、そして西ベルファストの「ゲールタハト・クォーター」から成る。最も投資が集中したのが、タイタニック号が作られたドック・エリアを再開発した「タイタニック・クォーター」（図４）だが、西ベルファスト地域の「クォーター」への組み込みはある意味できわめて異例であった。

すでに述べたように、西ベルファストは、北アイルランドの中でも最も貧しく、また明白な「境界」によって他から孤立したカトリック地域であった。また、ＩＲＡ（アイルランド共和軍）の本拠地の一つがあることから、紛争時には最も多く英軍が配備され、英軍やプロテスタント系准軍事組織とＩＲＡとの間に衝突が絶えず、多くの死傷者を出した地域でもあった。つまり、「ゲールタハト・クォーター」に指定された西ベルファストは、他の「クォーター」と異なり、ベルファストの中でも最もセグリゲーションが進行した地域であり、また最も直接的に紛争の記憶と結び付けられる地域であった。そうした地域を、アイルランド語をキーワードに「クォーター」として再生しようとしたのである。

西ベルファストを「ゲールタハト・クォーター」と指定することには、どのようなねらいがあるのだろうか。二〇一三年に発表された『ゲールタハト・クォーター・アクション・プラン』[6]では、西ベルファスト地域の再生計画と期待される変化について以下のように述べられている。まず、アイルランド語文化を支援し、この地域の文化的「特殊性」をより明確にする。具体的には、アイルランド語教育の支援を進めるのみならず、アイルランド語で行うビジネスを増やし、雇用を創出する。また、この地域の特異な文化や歴史を前面に出し、この地域に観光客を誘致する。そのためにも、観光客がこの地に気軽に足を踏み入れることができるよう、現在事実上制限されている市の中心部からこの地域へのアクセスを改善する。図5は、『アクション・プラン』に掲載されていたものだが、観光と言語、文化を中心として、ベルファスト市と世界に開かれたゲールタハト・クォーターを作り上げていこうとするねらいが図式化されている。以上のように、西ベルファストの「クォーター」の指定には、セグリゲーションによって孤立していた同地域を「多文化を抱える都市ベルファスト」の一部として統合し、都市の分断を解消してゆこうとするものでもあるといえる。

これまでのところ、このプランは政府や自治体主導ではなく、西ベルファスト・コミュニティのリーダーや経営者が計画の段階から主体的に関与して進められた。とりわけ、アイルランド語復興を中心となって進めた人びとの協力もえることができたからこそ進めることができたとされる。[7]しかし、この「アクション・プラン」の「ゲールタハト・クォーター」に関する言説において、「アイルランド語の伝統と文化」「労働者階級のコミュニティ」という言葉は用いられているものの、「カトリック」「ナショナリスト」といった言葉は一度も用いられていないことに注目すべきである。「ゲールタハト・クォーター」として指定されることによって、西ベルファストは、「カトリック地域」としてではなく「アイルランド語文化の中心」として、多文化主義の言説で位置づけられるようになる。つまり、西ベルファストをそのまま「ナショナリスト地域」、「カトリック住民集住地区」として承認するのではなく、アイルランド語という「文化」のみに焦点をあてて、コミュニティとしての差異を承認しようとするものである。つまり、西ベルファストを他の地域から分かつ「境界」自体はそのままに、「境界」の意味を変えてゆこうとする試みであるといえる。「クォーター」化により「境界」の意味を変え、西ベルファストを「ナショナリスト地域」ではなく、「アイルランド語文化地区」として位置づけてゆくためには、その意図を地域の住民自身が認識し、共有してゆく必要がある。西ベルファストの住民やアイルランド語復興運動の担い手たちは、再開発に伴う「変化」についてどのように認識しているのだろうか。

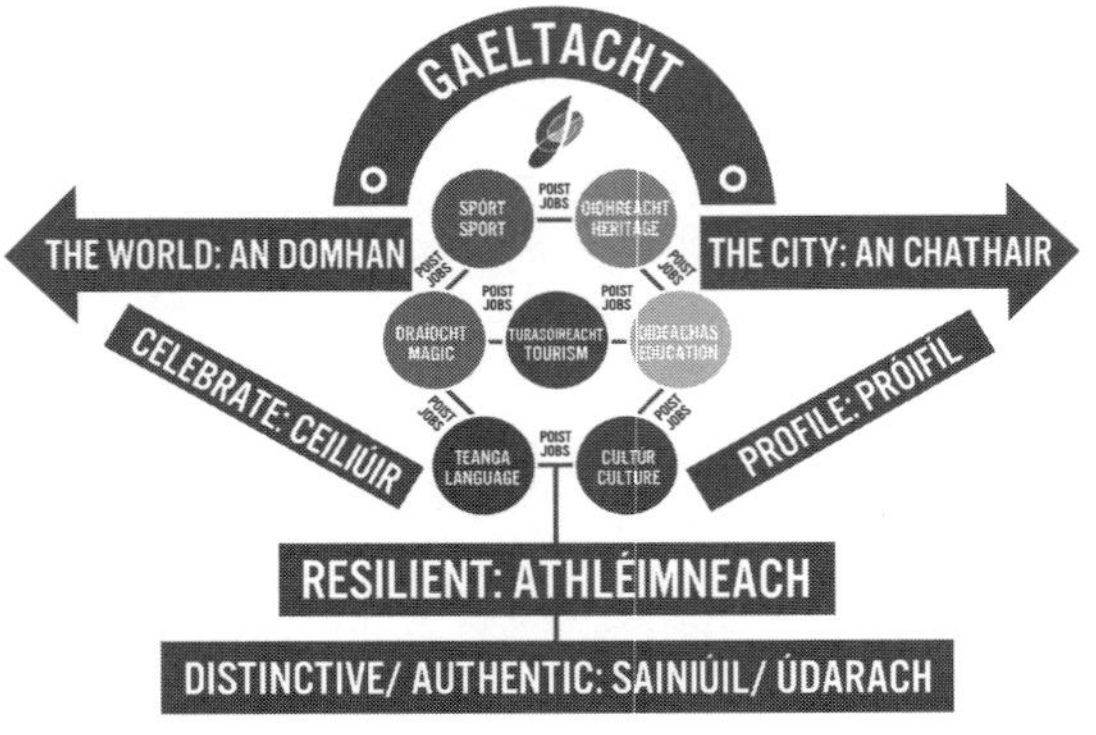

図５　ゲールタハト・クォーター・アクション・プラン
（出典）　Forbairt Feirste, *Big Gaeltacht Quarter Plan*, 2013（http://www.dcalni.gov.uk/bgqp.pdf．2014年7月取得）。

筆者は二〇一三年八―九月にかけて、この地域でアイルランド語に関する職についている人びとおよびアイルランド語センターを訪れた西ベルファスト住民六名を対象にインタビュー調査を行った。インタビュー調査では、西ベルファストが「ゲールタハト・クォーター」という名で再開発されることをどう思うか、またそれに伴いどのような変化が生じると思うかについて聞いた。

まず西ベルファストが新しく「ゲールタハト・クォーター」と呼ばれることについては、総じて肯定的に受け入れられているようであり、否定的な意見が述べられることはなかった。しかし、「クォーター」化に伴って予想される変化については、いまだ明確には意識されておらず、具体的な意見が聞かれない場合が多かった。また、観光客の増加についても、「観光客が来るのは歓迎だけれど、あまり僕たちには関係ない」(四〇代男性)という言葉に見られるように、意識は高くない。また、アイルランド語センター「カルチュラン」のスタッフは、「アイルランド語は誰にでも開かれている」と述べ、アイルランド語文化目当てに外部の人びとが訪れることは歓迎であることを強調したが、センターを訪れる人びとは現在のところほとんどがこの地域の住民であるとした。また、地域のアイルランド語教室クラナードについて聞いたところ、この地区の住民以外も参加できるかどうかについては意見が分かれた。

また調査では、西ベルファスト住民がみなアイルランド語を話せるわけではないため、住民の中でもアイルランド語文化についての意識に差があることがわかった。たとえば、住民の一人は、アイルランド語を話せないため、アイルランド語に関する質問に対しては明言を避けた。逆に、アイルランド語復興の中心人物や、アイルランド語の母語話者は、この地域のアイルランド語文化の存続に強い自信を表明した。母語話者の一人は、しばしば、アイルランド語は近年「より目立つようになっただけ」であると述べた。この言葉には、「ゲールタハト・クォーター」として注目されるずっと以前から、この地域にはアイルランド語文化が存在したのであり、それを作り上げたのは自分たちだという強い意識が読み取れる。

以上のように、二〇一三年の段階では、西ベルファストの住民は「クォーター」化を西ベルファストの「変化の一段階」としてではなく、カトリック・コミュニティの文化の「承認」として捉える傾向があるといえる。その理由として、西ベルファストのアイルランド語復興運動のリーダーが主導権を持って、「クォーター」化に関わってきたことが挙げられる。しかし、コミュニティの「文化」を今後どれだけ地区の住民以外にも開放し、脱政治化する用意があるのかについては、意見が分かれているのが現状であるといえる。

6 ベルファストの「多文化」化に向けて

西ベルファストの「クォーター」化は、ベルファストを特徴づける多様な「境界」を、既存の政治的コンテクストから切り離し、ベルファスト市全体を特徴づける「ローカルな文化的差異」として再解釈してゆこうとするものである。また、最終的には、それをグローバルな観光産業における「売り物」として再開発し、世界に発信することを目指している。しかし、長年社会を分断してきた「境界」の再解釈や読みかえを受け入れ、共有するのに最も困難が伴うのは、実際にそこに住む住民たちである。住民たちにとっては、西ベルファストのアイルランド語復興は、差別やセグリゲーションの記憶や、地域に住民が設立した最初のアイルランド語学校の記憶と不可分である。また、同様のことは、プロテスタント住民にもいえる。紛争終結後、プロテスタントの労働者階級は、「ナショナリストが勝利しつつあり、我々は無視されている」「政府はカトリック地域にばかり金を落としている」という意識を募らせているという。そうしたプロテスタント労働者階級にとって、「ゲールタハト・クォーター」の開発は、カトリック住民が権益を獲得していることとうつるだろう。

プロテスタント住民の不満の背景には、プロテスタント地域を「クォーター」化することの難しさの問題がある。カトリック地域の「文化」であるアイルランド語は、他のケルト諸語の例などの比較からも非常にわかりやすく、またローカルな文化的伝統として構築しやすいのに対し、プロテスタント地域を特徴づける英国旗やウィリアム三世の壁画は、同時代に残る政治的対立を必然的に想起させてしまう。それらは、多文化主義の文脈での「文化」的差異として読みかえることが困難であり、地域の「文化」として承認しにくいのである。もし脱政治化しにくい「文化」を抱えるプロテスタント地域を「クォーター」から排除し、わかりやすい「文化」を持つカトリック地域のみを目玉として取り上げるのであれば、「クォーター」化は、「価値の同等性」の実現というよりは、従来のコミュニティ間のアイデンティティ闘争を助長するものとして、両コミュニティの和解を妨げる可能性もあるといえるだろう。

ベルファストの歴史は、セグリゲーションの歴史でもあり、長期的な宗派間対立の歴史でもあった。和平合意後、宗派間の暴力には終止符が打たれたが、「共に暮らす、ただし距離をおいて」という言葉に代表されるようにセグリゲーションには一向に終わりが見えてこない。ベルファストにおけるクォーター化は、「宗派によって分裂した町から、多様な文化を持つ地区のパッチワークから成る町へ」[8]の変化を目指すものであり、楽観的な試みにも思える。しかし、「クォーター」化の開始を可能にしたのは、当該地域の強い集団意識であり、また他地域との明白な差異であった。その差異を多文化主義の言説で読み替えていくことが、分断した社会で再生産される宗派コミュニティごとの世界観を少しでも変えていくことにつながるのか。あるいは再開発によって実現される予定の公共施設や交通機関の整備が、長期的なセグリゲーションの改善につながるのか。ベルファストの二つのコミュニティの住民にとって、それらの「変化」がどのような意味を持つのか、さらなる検討が必要である。

注

（1） Connolly, S.J.（2012）: *Belfast: 400 people, place and history*. Liverpool: Liverpool University Press. p. 327.

（2） Lemish, Peter（2008）: "Peacebuilding Contributions of Northern Ireland Producers of Children and Youth Oriented Media". *Journal of Children and Media*, 2（3）, p. 285.

（3） Boal, Frederick ed.（2000）: *Ethnicity and Housing*. Aldershot: Ashgate. p. 8.

（4） 二〇〇八年の時点でベルファストには一〇のアイルランド語を媒介言語とする小学校、一つの中等教育学校が存在し、その多くは西ベルファストに位置する。

（5） Census 2011, Northern Ireland Assembly（http://www.niassembly.gov.uk/Documents/RaISe/Publications/2013/general/3013.pdf. 二〇一四年五月一日取得）。

（6） 西ベルファストの「クォーター」化のアイデアは、二〇〇二年の「西ベルファストおよび大シャンキル特別調査委員会」の報告書で最初に述べられ、北アイルランド政府の文化芸術余暇省とベルファスト市と複数のデベロッパーによって進められた。

（7） Pollak, Andy, ed.（1998）: *A Citizen's Inquiry*. Dublin: Liliput Press. pp. 42-43.

（8） Carden, Siún（2011）: "Post-conflict Belfast 'sliced and diced': The case of the Gaeltacht Quarter". *Conflict in Cities and the Contested State*, 20, p. 8.（http://www.conflictincities.org/PDFs/Working%20Paper20_1.3.11.pdf. 二〇一四年五月一日取得）。

参考文献

①Berry, Brewton and Henry Tischler, L.（1978）: *Race and Ethnic Relations*. Boston: Houghton Mifflin.

②尹慧瑛『暴力と和解のあいだ』法政大学出版局、二〇〇七年。

③梶田孝道編『新・国際社会学』名古屋大学出版会、二〇〇五年。

④福岡千珠「文化の境界——北アイルランドにおける文化理解の可能性をめぐって」『文化の社会学』文理閣、一四四—一六三頁、二〇〇九年。

多様性を強みに変える

第11章

市民社会を鍛える政治の模索
――フランスの近隣民主主義――

中田晋自

1　フランスにおける地方制度と地方分権改革

フランスの地方制度

フランスの地方制度は、一九八二年の地方分権改革（後述）によって、複数の県からなる広域行政圏としてのレジオン（Régions）が正式な地方自治体として承認されて以来、「三層制」となっている（図1）。本土と海外あわせて一〇〇ある県（Départements）は、フランス革命期に創設された行政区画であるが、ナポレオン一世によって、国が官選県知事（préfet）を各県に任命するシステムが確立されて以来、「中央集権国家フランス」の支配基盤と見なされてきた。

それに対し、本章が主要な検討の対象とするフランスのコミューン（Communes）は、日本の「市町村」に該当し、住民にとっては最も身近な基礎自治体である。フランスのコミューンは、三大都市であるパリ・マルセイユ・リヨンを除き、人口規模による法制度上の区別はなく、その政治・行政機関は、住民により直接公選される六年任期のコミューン議会と、同議会議員により互選で選出される執行権の長としての市町村長により担われ

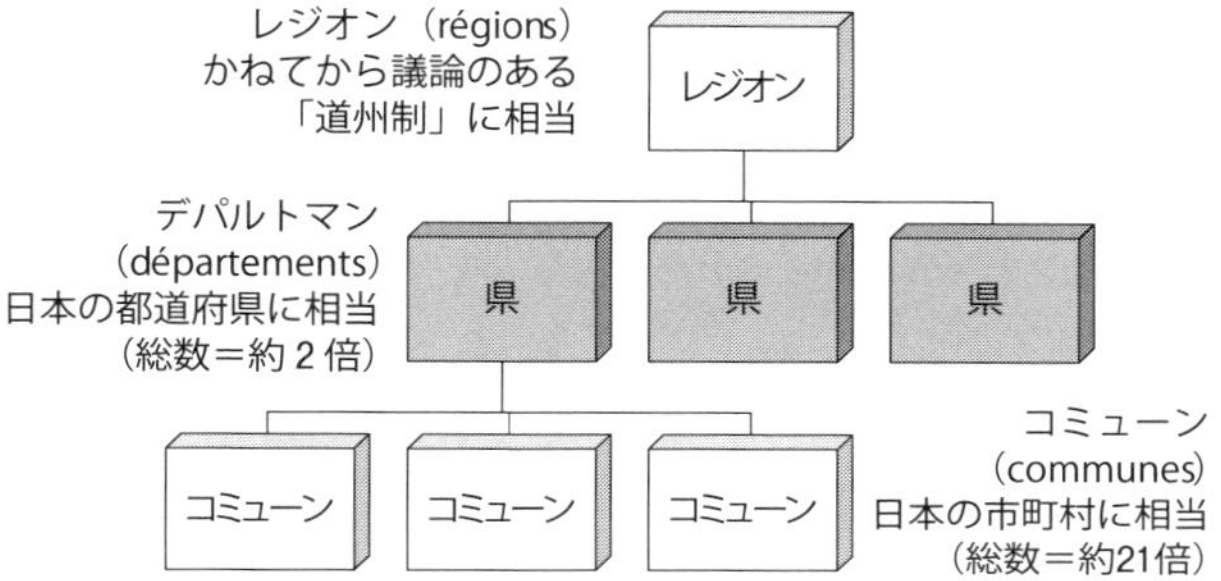

図１　フランスの《３層制》地方制度

ている。中世の「教区」に由来するといわれるように、それぞれが伝統を有する地域共同体を基礎としている。そのため、国による市町村合併の試みはことごとく挫折し、その数は本土のみに限っても三六五七一あり（二〇〇九年現在）、合併により一七四二まで減少した日本の市町村数（二〇一三年一月現在）のおよそ二一倍となっている。

フランスにおける地方分権改革論議と改革課題

このようにきわめて細分化されている点に特徴を有するフランスのコミューンについて、広域化や権限強化の必要性が主張されるようになるのは、同国の社会のあり方が大きく変貌を遂げた一九六〇年代後半以降、とりわけ一九七〇年代のことであった。ドゴール大統領（当時）が一九六九年に提案した「地方制度改革法案」（＝究極の中央集権体制）は、フランス社会の変化に対するドゴールなりの回答であったといえるが、これが国民投票により否決され、大統領が引責辞任（一九六九年四月二八日）して以降のフランスは、まさにさまざまな立場の人びとがさまざまな見地から地方分権改革の必要性を語る、いわば「地方分権改革論議」の時代に突入することになる。

政治学者の篠原一は、一九七〇年代を世界的な「社会変容の時代」と位置づけたが、それはフランスのみならず、多くの先進諸国において地

表1 「自治体活動への市民の参加」「地域民主主義」「近隣民主主義」の法制度化

●廃　　案　ジスカールデスタン政権（バール中道右派政府）
1978～81年「地方自治体の責任促進」法案（ボネ法案）
第6編「自治体活動への市民の参加の促進」
●第1次地方分権改革　第1期ミッテラン政権（モーロワ左翼連合政府）
1982年3月「コミューン、県およびレジオンの権利と自由に関する法律」
第1条「自治体活動への市民の参加の促進を立法によってのちに定める」
●地域民主主義改革　第2期ミッテラン政権（クレッソン左翼連合政府）
1992年2月「共和国の地方行政に関する指針法」
第2編「地域民主主義」（情報公開制度・諮問型住民投票制度）
●近隣民主主義改革 第1期シラク政権（ジョスパン左翼連合政府）
2002年2月「近隣民主主義法」（「住区評議会制」の導入）

方分権改革論議が活況を呈した時代でもあった〔参考文献③〕。とはいえ、同じ「地方分権改革」といっても、そこで取り組まれた改革課題はもちろん一様ではない。フランスにおける改革論議では、主に下記の三点がテーマとして取り上げられたが、国から地方への権限委譲（Ⓐ Ⓑが該当）のみならず、自治体内における参加民主主義改革（Ⓒが該当）の必要性が議論されている点に、その特徴が見出される。

Ⓐレジオン創設
Ⓑコミューンの責任強化と自由化
Ⓒ自治体活動への市民の参加（地域民主主義の強化）

改革テーマとしての「自治体活動への市民の参加」は、地方分権改革論議が活況を呈した一九七〇年代の後半、中道右派政府下の地方分権改革法案のなかですでに登場したものの、一九八〇年代初頭の地方分権改革審議の際には一旦棚上げされている（表1）。しかし、一九九〇年代になると、当該テーマは左翼連合政府により「地域民主主義」の強化と翻訳され、一九九〇年代以降本格的な法制度化のプロセスへと移行した〔参考文献⑤〕。本章の課題は、その後のさらなる発展を経て、二一世紀初頭に登場する「近隣民主主義」が、いったいどのように今日のフランス政治の民主主義的改善をはかろうとするものなのかについて解明することにある。

表2　近接性（proximité）における二重の意味

次元	事象	典型的用例
地理的次元	住区のような都市内の地域的区画	近隣行政 （gestion de proximité）
政治・行政次元	治者・被治者間のコミュニケーションや意見交換	市民に身近なデモクラシー （démocratie de proximité）

（出典）Bacqué, Marie-Hélène; Rey, Henri et Sintomer, Yves（dir.）（2005）: *Gestion de proximité et démocratie participative: Une perspective comparative*. La Découverte, pp.11-12.

そのため、まず二〇〇二年の近隣民主主義法が何をめざしたのかについて整理した上で（Ⅱ）、住区評議会制の法制度上の特質がどのような点にあるのかを明らかにする（Ⅲ）。そして最後に、フランスの諸都市では近隣民主主義や住区評議会制がどのように実践されているのかについて、アミアン市を事例にして検討していく（Ⅳ）。

2　理念――近隣民主主義法は何をめざしたのか

Proximitéとはいかなる概念か？

本章において検討の中心となる「近隣民主主義」は、「民主主義」の上にフランス語のproximitéを冠した概念である。このproximitéは多義的な概念であるが、ここでは「近接性」を意味する。そして、世界の諸都市における都市参加民主主義の実践に関する比較研究に取り組んだバケ、レイ、サントメールは、その共編著においてこの概念に二重の意味が見出されるとしている（表2）。

本章では、彼らの整理を踏まえ、今日のフランスにおいて展開されている「近隣民主主義」の取り組みを、都市内を区画した「都市近隣住区」空間において居住者が政治的・行政的・社会的に共同する「近隣政治」の実践と捉える。

モーロワ委員会報告書（二〇〇〇年）

フランス社会党のミッテラン政権下において地方分権改革が実現した一九八二年当

時、首相として左翼連合政府を率いていたピエール・モーロワが委員長を務める「地方分権化の将来に関する委員会」が、二〇〇〇年にジョスパン首相（当時）へ提出した報告書『地方公共活動の再建』は、当時としては目新しい概念であった「近接性」「近隣民主主義」を提起するとともに、その制度化を通じた市民により身近な地方分権改革の実現を提言していた。そしてこのとき、「地方自治体の施策をさらに周知徹底していくには、すべての住民が公的討議に参加し、彼らに直接関わるテーマについて彼らが意見を述べ、彼らの住区での暮らしについてさまざまな提案をおこない、地域空間に参画できるようにすることが不可欠である」として提案されたのが、本章が大きな関心の対象としている「住区評議会」の創設（勧告第七一号）である。

報告書の提出後に行われたインタビューにおいて、モーロワは「コミューンのレベルにおける政策決定に自ら参加すること」がフランス人たちの願いであるとし、住区評議会制を創設し、これを「全国に一般化（généraliser）」させる必要があると述べるとともに、彼が市長職にあったリール市において、すでに一九七八年以降試みられてきた実績があることを強調している[1]。したがって、このあと紹介する二〇〇二年の近隣民主主義法により導入された「住区評議会制」は、その二四年も前にリール市で導入された住区評議会制をプロトモデルにしていることになる。

3　法制度——住区評議会制の特質

いま述べたモーロワ委員会の報告書を踏まえ、ジョスパン左翼連合政府が立法化したのが、二〇〇二年の「近隣民主主義法」である。本章では、同法により導入された「住区評議会制」を次の二つのポイントで特徴づける。

住区評議会制のポイント①――設置義務

近隣民主主義法は、人口八万人以上のコミューンに対し、市内をくまなく「住区（quartier）」に区画し、各住区に「住区評議会（conseils de quartier）」を設置することを義務づけている（二〇〇九年現在、本土だけで五三コミューンがこれに該当）。

自治体内分権にかんする国際比較を試みた編著書において名和田是彦は、「コミュニティの制度化」という概念を提起している。[2]そしてこれは、フランスにおける住区評議会制の導入にもあてはまる。名和田はここでいう「コミュニティ」を「通常市町村の区域よりも狭い、その意味で地方自治制度上は制度的なまとまりとして扱われていない、区域に展開している社会関係」と定義しているが、フランスの諸都市では、すでに二〇世紀初頭から「住区委員会」などの名称で住区を区域とする地域住民の要求集約活動がおこなわれており、すでに住民に身近な合議空間としての役割を果たしていた「コミュニティ」としての住区を、近隣民主主義法という国家法が改めて「制度化」したものと捉えられる。まさにこれが、住区評議会制の導入の意味・意義ということになる。

また、この住区評議会制の導入により、結果としてフランスの住区空間には二つの住民合議組織が活動することになった。すなわち、一つは「住区評議会」であり、一九七八年にリール市で設置され、二〇〇二年の「近隣民主主義法」に基づき、人口八万人以上のコミューンに設置が義務づけられた。もう一つは「住区委員会（comités de quartier）」などの名称で、二〇世紀初頭から住民のイニシアティヴに基づき諸都市コミューンで設立された地域住民団体である。

住区評議会制のポイント②――制度設計の自由

近隣民主主義法により導入された住区評議会制の第二のポイントは、各コミューンに設置される住区評議会の制度設計（「制度の呼称」「メンバー構成」「活動様式」の規定）を同法が定めるのではなく、当該コミューン議会に一任している点にある。人口八万人以上のコミューンが上述のように本土だけで五三存在する点に鑑みれば、住区評議会の制度設計や実施状況も（コミューンの数だけ）多様に存在することになる。

以上のように、二〇〇二年に導入された「住区評議会制」には、設置を義務づけるものの、その制度設計は各コミューン議会に一任するという特徴が与えられたが、その意味・意義について検討する前に、このような特徴が与えられた要因を一点だけ指摘しておきたい。

すなわちそれは「住区評議会制」の制度設計を各コミューン議会に一任するとした「近隣民主主義」法案の国会審議のなかに見出される。マトゥシェビッチは、同審議において「住区評議会制」導入をめぐる国会議員たちの言説を分析しているが、それらの議論はおおむね次の二点に集約できる。(3)

①常設型住民合議機関不要論――民主的な直接普通選挙で選ばれた訳ではない住区評議会には政治的正統性がなく、コミューン議会以外に常設型の審議機関は不要。

②リール型住民合議システム押しつけ反対論――従来から、条例や憲章の制定により、独自の仕組みを構築し、実践しているコミューンでは、住区評議会制がその制約となるおそれあり。

こうした国会審議を経て、二〇〇二年の近隣民主主義法は、住区評議会の制度設計を当該コミューン議会に一任したと考えられるが、そうしたことの意義は次の三点で整理される。すなわち、（A）住区評議会の政治的正統性欠如問題については、公選議会としてのコミューン議会が有する政治的正統性に還元することで解消するとともに、（B）市民による熟議の場としての住区評議会とその直上段階に存在する公選議会としてのコミューン

表３　アミアン市の市政担当者と住民の市政参加へ向けた取り組み

期　間	市政担当者	議会多数派	住民の市政参加の取り組み
1971 ～ 1989 年	R．ラン	左翼連合	「市会外国人準議員」制度
1989 ～ 2008 年	G．ドゥ・ロビアン	中道右派	「住区委員会連合」との事前協議制度
2008 ～ 2014 年	G．ドゥマイ	左翼連合	新設「住民評議会」導入

議会との間に生じうる「競合」を事前に回避し、さらに（C）従来から独自の仕組みを構築しているコミューンの取り組みに不要な制約を与えることも回避しているのである。

4　実践――アミアン市における「近隣民主主義」の実践

ここでとり上げるアミアン市は、フランス北部に位置する、人口約一四万人（二〇〇九年現在）の地方都市である（ピカルディ・レジオンの州都、ソンム県の県庁所在地）。また、市民の市政参加を促進する取り組みも盛んで、一九七一年のコミューン議会選挙以降の七期について市政を担当した三名の市長は、表3のようにそれぞれの観点から市民参加の制度化に取り組んでいる。

以下、筆者が二〇〇六年の夏以来実施してきた同市での現地調査研究について、その成果の一部を紹介していくが、その際「近隣政治システム」ということばを使用する。この概念をここではさしあたり「各都市の政治社会空間において独自に形成されている住民合議の仕組み」と定義するが、これを用いることにより、一方では地域的多様性を前提（リール型、アミアン型、グルノーブル型……）とした都市間比較が可能となると同時に、分析対象を特定の一都市における「近隣政治システム」に固定した場合、当該システムが歴史的・時間的にどのような変遷をたどったのかを明らかにできる。

こうしてフランスの諸都市にそれぞれ独自の近隣政治システムが形成されていると想定した上で、近隣民主主義法制定以降、アミアン市のそれは次の二つの変動局面を経験した

表4　アミアン市の新旧2市政における近隣政治システム

ロビアン中道右派（1989〜2008年）	市政担当者（党派）	ドゥマイ左翼連合（2008〜2014年）
1989年	システム実施年	2009年
住区委員会（conseil de quartier）（市議会議員は参加せず）	近隣民主主義法上の「住区評議会」	住民評議会（conseil d'habitants）（市議会議員が参加）
市当局者は参加せず	住民合議の基本原理	市当局者（助役や市議会議員）の参加
委員会独自の意見集約→市当局への伝達		市当局者と住民の直接的合議
領域セクター会合（6区画）（secteurs géographiques）	市議会議員が参加した住民合議機関	住民評議会（東西南北の4区画）（conseil d'habitants）

ものと考えることができる。

第一の変動局面——二〇〇二年の住区評議会制導入

人口八万人以上のコミューンに対し住区評議会の設置を定めた近隣民主主義法は、人口約一四万人のアミアン市にも当然同評議会の設置を義務づけることになったが、当時市政担当者であったドゥ・ロビアン率いる中道右派市政は「現状維持」の判断を下した。すなわち、アミアン市議会は、同市政のもとですでに確立されていたアミアン市の近隣政治システムを維持し、地域住民団体である「住区委員会」を近隣民主主義法が想定する「住区評議会」と位置づけたのである（アミアン市議会、二〇〇二年六月二七日の審議・議決）。

第二の変動局面——二〇〇八年三月のコミューン議会選挙

これに対して、二〇〇八年のコミューン議会選挙において、アミアン市では市政担当者の交代があり、新たに市政担当者となったドゥマイ率いる左翼連合市政は、ロビアン前市政の近隣政治システムを廃止し、近隣民主主義法への新たな対応として、新システムを導入（二〇〇九年一月）するという大幅なシステム改革を断行した。

その結果、ロビアン中道右派市政のもとで「住区評議会」としての地位を与えられていた地域住民団体としての「住区委員会」は、ドゥマイ左翼連合市政により他のNPO／NGOと同等の地位に格下げされ、従来市議会議員が議長となって市政の諸問題について議論してきた「領域セクター」（六区画）は「住民評議会」（東西南北の計四区画）に再編され、この新しい住民合議機関に、近隣民主主義法が想定する「住区評議会」の地位が与えられたのである（表4）。

アミアン市「住民評議会」のメンバーシップ①――無作為抽出制

いま述べた、アミアン市における東西南北の四つの「住民評議会」は、それぞれ三五名のメンバーで構成され、その内訳は次のとおりである。

市議会議員　七名（与党五名、野党二名）

住民枠　二八名（フランス人有権者名簿から抽選で二三名、欧州議会選挙有権者名簿から抽選で一名、フランス人有権者名簿に登録されていない住民からの応募に基づく候補者リストから抽選で四名）

そして、それぞれ三五名のメンバーのうち、住民枠の評議員はいずれも「くじ引き（le tirage au sort）」で選出されることになっている。ランダム・サンプリング（無作為抽出）とは、『日本大百科全書』（小学館）によれば、「調査対象の全体を調べるかわりに一部分を調べ、そこから全体を推量するためになされる」ものであり、「サンプルは、調べようとする対象全体すなわち母集団の縮図となるよう、無作為抽出のように各個体の特性を考慮せず、偶然にゆだねて決定されなければならない」とされる。

この手法を政治領域に「導入」した事例をたどると、われわれは古代アテネの時代における古典的デモクラシー（「立法委員会」はくじで選ばれたアテネ市民により構成された）や中世・ルネサンス期のイタリア（ヴェネツィア共和国やフィレンツェ共和国）まで遡ることになるが、より近年における「再導入」の事例を、われわれは一九七〇年代初頭のアメリカと西ドイツに見出すことができる。すなわち、「市民陪審制（citizens' jury）」や「計画細胞（Plannungszelle）」と呼ばれる熟議フォーラムの試みがそれで、議員や専門家ではなく、一般市民により構成されたメンバーでさまざまなテーマについて「熟議」するこうした会議体は、一九九〇年代半ば以降他国にも広がっていった。したがって、フランスの「住区評議会」についても、こうした熟議フォーラムの近隣住区レベルにおける「実験」の一つとみなすことができる。

ところで、現代の熟議フォーラムに古代アテネの時代から用いられてきた「くじ引き」を導入することには、どのような民主主義的効用が期待できるのであろうか。この点について、フランスの政治学者のサントメールは、「くじ引き」民主主義を擁護する立場から、次のように説明する。すなわち、くじ引きで選出された熟議フォーラムのメンバーは、政治領域における「代表サンプル」とみなすことができ、当該共同体に帰属する各個人の多様な意見の総和の一部を切り取ってきたいわば「スナップショット」である（その意味で彼らは人種、性別、宗教など住民の多様な社会学的諸カテゴリーの利害代表者と想定可能）。そして、サントメールによれば、無作為抽出制導入の意義は、①社会の多様性に配慮した「社会学的な代表性」の確保が可能となること、そして②くじ引きにより選ばれた一般市民たちによる「良識的な意見形成」が期待できることであるという(4)。

ただし、こうした理念・理想とは裏腹に、アミアン市の「住民評議会」における「無作為抽出」の実態を調査してみると、メンバーの選出段階からかなり厳しい状況にあることがわかる。すなわち、アミアン市第一助役(5)によれば、まず「フランス有権者名簿」から抽出されたアミアン市民に職員が電話をかけるが、たとえば日本の裁判員制度のような強制力はないため、多くの市民に断られ、仕方なく次の候補者に電話をかけることになる。しかしそれでも、評議員数を確保することが困難であるため、助役や市の担当職員は候補者宅を直接訪問し、評議員への就任を説得することもあったという。

アミアン市「住民評議会」のメンバーシップ②――非有権者枠

以上のように、アミアン市のドゥマイ率いる左翼連合市政が近隣政治システム改革によって設置した同市の住民評議会のうち、メンバーの選出に無作為抽出制という古くて新しい手法が導入されている点が第一の注目点であったが、次に注目したいのは、評議員の選出枠の一つとして、住民枠のなかに非有権者たちのための「非登録者」枠が設定されている点である（「フランス人有権者名簿に登録されていない住民からの応募に基づく候補者リストから抽選」で選出される四名）。

この点について検討する前に、フランスに暮らす定住外国人の地方参政権が現在どのような状況にあるのかについて、確認しておく必要がある。すなわち、一九九二年のマーストリヒト条約（欧州連合条約）以降、ＥＵ加盟国の国籍を有し、フランス国内に定住している外国人には、フランスにおける地方参政権が付与されており、コミューン議会選挙については選挙権と被選挙権（ただし市長・助役にはなれない）を獲得した彼ら「ＥＵ加盟国出身定住外国人」は、市政参加に関しては「非有権者」ではない（実際、アミアン市の住民評議会においても、東西南北の各評議会に一名ではあるが、「ＥＵ加盟国出身外国人枠」が設定されている）。したがって、フランスのコミューン議会選挙において投票権があるか否かで区分するならば、「ＥＵ加盟国出身定住外国人↓有権者」「ＥＵ域外出身定住外国人↓非有権者」ということになる〔参考文献②〕。

さらにアミアン市では、定住外国人の政治参加を実現するため、一九八七―八九年の二年間、「市会外国人準議員制度」と呼ばれる市独自の制度が実施されていた点も重要である。この制度により、同市の定住外国人のうち、事前登録した者たちが「市会外国人準議員」を選出し、当該準議員には市議会での発言が認められたが、こ

表5　アミアン市住民の各カテゴリー人口と住民評議会における代表性

成年・未成年		フランス人有権者名簿				住民評議会（東西南北）		
						潜在的候補者数		定数
成年	100,000	登録者			75,000	フランス人枠	75,000	92
		非登録者	成年定住外国人	ＥＵ加盟国出身	1,300	ＥＵ加盟国出身外国人枠	100	4
				ＥＵ域外出身	3,700	非登録者枠（立候補制）	62	16
			成年フランス人		20,000			
未成年	35,000		未成年		35,000			
合計	135,000	合計			135,000	合計	75,160	112

アミアン市の助役および市議へのインタビューによる（2011年9月2日・5日実施）。住民評議会の評議員定数は東西南北4評議会の合計。同定数と非登録者枠に立候補した者の人数（62名）を除き、全て、評議員の第一期メンバーを選出した2009年9月現在の概数（単位：人）。

れは参政権を持たない定住外国人による主権の行使であるとして、行政裁判所で次々と違憲判決が下され、しかも、この制度に懐疑的なドゥ・ロビアンが一九八九年のコミューン議会選挙でアミアン市長に就任したため、結局彼により廃止されてしまった。

そこでドゥマイ陣営は、二〇〇八年のコミューン議会選挙に際し、定住外国人や未成年者など「非有権者」の市政参加を公約し、市政獲得後、かつて同市で試みられていた「市会外国人準議員制度」を復活させることはしなかったが、上述のように「住民評議会」のなかに「非登録者」枠（ＥＵ域外出身定住外国人など非有権者のための選出枠）を設置した。

そして、住民枠（二八名）における三つの選出枠を、国籍別にみたアミアン市住民の各カテゴリー人口とつき合わせることによって、住民評議会の「代表性」もある程度明らかにできる（表5）。

なおここでは、アミアン市住民評議会における「非登録者」枠設置の意義について、政治学の観点から重要と思える次の二点で整理しておきたい。

まず一点目は、アミアン市の「住民評議会」のなかに「非登録者」枠がおかれたことで、アミアン市住民のなかに参政権を持つ者と持たざる者とを分かつ「シチズンシップの境界線」が依然として存在することが可視化され、無作為抽出を導入しただけでは、サントメールが指摘するような「決定へ参加する平等な機会が市民一人一人に与えられ」、「住民のなかにある多様な社会的構成を反映できる」という効用を得られるとは限らないことが明確になったことである。つまり、民主主義的効用を期して「無作為抽出」を行う前段階に、「誰がどのように無作為抽出の候補者リストを作成するのか」というポリティクスが存在しているのである。

そして第二の点は、アミアン市でかつてラン左翼連合市政が試みた「市会外国人準議員制度」が、参政権を持たない定住外国人による主権の行使であるとして行政裁判所で違憲判決を受けたことを踏まえるならば、「非登録者」枠の設置はそうした「定住外国人の参政権」問題をめぐる法律上の問題を回避しつつ、定住外国人を市政に参加可能とする取り組みであったということである。しかも、仮に憲法改正が実現して、フランスに暮らすすべての定住外国人に参政権が付与されたとしても、それだけで自動的に彼らを政治的・社会的に統合したことにはならないとすれば、新市政によるこの取り組みは、今後も引きつづき有効な施策であるにちがいない。

5 近隣民主主義を探求する意義

以上のように、本章ではフランスの「近隣民主主義」に焦点を当て、二一世紀初頭に登場したこの概念が、いったいどのようにすることで今日のフランス政治の民主主義的改善をはかろうとするものなのかについて明らかにすることを課題とし、その具体的施策について検討してきた。

ところで、一九世紀中葉に活躍したフランスの政治理論家アレクシ・ドゥ・トクヴィルは、国家依存体質の強いフランスの国民がヨコのつながりを失って、自らの殻に閉じこもってしまい、自らに関わるさまざまな事柄についても思考を停止したとき、それが専制政治の温床になるとして、地方自治や自発的結社への人びとの自発的な参加の重要性を説いた〔参考文献①〕。

彼の指摘は、今日ますます重要なものとなっているようにみえる。というのも、自国政府の問題解決能力の低下を嘆く「政治不信」の声が高まるなか、政治的停滞の原因を政治・行政システムの腐敗や民主主義の機能不全に求め、「国民」「民衆」「庶民」の利益を体現する強力なリーダーによる政治がこれに代替すべきであると主張するポピュリストたちが台頭しており、ポピュリストたちのパフォーマンスに人びとが拍手喝采し、自らにも深く関わる政治的諸決定をこの一人の政治家にすべて委ねてしまおうとする心性が広がっているようにみえるからである〔参考文献④〕。

その意味で、今日のフランスにおける近隣民主主義の探求は、そうした動きへのアンチテーゼであり、地方自治体や自発的結社の諸活動への一般市民の参加を通じて同国の「市民社会を鍛える政治の模索」であると言い得る。また同時に、アミアン市の事例は、グローバル化（とりわけ国境を越える人の移動）によりフランス国内に生み出された「政治参加をめぐる有権者と非有権者の境界」を、参政権をめぐる憲法上の問題を惹起することなく、有権者・非有権者の違いを超えた居住者の市政参加という枠組みで乗り越えようとする試みであった。

われわれがここから学ぶべきは、より多くの市民参加により、多様な利益や価値観の代表性強化を目指す姿勢であり、さらに議論を通じてそれを実現していく知恵であるように思われる。

注——

（1） Mauroy, Pierre (2001): *Ajuster la décentralisation à l'évolution du temps.* (Regards sur l'actualité, Mensuel n° 271, mai 2001). La Documentation Française.

（2） 名和田是彦「現代コミュニティ制度論の視角」、名和田是彦編『コミュニティの自治——自治体内分権と協働の国際比較』日本評論社、二〇〇九年、一—一四頁。

（3） Matuszewicz, Régis (2004): "Représentations et pratiques des conseils de quartier: une démocratie participative en devenir sous contrainte". Guerard, Stéphane (dir.): *Crise et mutation de la démocratie locale: en Angleterre, en France et en Allemagne*. L'Harmattan, pp. 199-224.

（4） Sintomer, Yves (2007): *Le pouvoir au peuple: Jurys citoyens, tirage au sort et démocratie participative*. La Découverte, pp.138-141.

（5） 二〇〇九年九月二日にアミアン市役所助役執務室で実施したインタビューより。

参考文献

①宇野重規『トクヴィル――平等と不平等の理論家』講談社（講談社選書メチエ）、二〇〇七年。
②河原祐馬・植村和秀編『外国人参政権問題の国際比較』昭和堂、二〇〇六年。
③篠原一『市民の政治学』岩波書店（岩波新書）、二〇〇四年。
④高橋進・石田徹編『ポピュリズム時代のデモクラシー――ヨーロッパからの考察』法律文化社（龍谷大学社会科学研究所叢書）、二〇一三年。
⑤坪郷實編著『比較・政治参加』ミネルヴァ書房、二〇〇九年。

第12章

自決を求めるカタルーニャの背景
――それは民族の相克か？――

奥野良知

1　経済危機によるエスノセントリズム？

カタルーニャとはバルセローナを中心都市とする地中海に面したスペインとフランスにまたがる地域で、独自の言語（カタルーニャ語）、文化、歴史を有する。本章で対象とするのはスペイン側カタルーニャで、以後は単にカタルーニャと記す。カタルーニャ公国は、一七一四年九月一一日にスペイン継承戦争で敗北するまでは、複合王政だったスペイン王国の中で独自の政治体制を有していた（同地についての概要は参考文献①）。

カタルーニャはスペインでは珍しい工業的な地域で、同地だけでスペインのGDPの約二割を占める、スペイン最大の経済規模を持つ自治州であり、そのGDP約一七〇〇億ユーロはポルトガルを上回る、地中海地域有数の工業地域でもある。同地はスペインで唯一、綿工業を主導部門とする典型的な産業革命が一八世紀末から一九世紀前半にかけて生じた地域で、スペインの政治的・言語文化的な中心はマドリードを中心とするカスティーリャ地方にあるが、経済的な中心は、カタルーニャ地方およびバスク地方（やはり独自の言語・文化を有し一九世紀末に鉄鋼業で工業化）にあるという構図は、一九世紀から現在に至るまで続くスペインという国家の重要な特徴である。

さて、このカタルーニャでは、ここ数年、特に二〇一二年秋以降、独立を目指す動きが顕著になっている。二〇一二年九月一一日のカタルーニャのナショナル・デーでは一五〇万人が独立を求めてデモ行進し、数日後には自治政府のマス首相がカタルーニャは独立への道を歩むとの表明を行った。さらに、独立を争点に争われた同年一一月二五日の州議会選挙では独立派が勝利した。

同地での独立志向の高まりの要因は、日本では、経済危機によって言語や文化や歴史に基づいた伝統的なカタルーニャ・ナショナリズム（カタルーニャ主義）が増幅されていることにあると説明されることが多い。つまり、債務危機によりスペイン中央政府が緊縮政策を進めるなか、スペイン最大の経済規模を誇るカタルーニャでは、自分たちが稼いだお金が中央政府から不当に搾取され他の自治州のために使われているという不満が高まり、従来から存在する地域ナショナリズムに火がつき、経済力の強い同地で地域エゴが強まっている、というものである。これに加えて、EUの統合が進んだ結果、国家への帰属意識が薄れ、従来の国民国家の枠組みの相対化が進んだことも、独立志向を促進している要因としてしばしば触れられている(1)。

だが、近年のカタルーニャでの独立志向の高まりの要因は、EUによる国民国家の相対化が進んでいるという状況下で生じた経済危機によって、伝統的なカタルーニャ主義が増幅されエゴイズムが強まっているという、本当にそれだけなのだろうか。自分たちさえ良ければいいというエスノセントリズムに基づき、カタルーニャが一方的に民族の相克を強めているという、本当にそういう解釈だけでいいのだろうか。本稿の目的はこれらの諸点についての考察することにある(2)。

2　独立志向の推移についての概観

まず、カタルーニャにおける独立志向の推移を世論調査の結果を見ながら概観しておく。

スペイン中央政府首相府に属する社会学研究所ＣＩＳ(3)は、一九八四年以降の世論調査に、カタルーニャ自治州の自治権限について質問項目を設けており、図1はその結果を示している。まず、八四年の時点で「より多くの自治権」がすでに約四割もあり、それがほぼ一貫して増えている。そして、一九九八―二〇〇二年にかけて「より多くの自治権」の急増と「現状維持」の急減が見て取れるが、これは二〇〇〇年の総選挙でアスナール率いる国民党ＰＰが絶対過半数を獲得し、再中央集権化の言説が増加する時期と重なる。また、二〇一〇年以後、「より多くの自治権」がさらに急増し一二年には七割に届く勢いを見せる一方で、「現状維持」が急減している。この年は、同年六月に憲法裁判所がカタルーニャの新自治憲章に対して違憲判決を出し、それに抗議して七月に一一〇万人が参加するデモが行われた年である。

次は、ＣＩＳが一九九六年から世論調査に加えた「あなたにとってのカタルーニャとスペインの望ましい関係は」という趣旨の質問の結果を示した図2を見てみる。

まず、一九九八―二〇〇二年にかけて、「現状維持」が急落し、「より多くの自治権を持つ自治州」が激増している。これは、ＰＰが二〇〇〇年の総選挙で絶対過半数を獲得したことを受けて、現行の自治州国家体制の枠内でもう一段階進んだ自治権を獲得する必要性を感じる人が増えていったことを示している。特に「より多くの自治権を持つ自治州」が四割を超えるようになる〇三年以降の時期は、〇六年に成立する新自治憲章の制定作業が行われていた時期でもあり、新自治憲章がカタルーニャとスペインの関係を解決するであろうとの期待感が高まってい

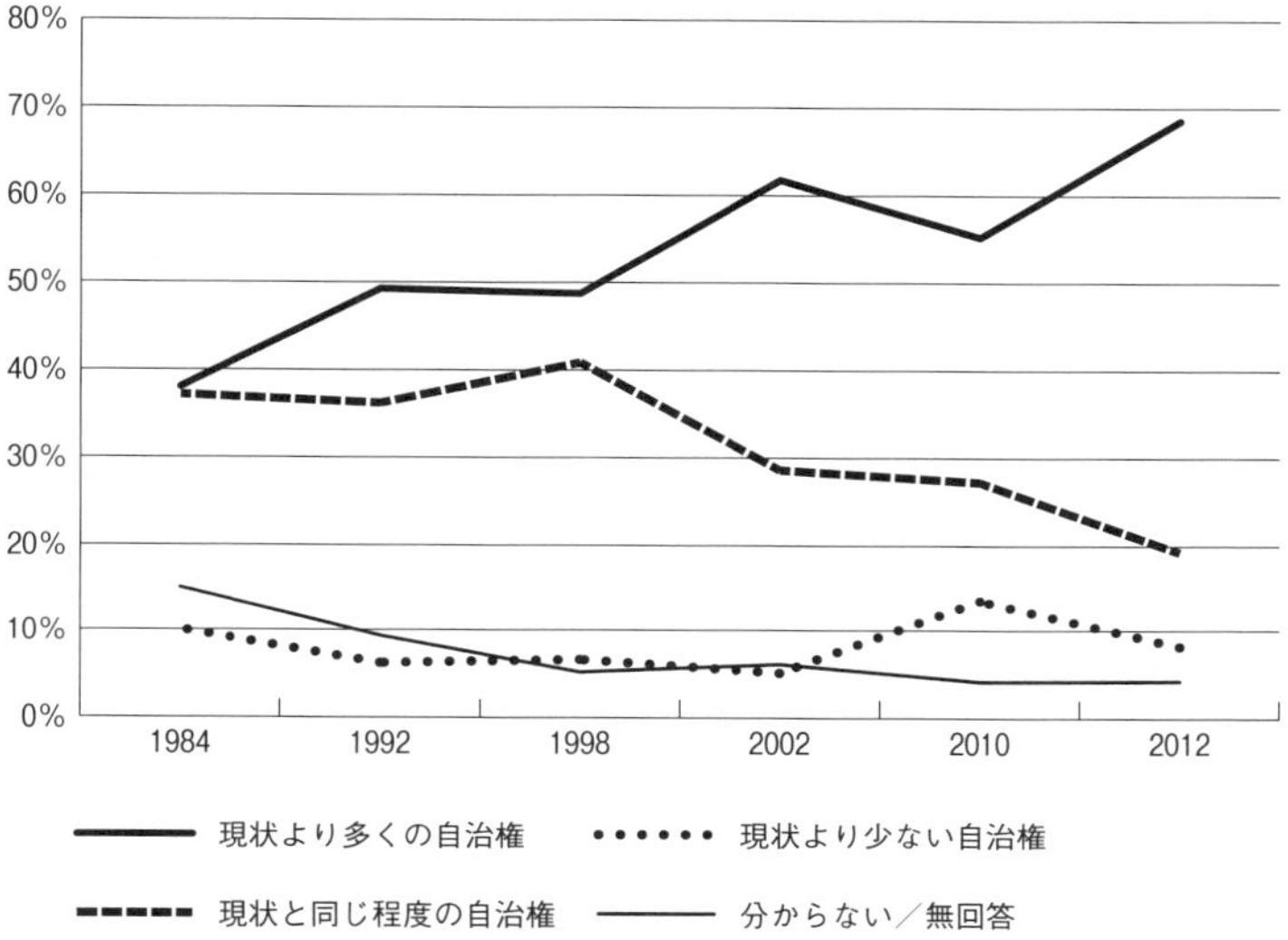

図１　カタルーニャの自治権はどうあるべきか　1984-2012 年
出典：参考文献②, p.59（元出所は CIS）

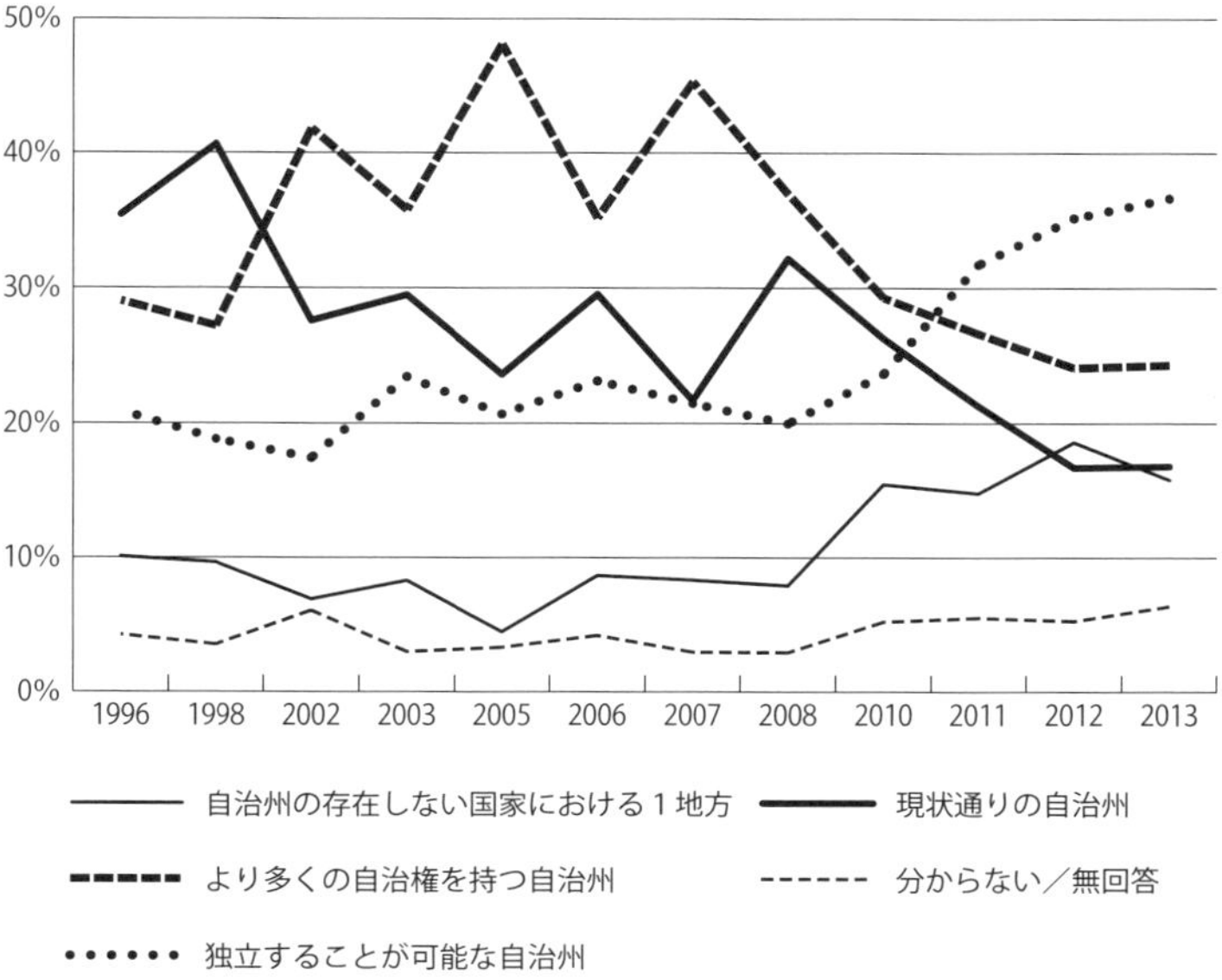

図２　カタルーニャとスペインの望ましい関係は　1996-2013 年
出典：参考文献②, p.62（元出所は CIS）

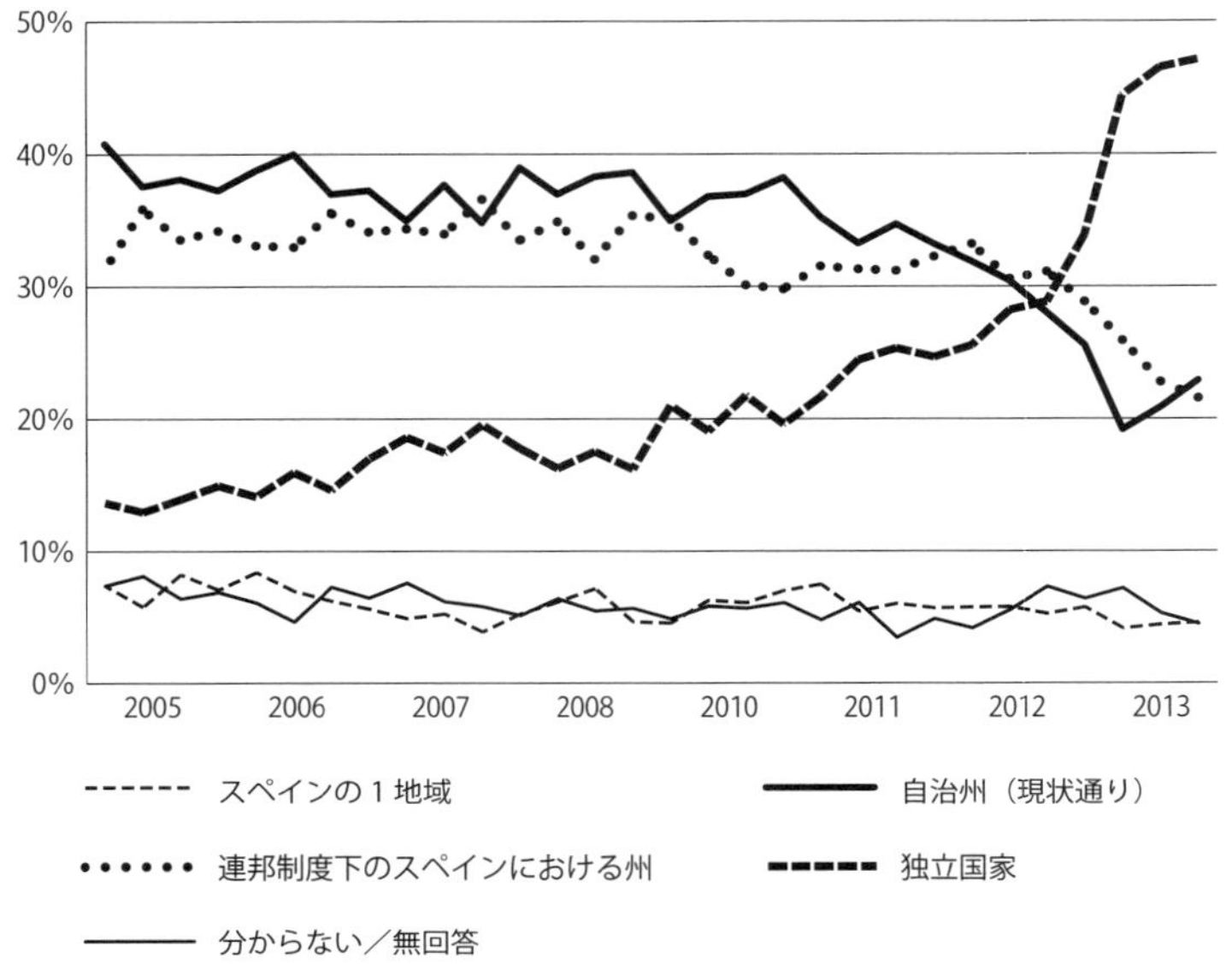

図３　カタルーニャとスペインの望ましい関係は　2005-2013 年
出典：参考文献②, p.64（元出所は CEO）

た時期といえる。

他方、〇八年以降、「独立の可能性を持つ自治州」の急上昇が始まる一方で、「より多くの自治権を持つ自治州」と「現状維持」は急降下している。このことは、それ以降、カタルーニャとスペインの関係は、現行の自治州国家体制の枠内ではなく、その枠外で解決する他ないという考えが急速に広まっていったことを示している。一〇年に「独立の可能性を持つ自治州」の増加が激しさを増しているのは、同年六月の新自治憲章への違憲判決を受けて、人びとのそのような思いが決定的なものとなったことを示している。ちなみに、独立志向の増加が始まる〇八年は、同年九月のリーマン・ショックによってスペインの不動産バブルがはじけた年でもある。ただし、人びとの景況感が極度に悪化するのは、〇九年後半以降であった。

図３は、カタルーニャ自治州政府の世論調査研究所ＣＥＯが二〇〇五年六月の世論調査から

加えた図2とほぼ同様の趣旨の質問の結果を示したもので、この図には以上のような傾向がより明瞭に表れている。まず、「独立国家」が〇五年の調査開始からほぼ一貫して増加していることがわかる。細かく見ると、〇六年に増加傾向はやや強まり、翌〇七年にも強まっている。〇六年は新自治憲章が紆余曲折の末に成立した年であり、また同年二月には新自治憲章の内容の削減に抗議して、〇七年一二月にはPP等によって新自治憲章が憲法裁判所に提訴されたことに抗議して、初めて「自決権」を掲げたデモ行進が行われている。

「独立国家」の増加が加速するのは二〇〇九年初頭だが、この年の九月から一一年四月にかけて五五二の自治体で非公式の模擬住民投票行われている。〇九年は景況感が悪化した年で、同年一月には約七割の人が経済状況を「悪い」あるいは「非常に悪い」と回答しており、その数字は〇八年から倍増している。ただし、「独立国家」の上昇が加速するのは〇九年初頭だが、景況感が特に悪化したのは先述のように〇九年後半のことだった。

二〇一〇年末には「独立国家」の目覚ましい激増が始まっている。これは、同年の新自治憲章に対する違憲判決の影響と考えてほぼ間違いない。さらに一二年半ばには、「独立国家」が「現状と同じ自治州」および「連邦制下のスペインにおける州」を抑えて首位となり、それ以降、「独立国家」は劇的に急増している。この背後には、一一年一一月の国政選挙で社会労働党PSOEを破ってラホイ率いるPPが勝利し、一連の再中央集権化政策が始まることや、この動きに対抗してカタルーニャでは、翌一二年九月一一日、同地で最大規模となる一五〇万人が独立を求めてデモ行進したことがある。

このように、以上のことからだけでも、近年の独立志向の高まりは、より長期的な流れの中に政治的な動向を踏まえて位置づけられる必要があり、経済危機という短期的要因によって従来型のカタルーニャ主義が高まっているという見方だけでは解釈できないということがわかる。

3　左派三党政権の誕生と新自治憲章の制定

二〇〇〇年の総選挙でアスナール首相（当時）率いるPPは絶対過半数を獲得したが、それ以降、スペインでは再中央集権化の言説が急増した。このような状況下、カタルーニャでは、〇三年一一月の州議会選挙の結果、カタルーニャ社会党PSC、カタルーニャ共和主義左派ERC、カタルーニャのためのイニシアティブ・緑の党ICVの左派三政党による連立政権が誕生した。この左派三党によって中央政府の再中央集権化の動きに対抗しつつ新自治憲章の制定が行われることになるが、このことは、近年の同地における独立志向の高まりを理解するために、極めて重要な点である。

カタルーニャ自治州では、一九八〇年より二〇〇三年まで、ジョルディ・プジョル首相率いる穏健保守のナショナリスト政党である集中と統一CiUが政権を担ってきた。プジョルCiU政権の最重要課題の一つは国内移民の統合であり、もう一つは中央政府からの自治州への権限の移譲であった。

経済の中心地であるカタルーニャには、一九世紀以降、多くの国内移民が流入してきた。特に一九六〇―七〇年代には大量の移民が到来し、七〇年代のスペインの他地域の出身者の割合は四割弱に達した。そして独裁が終わりカタルーニャ自治州が七九年に復活すると、CiU自治州政権は、カタルーニャ語の「正常化」とカタルーニャ語による移民の同化を進めていった。

権限移譲も重要な課題だった。そもそもの問題は、現行憲法（七八年憲法）第二条の「憲法は、全てのスペイン人の共通かつ不可分の祖国であるスペイン国民Nación española のゆるぎない統一に基礎を置くとともに、それを構成する諸民族体 nacionalidades と諸地域 regiones の自治権およびこれらの間の連帯を承認しかつ保証す

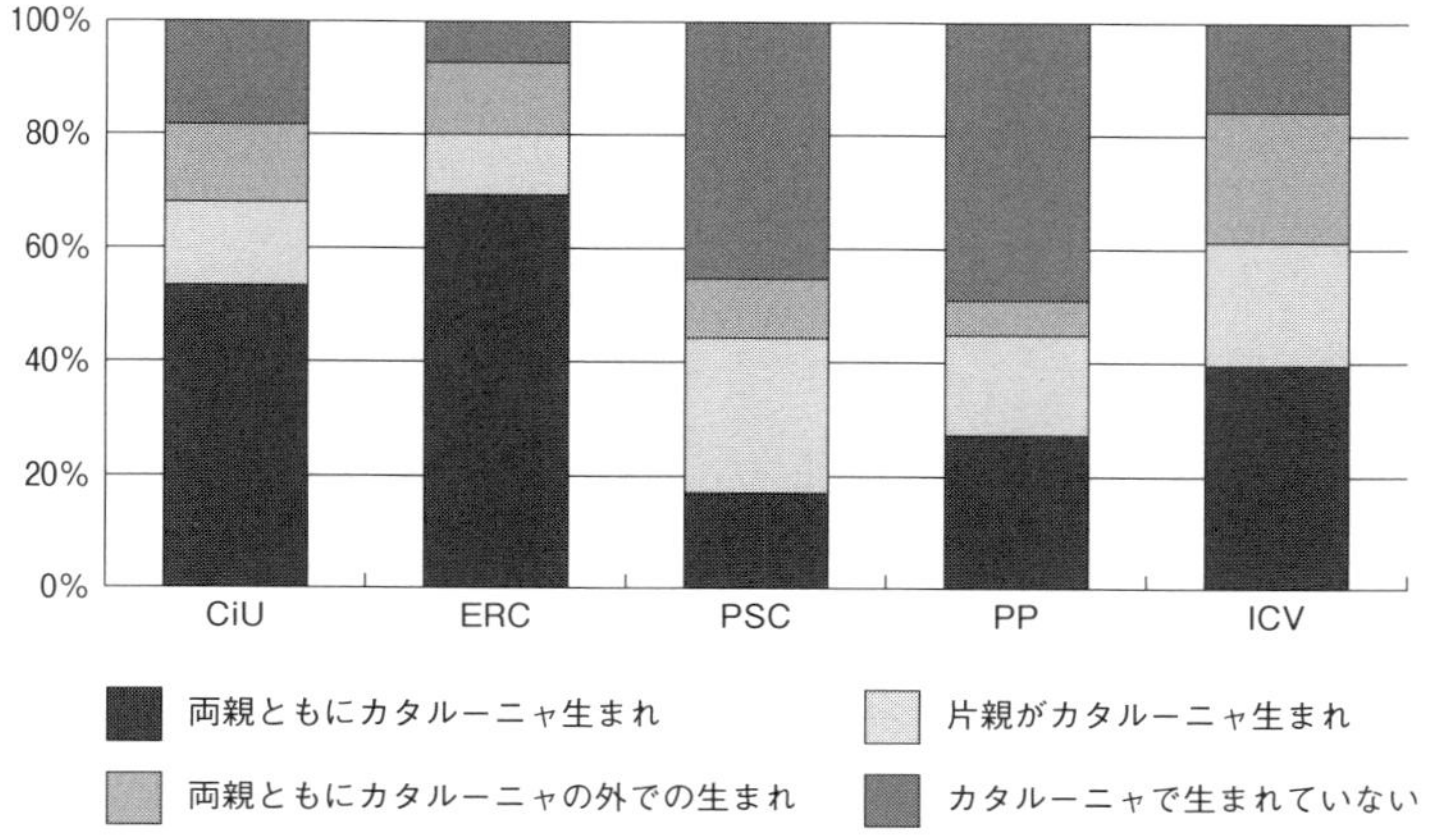

図４　世論調査：2003年の州議会選挙における投票行動と出自
出典：参考文献②, p.33（元出所は CIS）

る」という曖昧な記述に起因しているともいえる。

この文言は、スペインは一つのネーション nación（国民＝民族）と一つの言語（カスティーリャ語＝スペイン語）から成る国民国家 nation state であるとするスペイン・ナショナリズムの主張と、スペインは国家 state（＝入れ物）に過ぎず、カタルーニャやバスクこそがネーション nación であるとする地域ナショナリズム（カタルーニャやバスク等のナショナリズム）の主張との、玉虫色の折衷案でもある。

それゆえ、nacionalidades は región 以上ではあるが nación 未満の存在であり、第二共和政時代に自治権を承認された経緯を持つカタルーニャ、バスク、ガリシアを指していると推測されるものの、それが憲法に明記されている訳ではない。また、nacionalidades が自決権を持つとも持たないとも明記されていない。

また、憲法には自治州の設置に関し、設置へのハードルが高く広範かつ高度な権限を持つ自治州について定めた一五一条と、権限のより少ない自治州について定めた一四三条が存在する。だがそもそも憲法制定作業初期の段階では、自治州にはカタルーニャ、バスク、ガリシアのみが想定されていたが、蓋を開けてみれば、一五一条自治州にはアンダルシーアも加わることとなり、また、それ以外の諸地方も一四三条に基づく自治州となり、スペインは一七の自治州から成る国家となった。そしてこのことが、カタルーニャの位置づけをさらに曖昧なものにした。加えて、自治州の権限は憲法一四八条に、国の専権事項は一四九条に書かれてはいるものの、その棲み分けも必ずしも明確ではない。

そこで、二三年の長きに渡るプジョルCiU政権は、その時々の中央政府の政権と交渉しながら自治権を拡大していった。だが、単なる排外主義的なエスノナショナリズムではないとはいえ、言語・文化・歴史等を重視するCiUのカタルーニャ主義に対しては、国内移民系の人びとを中心に一定数のカタルーニャの住民が疎外感を感じていたのも確かだった。たとえば図4を見るとわかるように、二〇〇三年自治州議会選挙でPSCに投票した人の内、両親が共にカタルーニャ生れの人は一七パーセントに過ぎず、四六パーセントがカタルーニャの外で生まれている。

だが、二〇〇三年の自治州議会選挙で、CiUは比較第一党だったものの、PSC、ERC、ICVの左派三党による連立政権が誕生したことは、民主化以後のカタルーニャ政治史にとって大きな転換点となった。この政権のスローガンは「カタルーニャ主義と進歩」だったが、「カタルーニャ主義」の名のもとに、ERCに票を投じている独立主義者からPSCやICVに投票している国内移民層に至る、非常に多様な人びとが包摂されたことの意義は大きかった。この政権は、CiUのカタルーニャとは異なるカタルーニャが存在し、しかもそれが政権を担い得るということを知らしめることになったのである。そして、この政権の時代に、CiUのカタルーニャ主義とは異なる、より多様な出自の人びとを基盤とするより多様性に富んだカタルーニャ主義が形成されていった。

他方、二〇〇〇年にPPが国政で絶対過半数を獲得し、第二期アスナールPP政権が再中央集権化の方向性を強く打ち出したことも極めて重要な転換点であった。この動きを受けて、カタルーニャでは多くの人びとが自治憲章の改訂の必要性を強く感じるようになっていく。そして、この改訂作業を担ったのが、〇三年に誕生した他ならぬ左派三党政権、つまり、従来のCiU政権とは異なる、より多様な出自の人びとを支持基盤とする左派三党政権だったのである。

自治憲章改訂の要諦は、中央政府の再中央集権化の傾向を受けて、カタルーニャが今まで獲得してきた自治の諸権限を明文化するのみならず、それらの諸権限が保障される根拠を明確にするために、カタルーニャをネーション nació と規定することで、カタルーニャとスペインの双方向的な関係性を確立し、カタルーニャの側からスペインという国家を、複数のネーションから構成される連邦国家にすることにあった。カタルーニャを nació と規定したのが左派三党政権だったことは、大変示唆的である。

今述べたことと一体の問題であるが、財政問題も新自治憲章の重要事項だった。カタルーニャはスペインで最大の経済規模を持つ自治州であるにもかかわらず、重い財政負担による毎年約一〇パーセント近くにも達する財政赤字と、スペインの中でも相対的に劣悪なインフラ（鉄道など）を抱えており、強い不公平感を抱いてきた。そこでこの問題を解決するために、中央政府が各自治州に税を再交付する前と後で、カタルーニャの一人当たりのGDPの全自治州における順位に変動があってはならないとする「通常性の原則」も記載された。

4 新自治憲章に対する違憲判決とラホイ政権の再中央集権化

新自治憲章は、二〇〇五年九月に自治州議会で賛成票一二〇（CiU、PSC、ERC、ICV）、反対票僅か一五（国民党カタルーニャ支部PPC）で可決された。しかしながら、新自治憲章のその後の歩みは極めて厳しいものとなった。

まず、国会での審議の過程でPP等の激しい攻撃を受けたため、カタルーニャをnacióと規定する部分は本文から法的拘束性を持たない前文に移され、カタルーニャ語を始めとするさまざまな権利と義務を定めた条項、財政に関する条項、カタルーニャの諸機関に関する条項等が後退ないし削減された。新自治憲章は〇六年六月に住民投票にかけられ、七四パーセントの賛成で承認されたが、投票率の低さ（五割弱）は新自治憲章の削減に対する人びとの不満を反映しているといえる。

そして、カタルーニャに大きな激震が走ったのが、四年後の二〇一〇年六月二八日に憲法裁判所によって下された新自治憲章への違憲判決だった。カタルーニャの人びとの受けた衝撃は極めて大きく、新自治憲章に賛成した全政党（CiU、PSC、ERC、ICV）の呼びかけで七月一〇日に行なわれた抗議のデモには、「私たちはネーションだ。決めるのは私たちだ」のスローガンのもとに一一〇万人もの人が参加した。

そしてこのデモでは、主催者側の思惑を大きく超えて、参加者の多くのが「独立」と連呼しながら行進を行った。これ以降、すでに増加傾向にあった独立志向が激増していくことはすでに見たとおりである。このことは、カタルーニャとスペインの関係を解決する最後の望みの綱と目されていた新自治憲章に違憲判決が下ったことで、カタルーニャの多くの人びとが、同地とスペインの問題を解決する術がもはや現行の自治州国家体制の枠内には存在せず、その枠の外で解決する他ないと思うに至ったことを意味している。同地の多くの人びとが違憲判決を屈辱的と感じたことも忘れてはならない。このように、独立志向の激増の要因を単に経済危機だけに求めることができないことは、もはや十分に明らかであろう。

また、新自治憲章が成立した二〇〇六年から違憲判決の二〇一〇年までの間には、次のような出来事があったことも忘れてはならない。まず、〇六年二月に新自治憲章案の削減に抗議して「私たちはネーションだ。我々には自決権がある」をスローガンとするデモ行進が、〇七年一二月には、PP等によって新自治憲章が憲法裁判所に提訴されたことやカタルーニャへのインフラ投資の不足に抗議して、「私たちはネーションだ。もうたくさんだ！　私たちには自分たちのインフラについて自決権がある」をスローガンとするデモ行進が行われた。

この二つのデモの参加者は、前者が一二万五千人、後者が二〇万人に過ぎなかったが、初めて明確に「自決権」を謳った点で大きな画期となった。つまり、最終目標である「独立」と、手段である「自決権」が明確に分離され、後者の「自決」が前面に出てきたのである。これ以後、「自分たちの未来を決める民主的な権利」としての自決権は、カタルーニャの多様な出自や階層の人びとにとって、より身近で、なおかつ切実なものとして認識されるようになっていく。

そして、この自決権は、二〇〇九年以降、市民団体の主催する非公式の模擬住民投票において人びとに実践され体験されていった。投票は同年九月から一一年四月までに五五二の自治体で行われた。これはカタルーニャの全自治体の約八割に相当し、投票率は二割弱に過ぎなかったものの、この一連の模擬投票によって、同地の自決権の性格が、従来の歴史や古いネーション意識に基づいたものから、より横断的で市民的な要求に基づいたものに転換していったことは非常に重要な点である。

ところで、二〇一〇年の違憲判決によって激増する独立志向に火に油を注ぐことになるのが、一一年一一月のスペイン総選挙でPSOEを破って誕生したラホイPP政権による一連の再中央集権化政策である。ちなみに近年、PP政権の誕生と軌を一にするように、カタルーニャやバスクなどを除くスペインの大半の自治州では、現在の自治州体制を廃止して県制度のみから成る集権的国家体制を望む人が増えている点は興味深い。このことは、EUの統合の進展によって国民国家の相対化が進んでいるという解釈を少なくともスペインという国家には単純に適用できない、ということを示している。

ラホイ政権による再中央集権化の言説や諸政策には枚挙にいとまがないが、その典型例の一つは、教育大臣ベルトが推し進めるカタルーニャの教育の「スペイン化」である。多くのカタルーニャの人びとにとって衝撃的だった出来事の一つは、たとえ一人であってもカスティーリャ語での授業を求めれば、そのクラスはカスティーリャ語で授業が行われなければならないという裁定がカタルーニャ高等裁判所によって二〇一三年三月に出されたことであった。カタルーニャでは現在、カタルーニャ語を教育言語として初等中等教育が行われているが、この裁定は、民主化後の自治州体制のなかでカタルーニャで議決され運用されてきた教育制度を根本から否定し、教育現場に大きな混乱をもたらすものだった。

先述のように、ＣｉＵのプジョル自治州政権は、カタルーニャを統合する手段として言語政策を重視した。そして、カタルーニャ社会全体が自治州の公用語であるカタルーニャ語と国家語であるカスティーリャ語のバイリンガルになる手段として、カタルーニャ語を教育言語として初等中等教育を行うことにしたのだった。

この制度に対しては、主にスペイン・ナショナリズムの立場からの根強い批判もある。だが他方で、この制度では、母語がカタルーニャ語であるかカスティーリャ語であるかで子供たちを分断することなく同じ教室で教育が行われ、しかも母語がいずれであっても、子供たちは両言語がほぼ問題なく使えるバイリンガルになるので、機会均等という点で現行制度はうまく機能しているとする、ＩＣＶ（共産主義者の政党で支持者の中に占める国内移民の割合が多い）の党首のアレーラのような肯定的な意見も少なくない。

実際、カタルーニャの現行の教育制度は、もはや単なるプジョルのCiU的な政策ではなく、国内移民系の人びとの多くからも支持されている。カタルーニャに住み続けるしかない彼らにとって、自分たちの子孫がカタルーニャ語を習得することは、カタルーニャでの社会的上昇にプラスにはなっても、何かの妨げになることはほぼない。また現行制度はＰＰＣとC's を除く全政党によって支持されている。同じく、ＰＰＣとC's を除く全政党がカタルーニャをネーションとみなしていることも重要である。つまり、いずれも、自治州議会議員の約八割に相当する多様な層からの支持を横断的に得ていることは忘れてはならないし、このことは、現在のカタルーニャ主義が、何か混ざりけのないカタルーニャ民族というエスニシティが存在し、それが偏狭なエスノナショナリズムを振りかざしているというようなものではないことの証左でもある。

ところで、カタルーニャの財政問題は、新自治憲章への違憲判決によってとん挫していたが、二〇一〇年一一月の州議会選挙で誕生したCiUのマス自治州政権は、財政に関するスペインとカタルーニャの関係を解決する最後の手段として、一一―一二年にかけて、バスクやナバーラに認められている経済協約（徴税権）と類似の財政契約を中央政府に対して求めていた。だが、再中央集権化を推し進めるラホイ政権はまったく一顧だにしなかった。

このような状況下で行われたのが、横断的非政党組織のカタルーニャ国民会議（ANC）主催によって一二年九月一一日に「カタルーニャ、ヨーロッパの新国家」をスローガンに、カタルーニャで最大規模となる一五〇万人が独立を求めて参加したデモ行進だった。

このデモ行進を受けてマス自治州政府首相は、それまでのCiUの自治権拡大路線から独立へ方向転換し、さらに同年一一月二五日の州議会選挙では、自決権を主張する四政党（CiU、ERC、ICV、人民連合CUP）が一三五議席中、八七議席を獲得して勝利した。また翌一三年一月には、自治州議会で「カタルーニャ人の主権と自決権の宣言」が賛成一三五分の八五で可決され、九月一一日には、カタルーニャの南北四〇〇キロメートルを人びとが手をつなぐ「カタルーニャの道」が一六〇万人が参加して行われた。さらに一二月には、独立の是非を問う住民投票を翌一四年一一月九日に実施するとの合意がカタルーニャの自決権を主張する四政党によってなされた（ちなみにPSCは自決権をめぐって党の方針を調整中である）。これに対し、ラホイ政権は、カタルーニャに自決権はなく、住民投票を行うことはスペイン国民の不可分性を謳う憲法に違反しているとして認めていない。そして、脅迫まがいともいえる言説を繰り返しているが、これがカタルーニャの人びとの心情をさらに損ねていることは言うまでもない。

5 カタルーニャの多様な住民が求める自決

以上のことからわかるように、今日の状況は、言語や文化や歴史に基づいた古典的なカタルーニャ主義が経済危機という短期的な要因によって増幅されるというような単純なものではない。ましてや、経済力の強いカタルーニャという地域に、混ざりけのないカタルーニャ民族というエスニシティが存在し、それが偏狭なエスノセントリズムに基づいてエゴイズムを振りかざしながら、一方的に民族の相克を強めているのでもない。

現在の独立志向の高まりは、二〇〇〇年のPPの絶対過半数による再中央集権化の動きを受けて、多様な出自や階層の人びとの支持を得て制定された新自治憲章に違憲判決が下ったことや、ラホイPP政権の推し進める再中央集権化政策を前にして、多様な出自と階層に基づくカタルーニャの多くの人びとが、もはや現行の自治州国家体制の枠内ではスペインとカタルーニャの関係は解決し得ないと思うに至ったこと、そして、自分たちの将来を自分たちで民主的に決めたいと強く思うに至ったことにある。

二〇一四年三月一八日に公表されたCEOの世論調査では、「独立に賛成」が六割となっているが、それにも増して興味深いことは、「住民投票を行うことに賛成」が八割弱、「住民投票の結果を受け入れる」九割弱、「スペイン中央政府のカタルーニャの人びとに対する扱いは不当である」約七割五分となっていることである。この数字からもわかるように、現状は、「住民投票を頑なに認めないラホイ中央政権（あるいはカタルーニャ問題に理解を示さないスペイン）VSカタルーニャの住民」、という様相を呈しているのである。専らカスティーリャ語で生活している国内移民第一世代の人びとを中心に、自決権と独立を求めるSUMATEという団体が一三年に結成されたが、これはそのことを象徴的する出来事だといえる。

注

（1） たとえば、「カタルーニャ独立に火　スペイン債務で州財政危機」『中日新聞』（二〇一二年九月二四日）、「記者の眼　カタルーニャ独立派勝利EU統合が国の分裂促す」『中日新聞』（二〇一二年一二月一一日）、「分離独立派　欧州で勢い」『中日新聞』（二〇一二年一〇月二三日）、参考文献①など。

（2） 本稿が主に依拠した資料は、参考文献②と、カタルーニャの独立をめぐって二〇一四年三月に開催され、筆者自身も登壇者として参加した二つシンポジウム、『現代の国際秩序におけるカタルーニャの自決運動』（於大阪大学、三月一八日）および『カタルーニャを多元的に考える――独立をめぐる想像力とリアリティ』（於東京外国語大学三月二〇日）でのリュック・ロペス氏、ジュスト・カスティーリョ氏、八嶋ゆかり氏、筆者自身の報告である。なお、文責は筆者にあることはいうまでもない。

（3） 本稿で用いている政党・機関の略称は以下のとおり。国民党：PP、社会労働党：PSOE、集中と統一：CiU、カタルーニャ社会党：PSC、カタルーニャ共和主義左派：ERC、カタルーニャのためのイニシアティブ・緑の党：ICV、国民党カタルーニャ支部：PPC、市民：C’s、人民連合CUP、社会学研究所：CIS、世論調査研究所：CEO。

参考文献

①立石博高・奥野良知編『カタルーニャを知るための五〇章』明石書店、二〇一三年。
②Guinjoan, Marc; Rodon, Toni i Sanjaume, Marc (2013): *Catalunya, un pas endavant*. Barcelona: Angle Editorial.
③関哲行・立石博高・中塚次郎編『世界歴史大系　スペイン史2　近現代・地域からの視座』山川出版社、二〇〇八年。
④竹中克行『多言語国家スペインの社会動態を読み解く――人の移動と定着の地理学が照射する格差の多元性』ミネルヴァ書房、二〇〇九年。

終章

多文化共生の将来
——日本とヨーロッパの経験から——

宮島　喬

1　国民国家の相対化のなかで

画然たる領土、一体性をもった国民、強力な主権の三つの要素を備える国家、すなわち国民国家が、過去二世紀ほど国家の主要な形とされてきた。だが、二〇世紀の後半以降はどうか。さまざまな国際機構が生まれ、各国家の主権に制約を及ぼす多くの条約が結ばれ、人の国際移動が大量に生じ、またEUのような諸国家の統合の試みが進む。それらの動きは、まさしく国民国家の相対化を意味してはいないだろうか。

国民国家は対内的には国家語や義務的初等教育をもち、共通の記憶や神話をはぐくみ、国民の一体性を生み出そうとした。直接顔を合わせることも、話したこともない何千万の人びとを、運命をともにする「同じ国民」と感じさせるため、印刷メディア、セレモニー、元首の巡幸などを必要とした。「想像の共同体」（B・アンダーソン）に訴えたのである。二〇世紀西欧では、多言語を基層にもつイギリス、フランス、スペインなどでも、同じ国家語をネイティヴのほとんどの民衆が使用するようになり、地域の固有言語や共同生活の枠組は衰退していく。同じことは遅れて近代化の道を歩んだ日本でも起こり、義務教育の普及、国語の形成、そして沖縄のような歴史を異にする併合地域にも文化的同化が及んだ。

だが、ヨーロッパの二〇世紀後半では、「一にして不可分の国民」といううたい文句に逆らうような動向が生まれる。いみじくもA・スミスによって「民族の再生」とよばれた現象である。(1) イギリスで一九六七年、ウェールズ言語法が成立して、「ウェールズ語は英語と同等である」とうたわれた。ウェールズという一地域の、独自存在とその文化がよみがえり、同地域の中では二言語表記が始まる。やがて同じような再生への要求が、フランスの中のブルターニュやコルシカでも起こり、地域分権さらには自治の要求が強まる。これは、人びとのアイデンティティの微妙な変化とも連動した。自分をイギリス人、フランス人と無条件に考えるよりは、それぞれ「スコティッシュだ」「ブルトンだ」と自己規定する人びとが登場する。加えて一九六〇年代、七〇年代は移民と呼ばれる、外来のいま一つの民族が西欧諸社会に登場する時期となる。

なぜ「民族」の再生が生じたか。それには一九五〇年代、六〇年代の高度経済成長とそれによって引き起こされた地域不均等発展が関わっている。この経済成長のなか、イギリスでもフランスでも「中央」と「周辺」の不平等が拡大した。そして取り残された周辺地域からは不平等に抗議し、是正を要求する民衆の運動が起こるが、この周辺部はもともと「中央」とは異なる民族の地域をなしていることが多かった。ウェールズ、スコットランド、ブルターニュ、コルシカ（コルス）などは、いずれもそうである。それゆえ周辺からの平等の要求運動ではしばしば民族的シンボルが使われ、それが地域の自立、発展の要求に活気を与え、民衆動員の力となった。たとえば一九七〇年代半ば、南フランスの危機にある農業（ブドウ栽培とワイン生産）を守れという運動は、フランス語ならぬ同地方の言語オック語を使い、*volem viure al païs*（自分たちのくにで生きたい）というスローガンを掲げた。(2)

折からヨーロッパ統合が進んでいて、国家主権がより相対化され、地域分権が進められたことも、サブネーションとしての地域の自立に幸いした。たとえば学校教育も変わる。民族語の教育が認められていくのもその表れで、たとえばウェールズ語を学ぶ生徒たちは、新たなアイデンティティの担い手として登場し、「自分はブリティシュだが、それと同じくらいウェルシュだ」と語るようになる。

地域分権化がめざましく進んだ国の一つはスペインである。これはフランコ統治のもとで長く続いた権威的な中央集権体制が終わったためで、独自の民族意識と歴史をもつカタルーニャ、バスク、ガリシア地方が八〇年代にはそろって自治州になっている。同国は八〇年代にＥＣに加盟するが、カタルーニャはＥＣ、次いでＥＵのなかでも最も活発に独自アイデンティティと自立を主張する地域となった。

他方、日本では、高度経済成長期を経過し、中央と周辺（地方）の格差はさまざまに意識されるようになる。かつて琉球王朝の下にあった沖縄は、アメリカの施政権下（一九四五―七二年）から日本領にもどるが、東京都に比べ一人当所得五〇パーセント以下と、日本の中の最低開発地域となる。悲惨な米軍との地上戦の経験、広大な米軍基地の存在もあって、その被剥奪感は強かった。それへの不満もこめてさまざまな沖縄独自論が主張され、独立論も生まれる。(3)沖縄は日本の中で社会的政治運動で民族的シンボルが使われやすい数少ない地域といえよう。たとえば「ウチナンチュー」という自称は、非ヤマトのアイデンティティを喚起する符牒をなしている。この沖縄や後に触れるアイヌの存在に気づくならば、もはや日本社会を単一、均質の社会とみなすことはできない。

近代の国民国家の成立以前、ヨーロッパは公国、邦《ラント》、州《プロバンス》、自治都市《コミューン》などから成っていて、それらは文化的、民族的、宗教的なモザイクをなしていた。たとえばフランスでは、一七八九年に始まる大革命の以前、フランス語を解する民衆は約半分にすぎなかった。(4)ブルターニュ地方では、教会のミサはブルトン語でとり行われ、聖人伝や教理問答集もブルトン語に移されていた。パリから三〇〇キロ南に下るとオック語やその類縁語のプロバンス語の世界が始まり、さらに一隅ではバスク語が使われ、北から訪れる旅行者は難渋したが、そこではそれらの言語を使った独自の詩や文学の世界が花開いていた。ドイツでは、フランスに比べると言語の共通性はあったが、領邦ごとに宗教が異なり、法や制度の伝統も異なり、カトリックの保守的な地域と、ハンザ都市以来の市民的な伝統を残す地域が併存したりしていた。イタリアやスペインでも地域の文化モザイクは顕著であり、それぞれトスカーナ語とサルデーニャ語、カスティーリア語とカタルーニャ語といった異なる複数の言語文化が拮抗していた。いわばヨーロッパ社会の生地《きじ》はもともと多民族、多文化だった。

近代国民国家の成立にはそれなりの必要と合理性はあったが、文化モザイクの多様性と豊かさを少なくとも一部減殺するという効果をもった。それぞれの国家は、公用語または国語を定め、正統とする文化や歴史を構成し、義務教育を通してそれらの普及を図り、民衆のレベルで生きていた多様な文化に制約をくわえた。フランスの場合が最も代表的で、大革命のなかで議会は、フランス語以外の諸言語を追放することを決議し、やがて学校教育でそれを実行していく。民族的地域的アイデンティティを弱め、国民アイデンティティを強めるため、旧制度以来の州を廃止し、県という新たな行政枠組を設ける。イギリスでは、これほど人為的措置は目立たないが、英語の使用が圧倒的に進められていくなかで、ケルト系の言語に生きてきたアイルランドやスコットランドの人々は、その自分たちの固有言語を棄てていく。それでも、文化、言語、制度などで存続したものは色々あり、後の「民族の再生」を可能にしたのも、それらの水脈である。

日本では、明治維新期に廃藩置県という似た政策がとられる。文化、言語ではどうだったか。地域ごとに多様で、たとえば薩摩藩の藩士と会津藩の藩士はあいまみえても意思疎通が不可能といわれるほど異なる言語(話し言葉)を使用しており、なんらかの解決策を見出すことは必要だった。だが、言語を貴重な文化的所産とみなして守ろうとする意識は、地域の指導者や知識人の間に強くはなかった。琉球語などは、むしろ学校教師によって教室から追放されていく。しばらく時が進み、「国語」の制定運動が始まると、その特徴は特定の地域の言語を正統とするよりは、「東京中流社会の言語」に彫琢を加え、「言文一致」を基本とするなど、かなり人工的につくられた[5]。Ｅ・ホブズボームのいう「創られた伝統」に近く、国語または標準語が「創定」されるわけで、それとの対で方言の追放が唱えられ、これが地方から激しい抵抗を呼ぶこともなかった。日本の近代化は、ヨーロッパ諸国以上に急速に文化的モザイクを壊してきたのではないか。

2　住民にとっての民族の言語・文化のシンボリックな意味

では、住民たちには、自分がウェルシュである、あるいはバスクであると感じることにはどういう意味があるのか。彼らを一応ナショナル・マイノリティと呼ぶとすれば、その意識はどうなのか。

個人主義化も進んでいる現代にあって、一枚岩の民族意識などは想定できない。ただ、国家からの受益感や国家への帰属感よりも、身近なコミュニティに利益とアイデンティティの拠り所をみる人びとがいる。特に国家という枠組が外から人工的に挿入されたと感じる地域ではこの傾向が強く、スコットランド、カタルーニャ、バスク、コルシカなどはこれに該当し、カタルーニャでは住民の帰属意識をたずねる意識調査において、自治州になって以来、「スペイン人よりはカタルーニャ人」と感じる者が半数を占めるようになっている。

さらに文化的な愛着、たとえば言語、伝承、祭、音楽などを通してコミュニティ意識をもつ人びともいて、音楽祭、演劇祭などのパフォーマンスに参加してくる地元住民は、たいてい民族の歴史等にかかわる集合的記憶を共有している。「自分は言葉は話せないが、文化と過去の記憶には馴染んでいて、バスク人と思っている」と語るような人びとに出会う。また、「自分の子どもの頃は学ぶ機会がなかったが、今は可能だから、子どもには学校でウェールズ語を選択させている」と語る親にもぶつかる。学校教育とメディアにより、国のすみずみまで国家語世界は広がるが、しかし自分たちはもう一つの言語・文化を享受できるという文化的豊かさの感覚をもち、これを誇りとする住民意識がたしかにある。

と同時に、この文化享受の感覚は、人によっては、政治的な戦略意識とも結びついている。R・ボーベックは、「小規模集団が自らの地域言語のボーダーを守りたいと思うのは、連邦制のなかでその自治要求を維持していくためである」(6)と書いたが、ある言語に思いを寄せ、その使用を維持することが、内と外からのその地域の独自性への認識をうながし、自治を正当化したり強めるのに役立つと考える。とりわけベルギーの中のフランドル地域住民、スペインの中のカタルーニャ住民などにおける、自言語の意味づけには、そうした政治的な性格が認められる。言語に限られない。独特の制度や慣行を維持することが自治を正当化する力になることもあり、一例をあげれば、スコットランドでは前述のように民族語のゲール語は衰退したが、イングランドとは一部異なる法、司法制度、教育制度を維持し、自治要求、さらに近年では「独立」要求と結びつけている。

3　地域運動からみた欧、日

「民族の再生」は、国家と地域または地域と地域の間のなんらかの紛争を、要因または背景として起こっていた。民族的なものはしばしば不平等、支配などの経験によって触発される。たとえば、首都と周辺地域との賃金格差が明らかになり、労使紛争の発端になったり（ブルターニュの地域運動）、雇用の差別が不信・不満を醸成したりした（北アイルランド）。その抗議の表明を自らの言語で行い、さらにそれが法廷の中で行われ、正当か否かが争われれば、同時に言語の承認の闘争にもなっていく。これは実際にブルターニュの法廷で起こったことである。

地域主義運動は、国家と対立し、分離・独立にまで発展したか。過去にそういう例はあり、東欧では一九九〇年代、「民族の違い」、または利害対立を理由とする分離・独立はたびたび見られた。しかしEUの統合の運動のなかにあった西欧では、国境線の変更を伴うような分離の例はみられなかった。そうした運動の掲げる要求が、部分的にせよ認められ、実現していくケースが多かったからである。たとえば「俚言」（いなか言葉）とみなされ、衰退過程にあった言語が、七〇年代、八〇年代に学校で教えられるようになり、専用の放送メディアをもつようになった例は多い。また、民族語による地名の表示や、二言語での街路名表示を認めることも一般的になっている。比較的集権的だったフランスではどうか。フランス語一言語主義といわれたこの国でも、七〇年代にはオック語、バスク語、ブルトン語、カタルーニャ語、コルシカ語を学校で教える道が開け（ディクソンヌ法）、それらはバカロレアの選択科目にも認められている。(7)

今日、ナショナル・マイノリティは、西ヨーロッパでは、少なくとも文化的な市民権というべきものを得、アイデンティティ表出、言語使用については相当の自由が認められ、文化的承認をある程度勝ちえているといえる。これは、西欧デモクラシーが、それだけ文化多元主義を容れるようになったからと言えるし、別の観点に立てば、国家主権の相対化を図り、「地域のヨーロッパ」を実現しようとするEUが、このデモクラシーの変容を後押ししたためといえる。

この地域、民族における差異と多様性の承認は、西欧的な多文化共生の形といえよう。

日本でも、すでに述べたように「民族再生」の動きがなかったわけではない。「単一民族社会」論への反発と反省から在日コリアン、アイヌ、沖縄などの存在が改めて認識されるようになった。だが、ヨーロッパとの違いも目に付く。

地域的マイノリティであるアイヌや沖縄地付き住民の場合であるが、長年にわたる日本の同化政策と、彼らに向けられる日本人の差別的眼差しの放置の結果、固有文化の保持が困難となっていた。アイヌの場合、和人がまさに植民地支配さながらに、旧土人保護法のもとで日本への適応教育（同化教育）、授産、土地割り当てを行い、先住民としての権利やその文化の尊重という念はもたなかった。国連の「先住民族の権利の宣言」（二〇〇七年）を承けて、国会による「先住民族とすることを求める決議」（〇八年）がなされ、ようやく国による取組の姿勢もみられるようになったが、一世紀半という時間は取り戻せるかどうか確かではない。明治初年六万人といわれた人口がわずか半世紀後の大正七年年には一万七千余人まで激減した事実(8)は、名前、言語、アイヌという自認を保持しながら生きることがいかに難しかったかを物語る。今後、国や各界の努力で、アイヌとしてのアイデンティティをもち、言語、伝承、生活様式などを伝える環境を取り戻せるか。それは日本社会の側の差別意識の克服のいかんにもかかっていよう。

沖縄については、日本復帰後の四〇年の間に社会の現代化の変貌が続いたが、固有の文化とアイデンティティへの新たな関心が起こらなかったわけではない。日本復帰後、かえって子どもたちの日本（人）化への圧力は弱まり、たとえば学校の学芸会で琉球語（うちなーぐち）で劇を演じることがむしろ奨励されるようになる。(9)島の独自性の象徴として歌謡、舞踊などの芸能がもてはやされるようになり、メディアにも頻繁に登場するようになった。しかし西欧諸社会では追求されたような民族語の正常化、すなわち学校での教授、メディアによる使用などは進んでいない。地域の自立への願望は大きいが、経済的タームで語られることが多く、文化やアイデンティティのタームでの要求はいま一つ施策、政策と結びついていない。

このように近代化＝日本化の自明視が強く、アイヌについては先住民族という認識も確立しているとはいえず、沖縄についても、琉球語の保持の手段も与えられているとはいえない。運動主体の弱さという問題もあるかもしれない。強い内発的な要求や運動が組織されず、しばしば国連やユネスコなどの指摘や勧告があってはじめて先住民の権利保護や衰退言語への認識が進むというのが現状である。

4　〝移民〟というもう一つの民族

「移民」というもう一つの民族マイノリティに目を向けたい。他国出身で、大なり小なりの国際的移動を通して近過去に当該国に来住した人びとを指してこう呼ぶ。

歴史的には、一五―一九世紀のイベリア半島や東欧からのユダヤ人の西欧への移動や、一七―一八世紀のフランスの新教徒ユグノーのオランダ、ドイツ等への脱出、さらに二〇世紀にはアルメニア難民、ロシア革命の亡命者、スペイン内戦で敗れた共和派、ドイツ・ナチスの迫害からの亡命者、等々、その例をあげれば枚挙にいとまがない。これらの受け入れの経験は戦後も、難民受け入れのヨーロッパ的伝統として受け継がれる。

日本では、近代以降に限ると、植民地支配に伴い、朝鮮半島や中国の一部からの来住者が生まれ、太平洋戦争下では「強制連行」も行われて、終戦時二〇〇万人を超える朝鮮半島出身者が日本に在った。その内で、日本に在留しつづけた六〇万人を超える人びとが在日韓国・朝鮮人と呼ばれるようになる。

一九五〇年代から二〇年間に、西欧は新たな移民の時代を迎える。経済成長のための労働力の必要、東欧等からの亡命者の受け入れ、植民地独立と旧植民地からの人の流入などが背景となるが、しだいに移民の中心は、非ヨーロッパ出身者となっていく。イギリスではインド、パキスタンなどインド亜大陸系、フランスではアルジェリア、モロッコなど北アフリカ系、ドイツではトルコ系などがそれである。移民たちは、まず労働者のうちでも未熟練労働者として西欧諸国の労働市場のなかに重要な位置を占め、七〇年代後半から各国でその定住が進み、家族の呼び寄せが行われ、家族移民の性格が強まる。今日、EU主要国における非ヨーロッパ系移民の数を合計すると三千万人（人口の七―八パーセント）を超えると推定される。

西欧諸社会で同じマイノリティでも、移民とナショナル・マイノリティとはいくつかの点で性質を異にする。後者は、当該国に代々居住するフル市民権をもつ人びとであるのに対し、移民はしばしば外国人であり、市民権において制約を受けている。第二に、ナショナル・マイノリティはしばしば固有の言語をもつにせよ、ほとんどが国家語の使用者であり、移民たちのような言語ハンディキャップをもたない。また、後者は、しばしば宗教、生活慣行、価値観などでより大きな差異を示す。第三には、前者の社会階層はどちらかといえば中間的諸層中心だが、移民とその家族はホスト国では多くが収入の低い労働者層に属している。

移民たちを、ヨーロッパの受け入れ国（ホスト国）はどのように迎えたか。当初、単なる労働力と捉え、雇用の調節弁とみなし、長期滞在を認めず、異質とみられる移民の行動には排斥的に対応する国もみられた。

5 多文化主義か統合か

しかし、移民の行動様式や文化とホスト社会のマジョリティのそれとの間に明らかな差異があることを認めた上で、共存するために異なる諸文化の表出や実践を許容する考え方も生まれる。「多文化主義」と呼ばれる考え方がそれで、イギリスやオランダでは移民たちの母語の教育、宗教慣行の尊重、彼らの民族学校の開設または維持への援助などが行われている。イギリス中部のインド亜大陸系移民が多く居住する都市では学校で移民第二世代のためにウルドゥー、グジャラート、ヒンディー、ベンガルの諸言語が教えられ、選択が可能だった(10)。オランダでは、移民にトルコ系、モロッコ系が多く、初等教育ではイスラーム系の学校の設立が国庫補助で認められてきた。

しかしそうした文化的承認だけでは十分ではなく、移民たちが低熟練で、失業しやすく、貧しいという状況も問題であり、彼らのこうむっている不平等の改善も課題となる。多文化主義のアプローチを支持しながら、同時に、平等のための闘いも不可欠だとする主張もある。(11) そこで、移民に対し、多文化の承認よりもむしろ「統合」に重きを置く対応も主張される。フランスなどではこの考え方が強い。統合とは、移民たちがホスト国の諸制度に適応し、地位を安定させ、同時にホスト国の基礎的な価値や文化を受け入れていくことを含意している。この観点からは、ホスト国言語の習得、教育達成、職業訓練、社会保護などの重要性が主張される。

さらに進んで、定住移民に地方参政権を含む政治的市民権を認めるにいたった国も少なくない。また定住する移民に国籍を付与し、外国人から「国民」に変えることも統合政策の一要素と考えられ、特にフランスではこれが重視された。

八〇年代以降、移民の経験している大きな問題は失業である。その理由には、脱工業化による製造業雇用の縮少や技術革新の進展による低熟練労働の削減（コンベア上の反復労働など）があげられるが、雇用者側の示す差別もしばしば移民たちに不利に働いた。最後の点についていえば、法的に人種差別に厳しい西欧諸国であるが、失業率が全般に上昇するなかで、移民への反発が生じがちで、雇用主による差別が問題化することもあった。

移民の第二世代も労働市場に登場しており、彼らの教育水準は親たちよりも一般に高いものの、それでも失業率は高い。これに抗議する第二世代の行動がみられるようになる。もっとも早い例は、一九八三年にフランスのマグレブ系第二世代中心のマルセイユ－パリ間の「平等行進」であり、初の移民による大規模な反差別の意思表示の行動となる。

地域主義、あるいは地域自治の運動がもとめたヨーロッパ社会の多文化化は、かなりの成果を挙げた。少数言語が正常化され、公用語、準公用語、教育言語、メディア言語の位置を得ている例は多く、あげればカタルーニア語、サルデーニャ語、ウェールズ語、バスク語、ブルトン語など十指に及ぶ。また、民族的固有性をもち自治権を獲得した地域、または連邦の一州の地位を得た地域は、スコットランド、ウェールズ、カタルーニャ、バスク、トレンティーノ＝アルトアーディジェ（南ティロル）などに及ぶ。以上の面から見るかぎり、過去四〇年の間に多元性、多文化のヨーロッパは実現したかにみえ、それはEC、EUのヨーロッパのめざしたところでもあった。

それにひきかえ、移民の文化やアイデンティティは権利を得ているとはいえない。ヨーロッパ諸社会では、移民とその家族の定住により、都市中心に文化変容も起こり、可視的になってきた。イスラームのモスクや祈祷所の出現、中国系を中心とするアジア的集住街の形成、またアフリカ系とカリブ海系の移民第二世代によるハイブリッドな若者文化の形成、などがそれである。今日、移民多住都市であるバーミンガム（英）、マルセイユ（仏）、デュイスブルク（独）などを訪れると、ヨーロッパとアラブ、アフリカ、アジアなどの文化的アマルガムをいたる所にみる。ただし、そのなかのある文化表象は、ホスト社会の抵抗に遭い、その抵抗感が政治的に利用され、反移民の世論を醸成している。

特に中東、アラブ、アフリカ系などの移民の増大を、〝イスラーム〟の増大と捉え、西欧的な価値や文化と異質だとみなす動きが強まる。これにはイラン革命、サルマン・ラシュディ事件、九・一一事件など、外からの影響も大きかった。フランスは、非宗教性（政教分離）という基準に従ってイスラームのスカーフの着用の規制に乗り出し、公教育の施設内ではその禁止を法制化さえしている。一方、オランダでは、多文化を許容する前世紀の施策と異なり、移民たちに結びつけられたイスラームを「反オランダ的」「犯罪の温床」と非難する右派勢力が強まり、世論もこれに引きずられている。一般の移民労働者とその家族は、スカーフに固執することもなく、犯罪や非行にも無縁なのであるが、反イスラームの言説はこれら移民一般にもネガティブなイメージを押し及ぼした。

それゆえ、少なくとも移民への施策としての多文化主義は逆風にさらされている。それに代わって強まっているのは、「統合」である。これには同化に近い意味も含められ、新規に入国し、中長期的に滞在しようとする者にはホスト国の言語やホスト国についての知識の習得を義務づける傾向が強まった。場合によっては、〝同化困難〟とみられる移民の送還や入国禁止が行われることもあり、人権団体、ＮＧＯなどから批判の声が上がっている。けれども、西欧の移民受け入れのあり方が根本的に変わったわけではない。難民の受け入れでは、ヨーロッパの伝統は維持され、たとえば二〇一一年をとると、英、独、仏三国の受け入れた庇護申請者の合計は一二万人を数え、北米（アメリカ、カナダ等）を凌駕する。また一部の政治勢力が反移民の世論をつくりだしているが、統合の制度のなかでの権利の保障は大きく揺らぐことはない。多くの移民は帰るべき祖国をもたなくなっている以上、彼らと共存する以外に道はない、という市民たちの声も聞かれる。

6　展望——日本における多文化共生

日本では一九九〇年代に外国人の入国の波が生じ、中国、ブラジル、フィリピンなどからの就労、研修、留学、結婚等の目的での外国人の滞在が急増するが、前述の在日韓国・朝鮮人が特別永住者としてそれ以前から在住してきたことを忘れてはならない。後者の場合、外国人であることを理由に社会保障の権利も制限され、その壁は今では取り払われているものの、政治的市民権からは排除されたまま今日にいたっている。非制度的差別も残る。日本人と同等の言語能力や学歴にもかかわらず就職差別を受ける定住外国人の問題は、なお解決されていない。

八〇年代以降来日したインドシナ難民、九〇年代以降増加した外国人は、就労の場、生きる環境も多様だったが、日本語の能力、雇用上の地位、家庭内地位（国際結婚の場合の）の点でしばしば弱者の位置にある。就労外国人の多くは非正規、とりわけ派遣労働者に属し、国際結婚家庭は不安定で破たんしやすく、その子どもたちの教育については学校側に多文化の受け入れの態勢が欠けていた。国および地方自治体が連携しての統合政策が望まれるが、それには多々課題がある。にもかかわらず、「永住者」の在留資格を取得する外国人が増え、外国人総数の半数に達している。この事実は、統合政策のいっそうの充実の必要を告げており、なかでも定住外国人への市民権の拡大と、第二世代により多文化的な教育の道を開くことが重要な課題となっている。

「多文化共生」とは、一方的にマイノリティがマジョリティの文化を取り入れることではなく、双方が相互的に理解し変わることだとすれば、今日の統合政策はこの要件を必ずしもみたしていない。たとえば、日本の学校を外国人・移民の子どもの母語学習の場ともし、同時に外国人学校や民族学校に援助すること、企業の雇用や公務員・教員の任用における直接・間接の外国人差別を除くこと、そして政治的市民権、特に地方参政権を定住外国人に認めていくことなどは、まさに日本社会が自ら変わることを意味する。そうした変化があってこそ、相互性と対等性にもとづく多文化共生の道が開かれよう。

注

（1）Smith, A (1981): *The Ethnic Revival in Modern World*. Cambridge University Press.
（2）アラン・トゥレーヌほか（宮島喬訳）『現代国家と地域闘争――フランスとオクシタニー』新泉社、一九八四年。
（3）大山朝常『沖縄独立宣言――ヤマトは帰るべき祖国ではなかった』現代書林、一九九七年。
（4）Certeau. M. de (1980): *Une politique de la langue*. Gallimard.
（5）イ・ヨンスク『「国語」という思想――近代日本の言語認識』岩波書店、一九九六年、一三七―四二頁。
（6）Bauböck, R. (2002): "Cultural Minority Rights in Public Education", in A.M. Messina (ed.): *West European Immigration and Immigrant Policy in the New Century*. Praeger, 178p.
（7）宮島喬「『単一言語国家』の変容――七十年代フランスの言語状態と言語政策」宮島喬・梶田孝道編『現代ヨーロッパの地域と国家』有信堂、一九八八年。

（8）加藤忠「アイヌ政策の実現に向けて」『学術の動向』九号、日本学術会議、二〇一一年、九九頁。

（9）Ishihara, M.: "One nation, one people, one flag, one language. Becoming Japanese in Okinawa"（コンファレンス・プロシーディングス）、立教大学、二〇〇三年一〇月四日。

（10）S・バーリングホルスト「文化的多元主義と反差別政策」D・トレンハルト編（宮島喬他訳）『新しい移民大陸ヨーロッパ』明石書店、一九九四年、一九四—四五頁。

（11）M・ヴィヴィオルカ（宮島喬・森千香子訳）『差異——アイデンティティと文化の政治学』法政大学出版局、二〇〇九年、一〇一頁。

参考文献——

①宮島喬『ヨーロッパ市民の誕生』岩波新書、二〇〇四年。
②西川長夫・宮島喬編『ヨーロッパ統合と文化民族問題』人文書院、一九九五年。
③アンソニー・スミス（巣鷹靖司監訳）『二〇世紀のナショナリズム』法律文化社、一九九五年。
④ディートリヒ・トレンハルト編（宮島喬他訳）『新しい移民大陸ヨーロッパ』明石書店、一九九四年。

あとがき

本書の構想は、編者がコーディネータを務めた愛知県立大学の二〇一三年公開講座「グローバル化時代の文化の境界」から生まれた。公開講座は、お茶の水女子大学名誉教授の宮島喬先生による学術講演会、「ヨーロッパと日本の経験から考える多文化共生――移民との共生、地域アイデンティティの再生をめぐって」(一〇月二八日、於愛知県立大学講堂)を皮切りとして、一一～一二月の六回シリーズとして実施された。各回二コマ、計一二コマの講師を務めたのは、竹中を含む愛知県立大学の教員九名と他大学で教鞭を執る三名である。

冒頭の学術講演会を担当された宮島先生は、フランス社会学に関する理論研究とヨーロッパ社会の実証研究を土台として、日本における多文化共生社会の構築について、積極的な問題提起を行ってこられた。今回、その成果の一端を講演会の学生・一般参加者と共有するとともに、読者に向けた本書のメッセージというべき終章を寄稿くださったことに対して、改めて御礼の言葉を申し上げたい。

本論を構成する一二の章は、公開講座の各コマにそのまま対応する。六つの問題領域を設定して、各ブロックに二篇の論考を配置するというアイデアも、講座を企画した当時からのものである。しかし、各章の内容については、執筆者自身によるその後の研究展開をふまえつつ、大幅な書き直しと内容の増強がはかられている。また、公開講座では、テーマ全体を貫く問題意識を十分に説明できなかったことの反省にたって、地理学を専門とする編者の限られた視点からではあるが、新たに序章を書き下ろした。この意味で本書は、公開講座の講義録としての性格を大きく超えて、グローバル化や文化のダイナミズムに関心をもつ全読者に向けた専門教養書として、一般的な価値を有するものと考えている。

ところで、計一三人の執筆者を学問分野別に整理すると、地理学（竹中、北川）、歴史学（小森、奥野）、政治学（若林、中田）、経済学（中屋）、社会学（宮島、福岡）、文化人類学（亀井）、宗教学（谷口）、言語教育（糸魚川、髙阪）というように、先述の六つの問題領域とはまた異なった組み立てがみえてくる。各問題領域に複数のディシプリンから切り込むことを意識したからこそ可能になった、本書のもう一つの特徴である。多様なフィールドと学問分野を掛け合わせ、共通テーマの周りに相互に関連性のある知見を示す。これは容易な作業ではない。あるいは、中心対象たるヨーロッパが有する地理的・歴史的文脈をいかして、グローバル化と文化の境界というテーマを設定し、幅広い専門知の総合へ繋げる応用研究を試みた、と具体的に説明する方がわかりやすいだろうか。後者の観点にたつならば、ふだん地域研究から距離をおいている編者にとって、本書は、はからずして地域研究の実践としての意味をもったのではないかと考えている。

ともあれ、そういうある意味贅沢な試みが可能となったのは、せっかくの講座の機会をいかして、より充実した内容で成果を公刊しようという編者の提案に対して、執筆者諸氏が二つ返事で応じてくれたからである。力作を寄せていただいた同僚や研究仲間には、今さらながら、心から感謝の気持ちを伝えたい。

最後になったが、出版業界を取り巻く事情が厳しさを増すなか、本書の刊行を引き受けてくださった版元の昭和堂ならびに編集部の鈴木了市氏に厚く御礼申し上げる。

二〇一四年一二月

編者　竹中克行

亀井伸孝（かめい　のぶたか）

京都大学大学院理学研究科博士後期課程修了、博士（理学）。
愛知県立大学外国語学部国際関係学科准教授
主な業績　『森の小さな〈ハンター〉たち―― 狩猟採集民の子どもの民族誌――』（京都大学学術出版会 2010 年）。『アフリカのろう者と手話の歴史――A・J・フォスターの「王国」を訪ねて――』（明石書店、2006 年。2007 年度国際開発学会奨励賞受賞）。

北川眞也（きたがわ　しんや）

関西学院大学大学院文学研究科博士課程後期課程修了　博士（地理学）。

三重大学人文学部准教授。

主な業績　「移動＝運動＝存在としての移民――ヨーロッパの「入口」としてのイタリア・ランペドゥーザ島の収容所」（『VOL』以文社，第 4 号，pp.140-168、2010 年）。

「ヨーロッパ・地中海を揺れ動くポストコロニアルな境界――イタリア・ランペドゥーザ島における移民の「閉じ込め」の諸形態」（『境界研究』，No. 3，pp.15-44、2012 年）。

福岡千珠（ふくおか　ちず）

京都大学大学院、博士（人間・環境学）。

愛知県立大学外国語学部国際関係学科准教授。

主な業績　「紛争後社会におけるオルタナティヴ・メディアの役割――ベルファスト『ノーザン・ヴィジョン』の考察を通して」（『愛知県立大学紀要』、46、pp.191-214、2014 年）。「文化の境界――北アイルランドにおける文化理解の可能性をめぐって」（『文化の社会学』、文理閣、pp.144-166、2009 年。

中田晋自（なかた　しんじ）

立命館大学大学院法学研究科（公法専攻）博士後期課程単位取得満期退学、博士（法学）。

愛知県立大学外国語学部教授。

主な業績　『フランス地域民主主義の政治論――分権・参加・アソシアシオン――』（御茶の水書房、2005 年。第 32 回東京市政調査会藤田賞受賞）。『市民社会を鍛える政治の模索―フランスの「近隣民主主義」と住区評議会制―』（御茶の水書房、2015 年）。

奥野良知（おくの　よしとも）

早稲田大学大学院商学研究科博士後期課程単位取得退学。

愛知県立大学外国語学部ヨーロッパ学科スペイン語圏専攻准教授。

主な業績　立石博高・奥野良知編『カタルーニャを知るための 50 章』（明石書店、2013 年）。「カタルーニャにおける独立志向の高まりとその要因」（『愛知県立大学外国 語学部紀要（地域研究・国際学編）』第 47 号、2015 年）。

宮島　喬（みやじま　たかし）

東京大学大学院博士課程中退。

お茶の水女子大学名誉教授。

主な業績　『多文化であることとは』（岩波書店、2014 年）、『外国人の子どもの教育』（東京大学出版会、2014 年）。

■執筆者紹介

中屋宏隆（なかや　ひろたか）

京都大学大学院経済学研究科博士後期課程修了、博士（経済学）。

愛知県立大学外国語学部ヨーロッパ学科ドイツ語圏専攻准教授。

主な業績　「戦後ヨーロッパ統合の進展　貫かれる超国家主義と危機の克服」（久保広正・吉井昌彦編『EU 統合の深化とユーロ危機・拡大』勁草書房、2013 年、pp.5-22）。「ユーロ危機の現状とドイツの役割」（『愛知県立大学外国語学部紀要（地域研究・国際学編）』第 46 号、2014 年、pp.149-168）。

若林　広（わかばやし　ひろむ）

上智大学院外国語学研究科国際関係論専攻博士課程満期退学。

東海大学教養学部国際学科教授。

主な業績　「ベルギー連邦再編の大転換？――2014 年総選挙と変則連立政権の発足――」（『海外事情』2014 年 12 月号）。「スペインの経済危機と自治州制度」（『東海大学教養学部紀要』第 44 輯 2014 年 3 月発行）。

小森宏美（こもり　ひろみ）

早稲田大学大学院文学研究科博士課程単位取得退学。

早稲田大学教育・総合科学学術院教授。

主な業績　『エストニアの政治と歴史認識』（三元社、2009 年）。『エストニアを知るための 59 章』（編著、明石書店、2012 年）。

糸魚川美樹（いといがわ　みき）

名古屋大学大学院国際開発研究科博士課程（後期）満了退学。

愛知県立大学外国語学部准教授。

主な業績　「南米出身者の増加とポルトガル語・スペイン語教育――愛知県を中心に」（『日本語学』明治書院、2009 年 5 月臨時増刊号）。「スペイン語における「女性の可視性」をめぐる議論」（『社会言語学』14 号、2014 年）。

髙阪香津美（こうさか　かつみ）

大阪大学大学院言語文化研究科博士後期課程修了。

愛知県立大学外国語学部准教授。

主な業績　「ブラジルと日本の教育事情比較」（牛田千鶴編『南米につながる子どもたちと教育』行路社、2014 年、pp.175-178）。「多文化共生時代の外国語教育（2）――日本人生徒とブラジル人児童のビデオレター交流――」（日本ポルトガル・ブラジル学会『ANAIS』第 41 号、2012 年、pp.49-64）。「日系ブラジル人生徒の帰国後の就学状況」（愛知県立大学高等言語教育研究所『ことばの世界』第 3 号、2011 年、pp.59-67）。

谷口智子（たにぐち　ともこ）

筑波大学大学院哲学・思想研究科単位取得退学、博士（文学）。

愛知県立大学外国語学部ヨーロッパ学科スペイン語圏専攻准教授。

主な業績　『新世界の悪魔―カトリック・ミッションとアンデス先住民宗教の葛藤―』（大学教育出版、2007 年）。『グレゴリオ・デ・セスペデス――スペイン人宣教師が見た朝鮮と文禄・慶長の役――』（訳、春秋社、2013 年）。

■編者紹介

竹中克行（たけなか　かつゆき）

東京大学大学院総合文化研究科博士課程満期退学。博士（学術）。
愛知県立大学教授。
主な業績　『多言語国家スペインの社会動態を読み解く――人の移動と定着の地理学が照射する格差の多元性』（ミネルヴァ書房、2009 年）。『スペインワイン産業の地域資源論――地理的呼称制度はワインづくりの場をいかに変えたか』（ナカニシヤ出版、2010 年、共著）。『人文地理学への招待』（ミネルヴァ書房、2015 年、編著）。

グローバル化と文化の境界――多様性をマネジメントするヨーロッパの挑戦――

2015 年 3 月 20 日　初版第 1 刷発行

編著者　竹中克行
発行者　齊藤万壽子

〒 606-8224　京都市左京区北白川京大農学部前
発行所　株式会社　昭和堂
振替口座　01060-5-9347
TEL（075）706-8818 ／ FAX（075）706-8878

印刷　亜細亜印刷
ISBN978-4-8122-1502-9